以案释法

——气象法教学案例分析

凌萍萍　焦　冶　主编

气象出版社
China Meteorological Press

内容简介

法学是一门实践性较强的学科,《气象法概论》教材已出版并使用多年,随着我国气象事业的不断发展和高校学科建设水平的提高,法学实践教学应当与法学理论教学构成法学教育的一个整体,旨在理论与实践的契合。

本书的内容主要分为十章五个部分,即气象法基本理论、涉气象类民事纠纷、涉气象类犯罪、涉气象类环境污染纠纷以及大气污染防治法。各部分都择取典型、适宜的案例进行了详尽的法理分析与法条解析,并提出了独到的见解。

图书在版编目(CIP)数据

以案释法:气象法教学案例分析/凌萍萍,焦冶主编. --北京:气象出版社,2020.6

ISBN 978-7-5029-7124-3

Ⅰ.①以… Ⅱ.①凌… ②焦… Ⅲ.①气象法-教案(教育)-中国-高等学校-教材 Ⅳ.①D922.174

中国版本图书馆 CIP 数据核字(2019)第 280754 号

以案释法——气象法教学案例分析

Yi An Shi Fa——Qixiang Fa Jiaoxue Anli Fenxi

出版发行:气象出版社

地　　址:北京市海淀区中关村南大街 46 号　　**邮政编码**:100081

电　　话:010-68407112(总编室)　010-68408042(发行部)

网　　址:http://www.qxcbs.com　　**E-mail**:qxcbs@cma.gov.cn

责任编辑:郑乐乡　　**终　　审**:吴晓鹏

责任校对:王丽梅　　**责任技编**:赵相宁

封面设计:博雅思

印　　刷:北京中石油彩色印刷有限责任公司

开　　本:710 mm×1000 mm　1/16　　**印　　张**:13.5

字　　数:300 千字

版　　次:2020 年 6 月第 1 版　　**印　　次**:2020 年 6 月第 1 次印刷

定　　价:60.00 元

编委会

前　言

依据法的基本分类，早在古罗马时期乌尔比安就将法分为公法与私法。公法主要是调整国家与普通公民、组织之间关系以及国家机关及其组成人员之间关系的法律，私法主要是调整普通公民之间、组织之间关系的法律。公法和私法是民法系国家通常的法律分类方法。近年来在中国法学界，公法与私法的分类也成为划分中国法律的方法。乌尔比安说："公法是关于罗马国家的法律，私法是关于个人利益的法律。"当然，随着社会的发展，公法与私法的划分是动态的、历史的，是经济、政治等诸因素作用的结果。现代社会公权力有扩张的趋势，国家越来越需要向社会授权，这就出现了所谓的"社会法"或"社会公益法"。气象法属于社会公益法的范畴，是调整公民个人、国家机关以及其他社会组织之间在气象法律活动过程中所形成的各种社会关系的法律规范。随着经济的发展、社会的不断进步，特别是气象科技的迅猛发展，以及全球气候的变化，气象法作为我国重要的部门法之一，在法律体系中越来越凸显出其重要性。孟德斯鸠认为："立法时要重视法律与气候的关系。"他认为："不同的气候环境条件产生了不同的人种、性格、生理、文化、生活习惯，等等，立法要重视这些并适应这种环境。""不抵御气候缺陷的立法者就不是好的立法者。""宜人的气候带来坦诚的风尚，产生了和善的法律。"因此，气象法的社会责任本位主要体现在：气象法以为全社会避免气象灾害、利用气候资源为目标，以保护社会全体的利益为根本目的；在气象法中应以社会公共利益的保护为己任，以保护社会公共利益为核心。气象法应当和环境法以及与自然资源保护的相关法律法规构建成为一个新的法律体系，以公益优先原则为前提，当出现冲突的时候国家利益或个人利益应让位于气象法保护之社会公共利益。同时，国家以强制的行政权力推行气象法的各种标准，即规定各企业、气象事业单位、个人承担按气象标准行事的义务。国家必须应用行政执法或刑事法律作为气象法律实施的保障。

《气象法概论》教材已出版多年，在高校相关专业以及部分地区气象部门培训中也已使用。法学是一门实务性较强的社会学科，基于此，我们组织编写了《以案释法——气象教学案例分析》一书，旨在理论与实践的契合。本书分为十章五个部分，即气象法基本理论、涉气象类民事纠纷、涉气象类犯罪、涉气象类环境污染纠纷以及大气污染防治法。各部分都择取典型、适宜的案例进行了详尽的法理分析与法条解析，并提出了独到的见解。

第一部分，气象法基本理论。主要涉及气象设施保护、气象行政指导、气象信息发布管理、雷电灾害防护装置、施放气球管理和气象行政执法的相关内容。本部分阐述了三个主要内容。一是气象设施作为国家基础性公共服务设施，在社会经济快速发展下，特别是在城市规模的日益扩张下，被人为破坏的程度严重，雷电设施的防护没有被社会所重视，人们在该方面的法律意识极为欠缺。通过相关案例的解析，提升人们的法律意识。二是对气象行政指导的详尽分析，气象行政指导是气象行政管理的重要组成部分，在气象行政执法中，气象行政指导运用得当，在一定程度上可以减少行政主体与行政相对人之间的矛盾冲突，提高行政效率，并提出了气象行政指导的可诉性观点。三是对气象行政执法相关案例的分析。气象行政执法是国家行政执法活动的一个组成部分，是气象部门依照法定权限和法定程序享有和承担气象法律规范中规定的权利义务，实施气象行政执法行为，把法律规定的抽象行政行为改变成为气象法主体的具体权利义务的实施过程。在具体的执法过程中，气象部门要协调好与其他政府部门的关系，还要结合实际，处理好行政执法与中国传统的民俗、民族习惯的矛盾冲突关系。

第二部分，涉气象类民事纠纷。气象业务是在气象法律活动过程中不断发展的，气象部门不是一个孤立的个体，在气象活动过程中会发生各种民事法律关系，通过相关案例分析，提示气象部门在气象活动过程中要处理好知识产权、相邻权、土地使用权等法律关系，避免相应民事纠纷的发生，影响气象业务的发展。

第三部分，涉气象类犯罪。我国刑法及相关法律明确规定了破坏气象设施等造成犯罪的处罚。本部分择取相关案例进行分析，一是引起人们对气象设施保护的重视，提高法律意识，避免该类犯罪行为的发生；二是在相关刑事犯罪案例中气象资料作为证据使用的法理分析，例如风速在放火罪、失火罪中证据的证明力问题分析，本书提出了自己的观点。

第四部分，涉气象类环境污染纠纷。气象法与环境法从法律体系角度进行分类，属于两个不同的法律部门。有学者认为气象法和环境法属于社会公益法范畴，也有学者认为气象法和环境法属于公法范畴。但是，无论归属于哪个法律体系范畴，它们对社会经济的发展、国家安全、生态环境保护、人民群众生活质量的提高等都起着重要的作用。本章择取相关案例从生态环境保护、公益诉讼等方面展开分析，以期达到在新的诉讼制度下（公益诉讼）我国生态环境得以切实保护的目标。

第五部分，大气污染防治法。大气污染主要会对人体健康、工业农业生产、生态环境等造成严重影响和侵害。2018 年全国人大常委会通过了再次修订的《大气污染防治法》，本章选取相关案例进行分析，旨在环境执法及环境司法中起到一定的实践指导意义。

本书由于资料有限，对选取的相关案例不尽如意，在对部分案例分析时提出了不同的法理观点也值得商榷，我们将在今后的努力中不断获取先进的法学理念，为中国气象事业的发展尽绵薄之力。在此，也向工作在气象行政执法一线的人员致以崇高的敬意。

编者

2019 年 8 月 23 日

目　录

第一章　气象设施保护

气象设施是基础性公共服务设施，根据《中华人民共和国气象法》（以下简称《气象法》）和《气象设施和气象探测环境保护条例》（以下简称《条例》）的规定，气象设施是指气象探测设施、气象信息专用传输设施和大型气象专用技术装备等。其主要功能是确保气象探测信息的代表性、准确性、连续性和可比较性。近年来，随着社会经济的快速发展，特别是城市规模的扩大，对本地气象设施功能的正常发挥造成破坏，本章选取相关案例进行解读和法理分析，以期达到提升政府部门、其他社会组织以及公民个人对气象设施保护的法律意识之目的。

案例一：L县气象探测环境保护案

【案情简介】2005年，L县气象局相关工作人员发现气象台站周边有相关单位正在施工建房。经执法人员查阅设计图纸发现，若照此规划建设下去，定会破坏气象探测环境，于是向该单位下发了执法通知书，但是未能得到该单位回应。L县气象局将此情况向L县政府报告，并汇报了探测环境破坏带来的危害及其施工设计的违法问题，得到了县政府支持，于是责令县住建部门通知该单位停工。但该单位拒绝停工，住建部门切断其供电、供水，迫使其强行停工。由于该单位是通过借贷进行房地产开发的，停工造成资金链断裂，使工程成为烂尾工程，并且该房屋已经提前预售，如果处理不当，将导致群体事件的发生。

【处理结果】案发后，县气象局联系住建部门、房地产管理局、国土资源局等相关部门，并将情况汇报给当地的政府部门。综合多方意见，考虑到该工程因缺少资金成为烂尾工程，但其房屋已经出售，加之周边房地产开发已然进行且大有扩展的态势，于是L县气象局整理资料上报省气象主管机构申请迁移本县气象站，另选择更为适宜的气象探测环境。最后经审批，决定L县气象站迁移，该工程再次顺利开工，群体事件得到有效解决。

【法条链接及法理分析】

气象事业是经济建设、国防建设、社会发展和人民生活的基础性公益性事业。人民政府应当加强对气象工作的领导和协调，将气象事业纳入中央和地方同级国民经济和社会发展计划及财政预算，以保障其充分发挥为社会公众、政府决策和经济发展服务的功能。

气象探测环境，是指为避开各种干扰保证气象探测设施准确获得气象探测信息所必需的最小距离构成的环境空间。因气象探测的重要性，国家出台了相应法律法规政策对其进行保护，但是现实生产生活实践中，仍时有发生对气象探测环境破坏的案例，本案例就是基于周边的房地产开发破坏气象探测环境所引起的纠纷，针对本案例所涉及的法条，进行如下法理分析。

《气象法》第十一条第一款规定："国家依法保护气象设施，任何组织或者个人不得侵占、损毁或者擅自移动气象设施。"第十二条规定："未经依法批准，任何组织或者个人不得迁移气象台站；确因实施城市规划或者国家重点工程建设，需要迁移国家基准气候站、基本气象站的，应当报经国务院气象主管机构批准；需要迁移其他气象台站的，应当报经省、自治区、直辖市气象主管机构批准。迁建费用由建设单位承担。"第二十一条规定："新建、扩建、改建建设工程，应当避免危害气象探测环境；确实无法避免的，建设单位应当事先征得省、自治区、直辖市气象主管机构的同意，并采取相应的措施后，方可建设。"因此根据《气象法》的相关规定，在气象探测环境保护范围内从事危害气象探测环境活动的，由相关气象主管机构依法责令停止违法行为，限期恢复原状或者采取其他补救措施，可以并处五万元以下的罚款；造成损失的，依法承担赔偿责任；构成犯罪的，依法追究刑事责任。在气象探测环境保护范围内，违法批准占用土地的，或者非法占用土地新建建筑物或者其他设施的，依照《中华人民共和国城乡规划法》或者《中华人民共和国土地管理法》的有关规定处罚。

从相关法律规定可以看出，国务院气象主管机构负责全国气象设施和气象探测环境的保护工作；地方各级气象主管机构在上级气象主管机构和本级人民政府的领导下，负责本行政区域内气象设施和气象探测环境的保护工作。设有气象台站的国务院相关部门和省、自治区、直辖市人民政府相关部门应当做好本部门气象设施和气象探测环境的保护工作，并接受同级气象主管机构的指导和监督管理。发展改革、国土资源、城乡规划、无线电管理、环境保护等有关部门按照职责分工负责气象设施和气象探测环境保护的有关工作。

另外，根据《条例》第六条规定："任何单位和个人都有义务保护气象设施和气象探测环境，并有权对破坏气象设施和气象探测环境的行为进行举报。"气象设施是基础性公共服务设施，县级以上地方人民政府应当按照气象设施建设规划的要求，合理安排气象设施建设用地，保障气象设施建设顺利进行。各级气象主管机构应当按照相关质量标准和技术要求配备气象设施，设置必要的保护装置，建立健全安全管理制度。本案中该房地产开发商的行为，违反了本条例的相关规定，根据其规定，危害气象探测环境的，由气象主管机构责令停止违法行为，限期拆除或者恢复原状，情节严重的，对违法单位处2万元以上5万元以下罚款，对违法个人处200元以上5000元以下罚款；逾期拒不拆除或者恢复原状的，由气象主管机构依法申请人民法院强制执行；造成损害的，依法承担赔偿责任。在气象探测环境保护范围内，违法批准占用土地的，或者非法占用土地新建建筑物或者其他设施的，依照城乡规划、土地管理等相关法律法规的规定处罚。同时中国气象局颁布的《气象探测环境和设施保护办法》（以下简称《办法》）第五条规定，国家依法保护气象探测环境和设施。任何组织和个人都有保护气象探测环境和设施的义务，有权检举侵占、损毁和擅自移动气象探测设施和破坏气象探测环境的行为。

保护气象设施，对于保证气象设施正常、稳定、可靠地运行，确保准确、及时地获取气象探测信息具有非常重要的意义。气象设施的建设必须符合相应的技术要求并保持长期稳定。近年来，随着社会经济的发展和城镇规模的不断扩大，气象探测环境受到影响和破坏的现象日趋突出。最新调查显示，A省市级气象观测站受破坏率达67%，仅有7个未受破坏或受破坏程度较轻；县级气象观测站受破坏率达70%，仅有22个站未受破坏或受破坏程度较轻。

近年来随着经济快速发展和城市建设规模迅速扩张，来自探测场所周边的各种障碍物和干扰源严重影响了气象探测环境和探测活动的正常进行，加之有关部门对气象探测环境和设施的技术要求及保护缺乏足够的认识，导致破坏气象探测环境的违法行为屡禁不止。据不完全统计，2004年10月8日，中国气象局在“关于加强气象探测环境保护的通知”中提到，仅国务院气象主管机构所属的气象观测站中，就有1445个气象观测站由于探测环境破坏被迫迁移，占全国气象部门地面气象观测站总数的60%。例如某省86个气象站（含国家基准气候站、国家基本气象站和一般气象站）中，其观测场因探测环境破坏等原因被迫迁移的高达50多个，占全省地面气象站总站数的62.3%，其中迁移的国家基准气候站、国家基本气象站和一般气象站占各自总站数的比例分别为75%、52.4%和59%。（许雪松，2006）直接影响了这些地区气象观测资料的连续性和代表性，影响了气象探测业务质量、气候变化分析和气象预报服务工作，也影响了我国气象探测资料的全球交换工作。为保护气象探测环境，《气象法》《条例》《办法》明确规定了危害气象探测环境的违法行为及其法律责任。

《办法》规定，违反本办法规定，有下列行为之一的，由有关气象主管机构按照权限责令停止违法行为，限期恢复原状或者采取其他补救措施，可以并处5万元以下罚款；造成损失的，依法承担赔偿责任；构成犯罪的，依法追究刑事责任。

一、侵占、损毁和擅自移动气象台站建筑、设备和传输设施的；

二、在气象探测环境保护范围内设置障碍物的；

三、设置影响气象探测设施工作效能的高频电磁辐射装置的；

四、其他危害气象探测环境和设施的行为。

违反本《办法》规定，有下列行为之一的，由有关气象主管机构按照权限责令停止违法行为，限期恢复原状或者采取其他补救措施，可以并处3万元以下罚款；造成损失的，依法承担赔偿责任；构成犯罪的，依法追究刑事责任。

一、在气象探测环境保护范围内进行爆破、采砂（石）、取土、焚烧、放牧等行为的；

二、在气象探测环境保护范围内种植影响气象探测环境和设施的作物、树木的；

三、进入气象台站实施影响气象探测工作的活动的。

因此，对气象设施以及气象探测环境的保护，我国制定和颁布了相应的法律法规及规章进行规制。为保障气象事业的发展，气象公益性效能的发挥，以及保障气象资料的有效采集，相关气象法律法规以及规章发挥着其应有的功能。

【问题】

1. 什么是气象设施？什么是气象探测环境？

气象设施，是指气象探测设施、气象信息专用传输设施和大型气象专用技术装备等。《气象法》规定，气象设施，是指气象探测设施、气象信息专用传输设施、大型气象专用技术装备等。其中，气象探测设施，是指气象台站进行大气探测使用的设施、设备、仪器等。大气探测设施又分为直接探测设施和大气遥感探测设施两种，前者包括地面观测、高空探测、特种观测以及飞机和火箭探测等设施；后者包括微波雷达、声雷达和气象卫星探测等设施。气象信息专用传输设施，是指专门传输气象数据、资料与加工产品信息的有线、无线通信系统、设备和线路，如卫星气象传输系统、计算机网络及有线通信光缆等。大型气象专用技术装备，是指专门用于气象数据采集、传输、加工的大型设备，如各种气象雷达、综合遥测气象仪器设备等。气象设施是从事气象业务活动的基础，《气象法》专门设立了“气象设施的建设与管理”专章，对气象设施的建设、管理与保护作了明确的规定。

气象设施作为基础性公共服务设施，它可以直接接触各类自然天气因素的探测设施，准确的采集各类信息，提高人类对气候变化的监测掌控能力；进行气象信息传送的传输设施，将专门传输最为及时有效的气象数据、资料并进行数据初处理；各类气象设施的发明与使用最大程度延伸人类的能力，使变化多端的天气变得较为容易掌控和预测，从而保障了人们的日常出行，生产生活以及国民经济的快速安全发展。

气象探测是气象工作的基础，是获得气象资料的主要场所，对气象探测环境的保护，是确保所获取的气象探测资料具有比较性、代表性、准确性和连续性，提高气候变化的监测能力、气象预报准确率和气象服务水平。

为保护气象探测环境，保证气象探测工作的顺利进行，确保获取的气象探测信息具有代表性、准确性、比较性，提高气候变化的监测能力、气象预报准确率和气象服务水平，为国民经济和人民生活提供可靠保障，中国气象局根据《气象法》，制定了《办法》，对各类气象探测场所的探测环境进行了划定：地面气象探测环境；高空气象探测环境；天气雷达探测环境；闪电探测环境；GPS 气象探测环境。

2. 气象设施及气象探测环境保护的原则是什么？

根据《气象法》的规定，气象设施及气象探测环境保护的基本原则主要有以下几个方面。

（1）统一领导，分层管理原则

全国气象部门实行统一领导，分级管理，气象部门与地方人民政府双重领导，以气象部门领导为主的管理体制。国务院气象主管机构负责全国的气象工作。地方各级气象主管机构在上级气象主管机构和本级人民政府的领导下，负责本行政区域内的气象工作。国务院其他有关部门和省、自治区、直辖市人民政府其他有关部门所属的气象台站，应当接受同级气象主管机构对其气象工作的指导、监督和行业管理。因此，根据该条规定，在国家及地方人民政府的协助下，气象部门对气象设施进行专门管辖保护。当出现探测环境遭受破坏时，通过逐级申请与政府财政支持，进行气象台站迁移，或对气象探测环境进行再恢复，进行预防保护。

（2）气象行政法治原则

根据气象行为的性质，气象管理活动属于行政行为，而依法行政是现代法治社会的主要特征。

根据法治原则的要求，在形式上，气象行政要有完备的法律，国家、社会组织和个人的权利义务关系等都以法律的形式严格规定下来，形成具有一定的结构和体系的气象法律制度，使得气象事业的发展有法可依。在内容上，气象立法还体现了现代法治的价值要求。因此，从事气象行政管理要严格执法，从事气象活动要严格依法办事。

在我国，以《气象法》为基础，还制定了《气象行政处罚办法》《气象行政复议办法》《气象资料共享管理办法》《气象预报发布与传播管理办法》《气象探测环境和设施保护办法》《防雷减灾管理办法》《施放气球管理办法》《防雷装置设计审核和竣工验收规定》《气象行业管理若干规定》《涉外气象探测和资料管理办法》《涉外气象探测和资料管理办法》（英文）《气象专用技术装备使用许可管理办法》《气象行政许可实施办法》《气象灾害预警信号发布与传播办法》《气象行政许可实施办法》《气候可行性论证管理办法》等相关法规，以及地方性法规与规章。

另外，在我国还制定了一些气象行业标准，例如，《移动气象台建设规范》《小麦干热风灾害等级》《小麦干旱灾害等级》《香蕉、荔枝寒害等级》《土壤湿度的微波炉测定》《闪电监测定位系统》《森林火险气象等级》《气象低速风洞性能测试规范》等，将我国的气象行政执法纳入了法制轨道。

(3)气象行政效率原则

发展气象事业，加强气象行政管理，不仅要增强气象预报的准确性，更重要的是为预防气象灾害提供技术和法律保障，通过各种措施提高气象灾害预防的能力，保障气象灾害防御的效果和能力。因此，效率是贯穿于气象事业发展的重要原则，气象法的行政效率原则主要体现在以下几个方面。

一是通过立法，加强气象科学研究，进一步探索气象变化的规律。

按照职责明确、评价科学、开放有序、管理规范的原则，不断深化气象科技体制改革，构建气象科技创新体系，增强自主创新能力。加强气象科技设施建设。加强气象观测、气象灾害监测预警预报、气候变化应对、人工影响天气、大气成分分析、气象资源利用等领域的基础研究和应用研究。在实施国家重大科技计划中重视气象领域的科学研究，给予气象科研稳定的投入与支持，加快气象科技成果的应用和推广，这是提高气象行政效率的前提保障。

二是通过加强气象行政管理，增强气象预报的准确性。

综合气象观测系统是国家重要的公共基础设施，是气象和地球相关学科业务与科研的重要基础。要大力加强气候观测系统、气象卫星系统和天气雷达、雷电监测网、农村和重点林区及海域气象站网等基础设施建设，将其纳入经济社会发展规划，保证其稳定可靠运行，不断提高综合气象观测能力和水平。国务院气象主管机构要会同有关部门加强统筹规划，做到统一布局、共同建设。各省、自治区、直辖市要重点加强中小尺度区域气象观测系统建设，提高区域灾害性天气的监测能力。推进气象信息共享平台建设。气象信息系统是国家基础信息系统的重要组成部分。要加强国家气象信息共享平台建设，建设国际先进的计算机系统和网络中心，建设全国统一的气象通信和信息存储、分发系统，充分发挥气象信息网络资源优势，实现观测数据共享。国务院气象主管机构负责气象观测数据的共享工作，有关部门要充分利用气象信息平台，积极提供和共享大气、水文、海洋、环境、生态等方面的数据信息。完善气象预报预测系统。以提高天气、气候预报预测准确率为核心，不断完善气象预报预测业务系统，努力提高预报预测水平。加快预报预测精细化进程，加强短时临近天气预报系统建设，做好灾害性、关键性、转折性重大天气预报警报和旱涝趋势气候预测。国务院有关部门要重点支持气象预报预测系统建设，科研院所和大专院校要加大气象灾害发生机理、预测和防御等科学技术研究，为提高天气预报和气候预测能力提供科技支撑。建立气象灾害预警应急体系。高度重视气象灾害防御工作，坚持避害与趋利并举，建立各级政府组织协调、各部门分工负责的气象灾害应急响应机制，构建气象灾害预警应急系统，最大限度地减少重大气象灾害造成的损失。有关部门要重点强化气象灾害预报功能，切实加强气象灾害的监测、调查和影响评估的能力建设，增强对农林业病虫害、地质灾害、沙尘暴灾害、森林草原火灾等自然灾害和有毒有害气体及核泄漏扩散、区域环境污染、生态破坏等突发公共事件的气象预警和应急保障能力。健全公共气象服务体系。地方各级政府要把公共气象服务系统纳入政府公共服务体系建设的范畴，进一步强化气象公共服务职能，加快现代化进程。通过改善服务手段、拓宽服务领域、增加服务产品、提高服务质量，不断满足人民群众对气象信息的迫切需求，特别是要加强海洋以及农村、社区、企业的气象服务。拓展气象信息发布渠道，引导有关媒体、网络和通信运行企业积极配合气象主管机构做好气象信息的播发工作，以气象警报、广播、电视、报刊、互联网、手机短信息等多种形式及时发布气象灾害预报警报信息，扩大气象信息的公众覆盖面，建立畅通的气象信息服务渠道，提高公共气象服务的时效性。这些是提高气象行政效率的基础性条件。

三是加强各部门之间的联系，提高气象灾害防治能力。

要按照合理布局、有效利用的原则，统筹编制和实施重要气象设施的建设与布局规划，推进气象资源的合理配置、高效利用和信息的有效共享，避免重复建设，充分发挥国家投资的总体效益。要进一步改进行业管理，通过建立协调机制，将各部门自建的气象探测设施纳入国家气象观测网络的总体布局，由气象主管机构实行统一监督、指导。

各地区、各有关部门要高度重视气象工作，将气象事业纳入国民经济和社会发展规划及科技发展规划，并进一步细化加快气象事业发展的目标和要求，抓紧制定和落实各项具体措施，统筹安排，加强协作，促进气象事业全面、协调、可持续发展。气象事业的规范发展，这是提高气象行政效率的必然要求。

四是国际合作原则。

20 世纪 90 年代以来，全球气候变化导致的水资源短缺、大面积干旱、海平面上升、冰川退缩、土地荒漠化、粮食产量波动、流行病传播等，对粮食、能源、水资源、生态环境和公共卫生安全等构成严重威胁，是人类社会面临的共同问题。

由于气候变化具有全球性，同时各国之间广泛存在各种合作机制，因此气象管理具有越来越显著的全球化趋势，如何进行国际合作是气象立法和气象执法所要考虑的一个重要因素。

1992 年联合国召开了地球高峰会，即里约会议，讨论了全球环境与发展问题，通过了《里约宣言》和《二十一世纪议程》，并签署了《气候变化和框架公约》。为世界各国气象事业开展国际合作提供了国际法基础，促进了气象行政的国际化发展。

2009年12月7—18日，中国政府总理温家宝出席了在丹麦哥本哈根举行的《联合国气候变化框架公约》第15次缔约方会议暨《京都议定书》第5次缔约方会议。温总理代表中国政府发表题为《凝聚共识——加强合作——推进应对气候变化历史进程》重要讲话，强调中国政府确定减缓温室气体排放的目标是中国根据国情采取的自主行动，是对中国人民和全人类负责的，不附加任何条件，不与任何国家的减排目标挂钩。中国一向致力于推动公约和议定书的实施，认真履行相关义务。目前，国际社会正在就落实“巴厘路线图”、加强公约及其《京都议定书》全面、有效和持续实施进行谈判，已于2009年底举行的联合国哥本哈根气候变化会议取得积极成果，中国将在这一谈判进程中继续发挥积极、建设性作用。

我国《气象法》第七条规定：“加强国际气象合作与交流，发展气象信息产业，提高气象工作水平。”这为我们进一步加强国际气象合作与交流提供了法律依据。

今后，应进一步积极参加气候系统及其相关领域国际组织的有关业务计划，发起和参与全球性、区域性气象科学、资源环境等领域的国际合作计划，广泛开展多边、双边气象科技合作与交流。积极参加与气候变化相关的各项国际活动，全力维护国家权益。根据我国的实际需要，既坚持自主创新，又继续积极引进、消化、吸收国外的先进技术和管理经验，提升我国气象工作的整体水平。

总之，我国气象法的基本原则贯穿于气象立法、执法和气象活动的全过程，指导气象事业的管理活动，促进我国气象事业在法制轨道上持续发展。

案例二：D县气象探测环境保护案

【案情简介】D县因周边房地产开发，气象探测环境遭到破坏，D县气象局将此情况报告了县政府，县政府出面协调，请开发商出资二千多万元，另选新址建设D县气象观测场。但是，当时中国气象局严格控制气象观测场搬迁，使得D县气象观测场的搬迁申请未得到中国气象局的批复。于是，只有降低开发商开发的楼层，减少建设面积以保护气象探测环境，同时，县政府出资二千多万元补偿开发商因减少建设面积造成的损失。此举也导致D县气象观测场成为城市中心的“锅底”。遗留的问题：一是这样的探测环境已经不具备代表性；二是该气象局占地面积狭小，又是独处在周边被“削切”过的小山包上，不仅无法扩大和改善办公用房，还受困于小山包边缘经常性的垮塌威胁；三是开展气象现代化建设需要得到地方政府的支持，但因为与当地政府的关系未协调好，D县气象局很多工作较难开展。

【处理结果】D县气象局在县人大代表的协调下，与县政府的关系得到缓和，同时向中国气象局汇报气象探测环境破坏严重办公条件恶劣的实际情况，再次提出迁站申请，并经过相关部门的实地调查得到迁站的批准。在县政府的支持下，由县政府和开发商共同出资，最终迁移到了D县另一处地域开阔的地方新建气象探测站，气象业务得以顺利开展。

【法条链接及法理分析】

气象探测环境是为避开各种干扰保证气象探测设施准确获得气象探测信息所必需的最小距离构成的环境空间。重视气象探测环境的保护，有利于保证气象探测工作的顺利进行，确保获取的气象探测信息具有代表性、准确性、比较性，提高气候变化的监测能力、气象预报准确率和气象服务水平，为国民经济和人民生活提供可靠保障。

我国对气象探测环境保护实行分类保护、分级管理的原则。气象探测环境的相关法律法规规定主要有《中华人民共和国气象法》（以下简称《气象法》）《气象设施和气象探测环境保护条例》（以下简称《条例》）和《气象探测环境及设施保护办法》（以下简称《办法》）。

根据本案例涉及的D县气象探测站因房地产开发破坏气象探测环境需迁移的问题，《气象法》第十二条规定："未经依法批准，任何组织或者个人不得迁移气象台站；确因实施城市规划或者国家重点工程建设，需要迁移国家基准气候站、基本气象站的，应当报经国务院气象主管机构批准；需要迁移其他气象台站的，应当报经省、自治区、直辖市气象主管机构批准。迁建费用由建设单位承担。"根据本条规定，可以看出：第一，任何组织或者个人未经依法批准不得迁移气象台站。保持气象台站站址的长期稳定，这是获得长序列的均一的气象资料的必要条件。在符合技术要求的站址获得的资料连续时间越长，资料的使用价值就越高。新建气象站，都要求站址选在符合技术规范和环境的地方，主要是为保持其采集气象数据的长期稳定。第二，确因实施城市规划或者国家重点工程建设需要迁移气象台站的，应当办理报批手续。本条所指的城市规划，是按照《中华人民共和国城市规划法》的要求纳入城市规划或者村庄和集镇建设规划。关于报批权限，是按不同气象台站的类型，分别报国务院气象主管机构和省、自治区、直辖市气象主管机构。根据国务院相关规定的要求，为了解决因迁站而产生的资料序列的非均一性程度，提供正确使用迁址前后资料的依据，凡新旧两地地形有明显差异者，须在新旧站址同时进行对比观测。对比观测可安排在迁站之前进行，也可在迁站之后挑选，在气象台站迁移时，要在新旧台站场址进行对比观测满一年后，才能终止在旧台站场址的观测，其目的是为了保证气象资料的连续性和监测工作的不中断，对新建气象台站探测设施所得到的观测资料进行对比、换算，才能够连续使用。第三，迁建气象台站所需费用的承担。本条明确规定，气象台站因实施城市规划或者国家重点工程建设，经批准确需迁移的，其迁移费用由建设单位承担。这里所指的迁建费用,包括由于迁移气象台站所需的选址、征地、委托设计、建筑物施工和设备安装等全部工程建设费用和气象台站搬迁的全部费用。

新建、扩建、改建建设工程应当尽量避免危害气象探测环境,对于某些确实无法避免将会造成危害的,须事先征得气象主管机构的同意,并采取相应措施后,方可建设。

气象探测资料除具有可比较性、代表性、准确性外,还应当保持其连续性。为掌握某一特定区域的气候状况,分析其在较长时期内的变化规律,气象探测资料的序列越长越有使用价值,从时间上要求不间断地长年累月进行观测,从地域上要求稳定在同一地点进行观测,不能频繁变动站址、场地,从而导致观测资料不连续。因此,要求建设工程尽量避免对气象探测环境造成危害,甚至搬迁站址、产地导致气象探测资料序列的不连续。当然,从国家发展和建设的大局出发,有些重要的建设工程虽难以避免对气象探测环境造成危害,但仍需进行的,则规定要事先征求气象主管机构同意的程序以及相关条件要求来加以协调。这里需要说明的是:基准气候站、基本气象站都是国家气象台站网的骨干,其探测环境都需要重点保护,且要求也更高,这些台站的站址、场地经过认真勘察选定,探测环境比较理想,而且已积累了多年的长序列资料,有些台站的资料还要参加全球交换,其探测环境如遭到破坏,造成的后果也特别严重,所以规定此类情况应当事先征得国务院气象主管机构的同意,并采取相应的措施后,方可建设。

针对本案例的具体问题,《条例》和《办法》也有相应的规定。

《条例》第十九条规定:“气象台站探测环境遭到严重破坏,失去治理和恢复可能的,国务院气象主管机构或者省、自治区、直辖市气象主管机构可以按照职责权限和先建站后迁移的原则,决定迁移气象台站;该气象台站所在地地方人民政府应当保证气象台站迁移用地,并承担迁移、建设费用。地方人民政府承担迁移、建设费用后,可以向破坏探测环境的责任人追偿。”

根据《条例》规定,危害国家一般气象站探测环境的行为主要有五类:第一、在观测场周边800米探测环境保护范围内修建高度超过距观测场距离1/8的建筑物、构筑物;第二、在观测场周边200米范围内设置垃圾场、排污口等干扰源;第三、在观测场周边100米范围内修建铁路;第四、在观测场周边50米范围内挖筑水塘等;第五、在观测场周边30米范围内修建公路、种植高度超过1米的树木和作物等。案例中D县房地产开发应是在气象站观测场周边800米探测环境保护范围内修建高度超过距观测场距离1/8的建筑物、构筑物,破坏D县气象局的气象探测环境。气象台站探测环境遭到严重破坏,失去治理和恢复可能的,气象局才可以向国务院气象主管机构或者省、自治区、直辖市气象主管机构申请气象台站迁移。国务院气象主管机构或者省、自治区、直辖市气象主管机构按照职责权限和先建站后迁移的原则，决定迁移气象台站。迁移气象台站的，应当按照国务院气象主管机构的规定，在新址与旧址之间进行至少一年的对比观测。迁移的气象台站经批准、决定迁移的气象主管机构验收合格，正式投入使用后，方可改变旧址用途。气象台站的迁移，气象台站所在地地方人民政府应当保证气象台站迁移用地，并承担迁移、建设费用。地方人民政府承担迁移、建设费用后，可以依照相关法律规定向破坏探测环境的责任人追偿。

《办法》第二十一条规定："未经依法批准，任何组织或者个人不得迁移气象台站和设施。确因实施城市规划或者国家重点工程建设，需要迁移国家基准气候站、国家基本气象站、高空气象探测站、天气雷达站、大气本底台站等国家布点的气象台站的，应当报经国务院气象主管机构批准；需要迁移其他气象台站的，应当报经省、自治区、直辖市气象主管机构批准。拆迁和新建气象台站和设施的全部费用由同级政府或者建设单位承担，并保证新建气象台站和设施的质量符合国家标准。迁移的气象台站应当按照国务院气象主管机构的规定进行对比观测。"由此可以看出，《办法》也规定了迁站费用的承担与新旧气象台站址之间的对比观测。但是需注意的是，城乡规划、建设、国土等有关部门，在审批可能影响已建气象台站探测环境和设施的建设项目时，应当事先征得相关气象主管机构的同意。未经气象主管机构同意，有关部门不得审批。气象探测环境的保护可以从严格有关机关的开发审批程序进行提前预防。因此，在气象探测环境确遭破坏时，气象主管部门、地方政府和建设单位等各个主体之间的权责义务分配也是值得思考的一个问题。

在违法行为的责任承担上，《气象法》规定，有下列行为之一的，由有关气象主管机构按照权限责令停止违法行为，限期恢复原状或者采取其他补救措施，可以并处五万元以下的罚款；造成损失的，依法承担赔偿责任；构成犯罪的，依法追究刑事责任：一是侵占、损毁或者未经批准擅自移动气象设施的；二是在气象探测环境保护范围内从事危害气象探测环境活动的。在气象探测环境保护范围内，违法批准占用土地的，或者非法占用土地新建建筑物或者其他设施的，依照《中华人民共和国城乡规划法》或者《中华人民共和国土地管理法》的有关规定处罚。根据本规定，在违法行为的责任承担方面，其一，行为人违反本法所应承担的法律责任；其二，在气象探测环境保护范围内，行为人违反《中华人民共和国城市规划法》或者《中华人民共和国土地管理法》的有关规定所应承担的法律责任。

一、《气象法》作为国家调整涉及气象领域的社会关系的法律规范，其规范整个社会气象活动，具有普遍约束力和强制性。公民、法人和其他组织必须严格地遵守《气象法》的规定，全面履行法律义务。如果违反了《气象法》有关规定，就必须承担一定的法律责任。

行为人实施了下列违法行为，应当承担本条所规定的法律责任。一是侵占、损毁或者未经批准擅自移动气象设施的行为，即非法占有、损坏气象探测设施、气象信息专用传输设施、大型气象专用技术装备等或者不履行规定的审批手续，擅自迁移上述气象设施的行为；二是在气象探测环境保护范围内从事危害气象探测环境活动，在气象探测环境保护范围内设置障碍物、进行爆破和采石，设置影响气象探测环境设施工作效能的高频电磁辐射装置或者其他影响气象探测的行为，凡是实施上述违法行为的，就必须依照本条的规定，承担相应的法律责任。承担法律责任的形式包括行政责任、民事责任和刑事责任。

(一)行政责任。公民、法人和其他组织如果实施本条所列举的违法行为，就必须承担行政责任。根据本条规定，对实施违法行为的公民、法人和其他组织进行行政处罚的主体只能是有关气象主管机构，其他任何组织和个人都不能行使此权力；给予行政处罚的种类为罚款，罚款的幅度在五万元以下。同时，有关气象主管机构还可以依照本条的规定，对实施本条所规定的违法行为采取行政强制措施，本条规定的行政强制措施的主要形式是责令停止违法行为，限期恢复原状或者采取其他补救措施。

(二)民事责任。根据本条规定，凡是实施本法列举的行为，给他人(包括其他公民、法人和组织)造成经济损失或者其他损失的，应当依照民事法律、法规的规定，承担相应的民事责任。本条规定承担民事责任的方式是赔偿损失。要求赔偿的方式包括通过人民法院解决或者自行协商解决。具体程序可以通过民事诉讼程序提起诉讼，也可以刑事附带民事诉讼形式提起诉讼。

(三)刑事责任。实施本条所列举的违法行为情节特别严重，构成犯罪的，应当根据刑法的规定追究其刑事责任。承担刑事责任的主体是公民个人，有的也可以是单位。涉及的刑法主要罪名有第二百七十五条规定的故意毁坏财物罪，第二百八十八条规定的扰乱无线电通信管理秩序罪、第三百八十二条规定的贪污罪等。

二、在气象探测环境保护范围内，行为人违反《中华人民共和国城市规划法》或者《中华人民共和国土地管理法》的有关规定所应承担的法律责任。

根据《气象法》第三十五条第二款规定，在气象探测环境保护范围内，违法批准占用土地的，或者非法占有土地新建建筑物或者其他设施的行为，要依照《中华人民共和国城市规划法》或者《中华人民共和国土地管理法》的有关规定处罚。

因此，根据以上法律规定及法理分析，说明：一是D县在进行城市规划，城市建设进行房地产开发；二是因房地产开发，对气象探测环境造成破坏；三是D县政府部门的相关机构在城市规划过程中未考虑到《气象法》等法律法规的规定，在审批开发商进行房地产开发时，新建建设工程，未事先征得省、自治区、直辖市气象主管机构的同意，也没有采取相应措施避免气象环境的破坏；四是D县气象部门对相关法律法规运用不到位。在气象探测环境遭到严重破坏后，应先与开发商进行协调，并上报上级气象主管机构，申请迁移气象探测站。

基于以上分析，得出如下结论：

第一，在地方城市规划审批中，应将气象探测设施、气象台站、气象观测等气象设施纳入到城市规划的审批项目中，以避免气象设施遭受损坏。

第二，加强地方气象立法，规范气象行政执法行为。

【问题】

1. 气象台站迁建的监督管理主体是什么？

按照《气象台站迁建行政许可管理办法》第三条规定，气象台站迁移的监管主体应是国务院气象主管机构和省、自治区、直辖市，以及地方各级气象主管机构。

第一，国务院气象主管机构负责大气本底站、国家基准气候站和国家基本气象站迁建行政许可的审批和管理，并对其他气象台站迁建行政许可行为进行监督管理。国务院气象主管机构对气象台站迁建的相关责任及职责。

申请迁建大气本底站、国家基准气候站和国家基本气象站的，省、自治区、直辖市气象主管机构应当自受理之日起二十个工作日内完成初审，并签署意见后报送国务院气象主管机构审批。国务院气象主管机构应当自收到申请材料后二十个工作日内作出决定。国务院气象主管机构在审批过程中需要按照《中华人民共和国行政许可法》第四十五条规定进行技术审查（含现场踏勘）的，所需时间不计入审批时间内。技术审查（含现场踏勘）时间一般不超过三个月。国务院气象主管机构应当将所需时间书面告知申请人。申请人依法享有要求听证的权利，国务院气象主管机构在作出直接涉及申请人与他人之间重大利益关系的许可决定前，应当告知申请人、利害关系人享有要求听证的权利；申请人、利害关系人在被告知听证权利之日起五个工作日内提出听证申请的，国务院气象主管机构应当在二十个工作日内组织听证。听证程序按照《行政许可法》第四十八条规定的程序进行。国务院气象主管机构作出行政许可决定，应当自作出决定之日起十个工作日内向申请人送达行政许可的书面决定。

迁建国家基准气候站、国家基本气象站和国家一般气象站的，应当按照国务院气象主管机构的规定，在新址与旧址之间进行至少1年的连续对比观测。新址正式启用应当符合国务院气象主管机构有关业务规定。新址启用和对比观测完成之前，应当按照《条例》、国家有关标准和国务院气象主管机构有关要求严格保护旧址的气象探测环境。

有下列情形之一的，作出行政许可决定的气象主管机构或者其上级气象主管机构，根据利害关系人的请求或者依据职权，可以撤销行政许可：

(1)气象主管机构工作人员滥用职权、玩忽职守做出准予行政许可决定的；

(2)超越法定职权作出准予行政许可决定的；

(3)违反法定程序作出准予行政许可决定的；

(4)对不具备申请资格或者不符合法定条件的申请人准予行政许可的；

(5)依法可以撤销行政许可的其他情形。

第二，省、自治区、直辖市气象主管机构负责本行政区域内其他气象台站迁建行政许可的审批和管理，并承担大气本底站、国家基准气候站和国家基本气象站迁建行政许可的初审和管理。省、自治区、直辖市气象主管机构对气象台站迁建的相关责任及职责：

申请迁建气象台站的，应当由建设单位或者县级以上地方人民政府向本省、自治区、直辖市气象主管机构提出申请。省、自治区、直辖市气象主管机构应当在收到全部申请材料之日起五个工作日内，按照《行政许可法》第三十二条的规定作出受理或者不予受理的书面决定，并出具书面凭证。对于不予受理的，应当书面说明理由。

申请迁建其他气象台站的，省、自治区、直辖市气象主管机构应当自受理之日起二十个工作日内作出决定。二十个工作日内不能作出决定的，按照《行政许可法》第四十二条规定执行。

省、自治区、直辖市气象主管机构在审批过程中需要按照《行政许可法》第四十五条规定进行技术审查(含现场踏勘)的，所需时间不计入审批时间内。技术审查(含现场踏勘)时间一般不超过三个月。省、自治区、直辖市气象主管机构应当将所需时间书面告知申请人。

申请人依法享有要求听证的权利，省、自治区、直辖市气象主管机构在作出直接涉及申请人与他人之间重大利益关系的许可决定前，应当告知申请人、利害关系人享有要求听证的权利；申请人、利害关系人在被告知听证权利之日起五个工作日内提出听证申请的，省、自治区、直辖市气象主管机构应当在二十个工作日内组织听证。听证程序按照《行政许可法》第四十八条规定的程序进行。省、自治区、直辖市对听证另有规定的，从其规定。

省、自治区、直辖市气象主管机构作出行政许可决定，应当自作出决定之日起十个工作日内向申请人送达行政许可的书面决定。省、自治区、直辖市气象主管机构作出准予其他气象台站迁建的行政许可决定，应当自作出决定之日起十五个工作日内将行政许可审批材料报国务院气象主管机构备案。

新址建设工程完成后，申请人应及时向省、自治区、直辖市气象主管机构提出验收的申请，由作出许可决定的气象主管机构按照国务院气象主管机构有关业务规定组织验收。

第三，地方各级气象主管机构应当对申请人从事气象台站迁建行政许可事项的活动进行监督检查。

2.气象台站迁建应符合哪些条件？

气象台站迁建，是指将气象台站的观测场所、探测设施及配套的附属和基础设施等从现址迁移到新址的活动。那么，进行气象台站迁建，应保证原气象台，因国家重点工程建设或者城市(镇)总体规划变化，确实无法避免影响气象探测环境，且无法采取补救措施，需要迁建气象台站的行政许可。

气象台站拟迁新址必须同时满足以下要求：(1)能够代表现址所在区域的天气气候特征；(2)符合全国气象观测站网布局；(3)符合法律、法规、标准和国务院气象主管机构对气象探测环境的技术规范和管理规定；(4)占地面积满足观测场地、探测设施、业务用房和辅助用房以及配套设施的布局要求，并预留与气象台站功能相适应的业务发展空间；(5)具备必要的供电、供水、交通、通信等基础条件；(6)涉及无线电业务的，符合《中华人民共和国无线电管理条例》的相关规定。

保持气象台站站址的长期稳定，是获得长序列的均一的气象资料的必要条件。在符合技术要求的站址获得的资料连续时间越长，资料的使用价值就越高。但近年来随着经济社会发展和气象探测环境遭受破坏，气象台站被迫搬迁的现象日益严重。严重影响了气象探测资料的代表性、连续性，已无法保证气象探测数据的准确性，也直接影响到气象预报预测准确性的提高。

按照《办法》要求，气象台站的地面气象观测站点分为四类：一是基准气候站，它是国家气候观测站网中的骨干和标准站点，目的在于获取不同气候区内长期连续的、具有代表性的标准气象观测资料，并对其他气象站点由于人为原因造成的观测资料误差进行序列订正；二是基本气象站，它是国家天气、气候观测站网的主体部分，与基准气候站共同组成国家的天气、气候观测站网；三是一般气象站，它是与基准气候站、基本气象站共同组成省级的地方天气、气候观测站网；四是辅助气象站，它是以地方服务为主要目的并主要根据当地气象服务需要承担由省级气象主管机构确定观测项目的地方气象观测站点。以上四类气象观测站点中，第一、二类是国家天气、气候观测站网的骨干和主体，是气象台站网的骨干基础；第三、四类主要是为地方服务的与国家站网共同组成的地方天气、气候站网。《气象法》根据气象台站的不同类型，对确因实施城市规划或者国家重点工程建设需要搬迁的气象台站，分别规定了由国务院气象主管机构和省、自治区、直辖市气象主管机构批准。国家基准气候站和基本气象站的搬迁由国务院气象主管机构负责批准。一般气象站和辅助气象站的搬迁由省、自治区、直辖市气象主管机构批准。

气象台站因实施城市规划或者国家重点工程建设，经批准确需迁移的，其迁建费用由建设单位承担。这里所指的迁建费用，包括由于迁移气象台站所需的选址、征地、委托设计、建筑物施工和设备安装等全部工程建设费用和气象台站搬迁的全部费用。

3.气象观测场迁建应符合哪些法律规定?

首先，根据相关法律、法规的规定，气象观测场的迁建需确因气象台站探测环境遭到严重破坏，失去治理和恢复可能的或者实施城市规划或者国家重点工程建设，需要迁移国家基准气候站、国家基本气象站、高空气象探测站、天气雷达站、大气本底台站等国家布点的气象观测场的，应当报经国务院气象主管机构批准；需要迁移其他气象观测场的，应当报经省、自治区、直辖市气象主管机构批准。未经依法批准，任何组织或者个人不得迁移气象观测场；该气象观测场所在地地方人民政府应当保证气象观测场迁移用地，并承担迁移、建设费用。地方人民政府承担迁移、建设费用后，可以向破坏探测环境的责任人追偿。

其次，申请人在提出申请时，应向受理机构提供以下材料：(1)气象台站迁建申请表；(2)气象台站选址报告书；(3)拟迁新址的土地使用权证。未取得土地使用权证的应当提供当地城乡规划、国土资源部门有关迁移气象台站新址用地的意见和当地国土资源部门出具的同意办理新址土地证的意见；(4)当地人民政府编制拟迁新址的气象探测环境保护专项规划并纳入城市(镇)控制性详细规划的相关文件或承诺，落实迁建立项批复或所需经费的相关文件，提出现址气象探测环境保护工作情况报告；(5)已批准或正在实施的拟迁新址所在地的城市(镇)总体规划图及其批复文件，或国家重点工程建设项目实施方案及其批复文件；(6)事业单位法人证书或企业法人营业执照正、副本；(7)委托代理的，应出具代理委托函、代理人的事业单位法人证书或企业法人营业执照正、副本；(8)申请人对所提供材料真实性负责的承诺。

最后，省、自治区、直辖市气象主管机构应向国务院气象主管机构汇报气象探测环境受到严重破坏迁站申请，并经过实地调研，得到迁站批准；在当地政府的支持下，进行迁站。

案例三：C市某房地产公司商住楼建设影响气象探测环境案

【案情简介】2007年8月，C市K县气象局发现某房地产公司在县气象站观测场东侧兴建的商住楼，高度超过了气象主管机构对该商住楼建设审批限定的标准。县气象局执法人员到现场制止无效，该公司继续强行超标准建设施工。鉴于执法能力较弱、经验不足并存在较大执法难度的实际情况，K县气象局请求C市气象局介入此案。为此,C市气象局对其进行了立案调查。

C市气象局于2007年8月受理此案。经过现场调查和询问当事人,C市气象局执法人员查明该公司在K县气象探测环境保护范围内兴建的商住楼,违反了气象主管机构对商住楼建设审批限定高度,且超标准强行施工,对K县气象探测环境构成严重影响。该行为违反了气象法律法规对气象探测环境保护的有关规定。

【处理结果】C市气象局依法先后向该公司下达了《责令停止违法行为通知书》和《行政处罚告知书》,并耐心细致的宣讲了气象法律法规的相关规定,该公司停止了违法施工行为。8月下旬,根据调查取证结果和集体讨论的处理意见,并经市气象主管机构批准,C市气象局依法对该公司作出了罚款1万元并限期拆除商住楼违法超高建设部分的处理决定,并将《行政处罚决定书》直接送达房地产公司。该公司收到《行政处罚决定书》后,自行拆除了商住楼违法超高部分,缴纳了罚款。

此案是一起市、县两级气象主管机构联合执法,制止破坏气象探测环境违法行为的典型案例。处理此类案件,以上级气象主管机构为主,对案件的处理效果较好,采取执法宣传和严格执法并举效果尤佳。

【法条链接及法理分析】

改革开放以来,顺应市场经济发展,我国房地产市场逐渐繁荣,全国各地兴起房地产开发建设热,房地产公司为了提高土地利用率,往往选择超高楼房建设,造成违反限定楼高标准的情形出现。本案例就是在这样的一个背景下,房地产公司商住楼建设超过气象主管机构对商住楼建设审批限定标准。以下将从行政相对人违法行为涉及的相关法律法规、气象局行政执法涉及的相应法律法规和气象局行政处罚涉及的相应法律法规等三个方面对气象探测环境破坏行为进行全面法理分析。

首先,从行政相对人违法行为涉及的相关法律法规的角度分析,《中华人民共和国气象法》(以下简称《气象法》)第十九条规定:“国家依法保护气象探测环境,任何组织和个人都有保护气象探测环境的义务。”本条规定了国家对气象探测环境的保护,以及组织和个人在保护气象探测环境方面的义务。为了能获得反映大气变化真实自然状况的气象探测资料,设置气象仪器和装备的气象观测场应当选在能够反映一个地方大范围的气象要素的特点,并且不受局部地形影响的平坦、空旷之处,要尽可能避开山体、水面、高大建筑物以及树木的影响,不应选在当地最多风向的下风方,在气象探测环境场周围10米以内不能种植高杆作物和树木。如果气象观测场四周有障碍物,场地边缘与孤立障碍物的距离至少应为障碍物高度的3倍以上,成排群体障碍物则至少应在10倍以上。为了保证高空气象探测和雷达探测仪器设备的正常运作，使测得的数据准确可靠，要求在其工作场所附近不得有干扰或影响探测效能的高频电磁辐射装置。为了加强对气象探测环境的依法保护，气象法特别规定，国家依法保护气象探测环境，任何组织和个人都有保护气象探测环境的义务。案例中K县商住楼的建设高度超标，严重影响气象探测环境，对气象探测数据的准确性造成影响，从而不利于气象工作正常发展。过高建设商住楼违反了个人和组织保护气象探测环境的义务。《气象设施和气象探测环境保护条例》(以下简称《条例》)第十四条对危害国家一般气象站探测环境的禁止性行为之一规定："在观测场周边800米探测环境保护范围内修建高度超过距观测场距离1/8的建筑物、构筑物。"商住房高度超过气象主管机构的楼房建设限定标准，在条例中是作为禁止性行为，相对于《气象法》规定的更加具体明确。

其次，从气象局行政执法依据相应法律法规的角度，根据《条例》第五条规定："地方各级气象主管机构在上级气象主管机构和本级人民政府的领导下，负责本行政区域内气象设施和气象探测环境的保护工作。"《气象探测环境及设施保护办法》(以下简称《办法》)第四条规定："地方各级气象主管机构在上级气象主管机构和同级人民政府的领导下，负责管理本行政区域内气象探测环境和设施的保护工作。"据此，K县气象局发现商住楼超高影响气象探测环境问题，请求C市气象局介入。C市气象局对其进行了立案查处，与K县气象局对房地产公司超高商住楼建设进行联合执法。C市气象局自受理案件，现场调查取证、下达《责令停止违法行为通知书》和《行政处罚告知书》，集体讨论作出处罚决定，下达《行政处罚决定书》，对当事人进行宣传教育等行政执法行为，符合《气象行政处罚办法》对处罚的程序性规定。《行政处罚法》第五条规定："实施行政处罚，纠正违法行为，应当坚持处罚与教育相结合的原则，教育公民、法人或者其他组织自觉守法。"《气象行政处罚办法》对该条进行了具体化的规定，在其第五条中也提出"实施气象行政处罚必须遵循公正、公开的原则，坚持处罚与教育相结合。"本条是对坚持处罚与教育相结合的原则的规定。设定行政处罚，不仅仅是惩罚违法者，并通过惩罚防止其再次违法，使违法者通过处罚受到教育，自觉遵守法律秩序，同时也教育他人维护法律，提高法制观念。同时，本法不仅在本条规定了处罚与教育相结合的原则，而且在其他法律条文中为贯彻这一原则具体规定了告知制度。通过告知，可以使当事人受到法制的教育。此外还规定了听证制度，在听证过程中通过陈述事实、列举证据、援引法律，给各方当事人都留下深刻印象，从中受到教育。该案例中，市气象局在依法下达通知书和告知书的同时对超高商住楼的房地产公司进行了耐心细致的普法宣传，使得该公司停止了违法施工行为；在收到《行政处罚决定书》后也能自行拆除商住楼违法超高部分，缴纳罚款，坚持了处罚与教育相结合的要求。

最后，从气象局行政处罚依据的相应法律法规角度进行分析，根据《气象法》第三十五条规定："违反本法规定，有下列行为之一的，由有关气象主管机构按照权限责令停止违法行为，限期恢复原状或者采取其他补救措施，可以并处五万元以下的罚款；造成损失的，依法承担赔偿责任；构成犯罪的，依法追究刑事责任：(一)侵占、损毁或者未经批准擅自移动气象设施的；(二)在气象探测环境保护范围内从事危害气象探测环境活动的。"本案中的房地产公司的行为符合第二款"在气象探测环境保护范围内从事危害气象探测环境活动的"情形，因此C市气象局根据该法按照权限责令房地产公司停止违法行为，限期恢复原状或者采取其他补救措施，可以并处五万元以下的罚款；造成损失的，依法承担赔偿责任；构成犯罪的，依法追究刑事责任。《条例》第二十五条规定："危害气象探测环境的，由气象主管机构责令停止违法行为，限期拆除或者恢复原状，情节严重的，对违法单位处2万元以上5万元以下罚款，对违法个人处200元以上5000元以下罚款；逾期拒不拆除或者恢复原状的，由气象主管机构依法申请人民法院强制执行；造成损害的，依法承担赔偿责任。" 根据《气象行政处罚办法》第八条规定："气象主管机构在对气象违法行为实施处罚时，应当在法定的处罚种类和幅度范围内，综合考虑以下情节：(一)当事人的过错程度；(二)违法行为造成的危害后果；(三)当事人改正违法行为的态度和采取的改正措施；(四)其他依法应当考虑的情节。"案例中该房地产公司在收到通知书和告知书后停止了违法施工行为，没有继续施工，符合其中"当事人改正违法行为的态度和采取的改正措施"有较好的认错态度，所以对其作出"罚款1万元并限期拆除商住楼违法超高建设部分"的处罚决定，也在法定的处罚幅度范围内。该法的规定，也在一定程度上促进了相关进行气象违法行为的主体积极认错改止。

【问题】

1. 法律规定，禁止实施危害气象设施和气象探测环境的行为有哪些？

根据《条例》的规定，危害气象设施的行为主要表现在两个方面，一是危害气象设施的行为，二是危害气象探测环境的行为。

危害气象设施的行为包括以下几个方面。

(1)侵占、损毁、擅自移动气象设施或者侵占气象设施用地；

(2)在气象设施周边进行危及气象设施安全的爆破、钻探、采石、挖砂、取土等活动；

(3)挤占、干扰依法设立的气象无线电台(站)、频率；

(4)设置影响大型气象专用技术装备使用功能的干扰源；

(5)法律、行政法规和国务院气象主管机构规定的其他危害气象设施的行为。

危害大气本底站探测环境的行为主要包括以下几个方面。

(1)在观测场周边3万米探测环境保护范围内新建、扩建城镇、工矿区,或者在探测环境保护范围上空设置固定航线;

(2)在观测场周边1万米范围内设置垃圾场、排污口等干扰源;

(3)在观测场周边1000米范围内修建建筑物、构筑物。

危害国家基准气候站、国家基本气象站探测环境的行为主要包括以下几个方面。

(1)在国家基准气候站观测场周边2000米探测环境保护范围内或者国家基本气象站观测场周边1000米探测环境保护范围内修建高度超过距观测场距离1/10的建筑物、构筑物;

(2)在观测场周边500米范围内设置垃圾场、排污口等干扰源;

(3)在观测场周边200米范围内修建铁路;

(4)在观测场周边100米范围内挖筑水塘等;

(5)在观测场周边50米范围内修建公路、种植高度超过1米的树木和作物等。

危害国家一般气象站探测环境的行为主要包括以下几个方面。

(1)在观测场周边800米探测环境保护范围内修建高度超过距观测场距离1/8的建筑物、构筑物;

(2)在观测场周边200米范围内设置垃圾场、排污口等干扰源;

(3)在观测场周边100米范围内修建铁路;

(4)在观测场周边50米范围内挖筑水塘等;

(5)在观测场周边30米范围内修建公路、种植高度超过1米的树木和作物等。

2.气象行政处罚的原则是什么?本案中气象执法部门的行政行为是否违法?

《气象行政处罚办法》第五条规定"实施气象行政处罚必须遵循公正、公开的原则,坚持处罚与教育相结合。"这一条确定了气象行政处罚基本原则,气象行政处罚的原则,是气象行政主体在行政处罚时应当遵守的基本准则。因此,作为气象行政主体在进行行政处罚时,应当具体遵循以下原则:

(1)合法原则

合法原则的基本内涵就是主体法定、职责法定、依据法定、程序法定、形式法定,即气象行政处罚要由法定的气象机关在法定的职权范围内根据法定依据、法定程序,以法定的形式实施。要保证气象行政处罚行为的内容合法,气象行政处罚主体应重点注意以下几点:一是气象行政处罚除了要符合气象法律、行政法规规定外,还要符合其它法律规定。二是要求行政处罚的相对人必须是具有法定的权利能力与行为能力的法人或自然人,也就是说,气象行政处罚行为的对象要适格。三是气象行政处罚行为应符合法定程序，从而解决气象行政处罚中存在的有法不依、执法不严、违法不究、权责脱节等问题。

(2)公正、公开原则

公正，一是要防止偏听偏信；二是要使当事人了解其违法行为的性质，并给予当事人进行陈述和申辩的机会；三是要防止自查自断，实行查处分开制度。依法行使气象行政处罚权不但要求气象主管机构依法行使而且要求气象主管机构依职权行使。之所以依法，是由于行政权的本身性质决定的，行政权来源于法律，它具有执行法律的天然使命，作为行政权力的一种的气象行政处罚权自然不能凌驾于法律之上，必须依法行使。依职权行使气象行政处罚权要求气象主管机构必须在其自身权限范围内作出行政处罚，而不能超越职权或滥用职权。公正行使气象行政处罚权不但要求公正而且还要合理。公正，就是公平地对待一切违法者，对应当受制裁的违法者都要给予制裁，做到"同样的过错受到同样的处理"。合理，要求处罚合乎情理，在合法的前提下，做到在主观上符合法律设立气象行政处罚的目的，具有合理的动机；在客观上要考虑所有相关因素，排除不相关因素；在处罚内容上应符合情理。

公开，一是指气象行政处罚的规定要公开，凡是需要公民、法人或者其他组织遵守的法律、规范都要事先公布；二是指处罚程序要公开，如依法举行听证会等。

(3)处罚相当原则

气象主管机构面对纷繁复杂的各类气象违法案件不是机械的法律条文所能包含的，为了应对多变的社会生活，法律赋予气象主管机构机动处理各类案件的权力即自由裁量权。处罚相当原则是指在实施气象行政处罚时，要根据气象违法行为的性质、情节以及对社会危害程度的大小来依法处理，所犯与所罚相适应，防止畸轻畸重。

(4)处罚与教育相结合原则

气象行政处罚的目的是纠正违法行为，教育公民、法人或者其他组织自觉守法。处罚只是手段，不是目的。因此，气象执法部门在实施行政处罚时，要责令当事人纠正或者限期改正违法行为。对情节轻微的违法行为，可给予较轻的行政处罚，当事人纠正了违法行为，也可不给予行政处罚。

(5)监督制约原则

一是气象执法部门内部的监督制约，如将违法行为的调查与处罚相分离，当场作出的处罚决定必须报上级气象执法部门备案，上级气象执法部门对下级气象执法部门依法进行监督等。二是气象执法部门与其他部门相互监督制约，如决定罚款的部门与收缴的部门分离。三是司法监督，如行政诉讼等。

(6)一事不二罚原则

一事不二罚原则是指对违法行为人的同一个违法行为,不得以同一事实和同一依据重复进行气象行政处罚。《气象行政处罚办法》第七条规定:“对当事人同一个气象违法行为,不得给予两次以上罚款的行政处罚。”在具体执法实践中,对于一个违法事实可能会触犯不同的法律规范,导致法律规范的竞合问题时有发生。借鉴刑法罪数形态的划分方法,可将“同一行政违法行为”分为单纯的行政违法行为、牵连行政违法行为、连续行政违法行为、持续行政违法行为和并合行政违法行为五类。其中,单纯的违法行为是指行政管理相对人的一个行为只违反了一个法律规范。由于单纯的违法行为,不存在法律规范竞合问题,因而其处理方式较为简单,对此行政机关仅需按违法行为触犯的气象行政法律规范给予相应行政处罚即可。牵连行政违法行为是指某一行为,以实施的违法行为违反了气象行政法律规范,但其违法的方法、手段或结果又违反了其他行政法律规范。这时,只对该行为人根据气象行政法律规范作出相应的行政处罚即可。连续行政违法行为是指基于同一或者概括的行政违法故意,连续实施性质相同触犯同一行政法律规范的违法行为。持续行政违法行为指违法行为和状态在一定时间、地点处于持续状态的违法行为。对于行政上的连续违法行为和持续违法行为,行政机关的处罚决定生效后导致了其“连续状态”和“持续状态”的中断,如果行政相对人再实施相同性质之违法行为,行政机关可以再作出新的行政处罚,先前的处罚决定不构成对“一事不再罚”原则的违反。

本案中,K县气象局在执法检查中发现某房地产公司兴建商住楼高度超过建设审批限定标准的危害大气本底站探测环境的行为,并将情况上报C市气象局,请求C市气象局介入此案。市气象局在经过现场调查和询问当事人后,依法先后向该公司下达了《责令停止违法行为通知书》和《行政处罚告知书》,并进行了耐心细致的普法宣传,后经集体讨论,作出罚款1万元并限期拆除商住楼违法超高建设部分的处理决定。C市和K县气象主管部门机构联合执法,采取执法宣传和严格执法并举,符合《气象行政处罚办法》第五条规定的“实施气象行政处罚必须遵循公正、公开的原则,坚持处罚与教育相结合。”C市气象局在气象行政执法及气象行政处罚中严格遵守法律规定及法定程序,无违法行政及滥用职权行为,因此,本案中气象执法部门的行政行为不构成违法。

案例四:X市某建设项目影响气象探测环境案

【案情简介】2007年,X市某单位在该市A区开发建设项目。项目一旦建成,将对X市气象观测站的气象探测环境造成严重破坏,因此,X市气象局依法对其进行了查处。4月初,在获知建设单位强行开始进场施工后,X市气象局执法人员向建设单位送达了《关于依法保护气象探测环境的通知》，但并未引起该单位的重视仍继续施工。4 月中旬，X 市气象局向该单位下达了《责令停止违法行为通知书》，该单位收到通知后暂停施工，并承诺向市政府汇报，请市政府出面协调，但因迟迟未得到政府方面的答复又再次开始施工。X 市政府在收到气象局有关情况的汇报后，决定由市政府副秘书长负责协调解决问题，但未取得进展。7 月，X 市气象局决定立案查处，执法人员对该单位进行现场勘查和调查询问后，向该单位送达了《行政处罚告知书》，该单位接到告知书后没有停止违法行为，继续强行施工。8 月，市气象局下达《行政处罚决定书》，该单位收到决定书后，函复气象局，认为该单位曾因气象局行政执法行为停工 33 天，并以该项目已投入职工的集资款五千多万元，如纠正违法侵害行为，后果严重，无法承担，并据此建议观测站实施整体搬迁。X 市气象局明确告知对方不予终止行政执法，台站不会搬迁。之后，该单位未履行处罚决定，仍然继续施工，造成了严重破坏探测环境的后果。

【处理结果】2007 年 12 月，在气象局的请求下，X 市人大农工委进行了实地考察，表示人大要认真履行职责，积极敦促政府，依法保护气象探测环境。在处理此案的过程中，执法人员发现由于规划和建设部门把关不严，该项目相应的规划和建设手续齐全，执法的过程困难重重，使探测环境没有得到保护。市气象局也没有及时向上级主管部门汇报争取上级部门的支持，错过了解决问题的最佳时机。鉴于此，省气象局根据有关规定，对 X 市气象局有关负责人给予行政处分。省气象局敦促该市气象局加强对开发建设项目的审核，考察观测站实际情况汇报给中国气象局，建议观测站的整体搬迁，得到中国气象局的批准。最终在市政府的协调下，该观测站迁移到了 X 市 B 区。

此案是一起住宅楼影响气象探测环境的案件。近几年，随着社会经济的迅速发展，城市化建设速度加快，影响气象探测环境的现象时有发生。气象部门要保护探测环境仅仅依靠部门行政执法和个别部门的把关是十分困难的，探测环境保护也应列入当地政府职责。

【法条链接及法理分析】

本案例分析在除对气象探测环境相关法律法规进行解读外，根据案例所涉及的行政主体与行政相对人之间的行政处罚程序规定也作相应法理分析。

《中华人民共和国气象法》(以下简称《气象法》)第三条规定："气象事业是经济建设、国防建设、社会发展和人民生活的基础性公益事业，气象工作应当把公益性气象服务放在首位。县级以上人民政府应当加强对气象工作的领导和协调，将气象事业纳入中央和地方同级国民经济和社会发展计划及财政预算，以保障其充分发挥为社会公众、政府决策和经济发展服务的功能。县级以上地方人民政府根据当地社会经济发展的需要所建设的地方气象事业项目，其投资主要由本级财政承担。”该规定说明了气象事业的重要性，而气象事业的发展，仅仅依靠气象部门是完全不够的，需要政府和其他相关部门及社会组织的支持、协调与帮助。《气象法》第五条规定：“国务院气象主管机构负责全国的气象工作。地方各级气象主管机构在上级气象主管机构和本级人民政府的领导下，负责本行政区域内的气象工作。国务院其他有关部门和省、自治区、直辖市人民政府其他有关部门所属的气象台站，应当接受同级气象主管机构对其气象工作的指导、监督和行业管理。”各级气象主管机构和设有气象台站的其他部门，从国家利益和气象事业的发展出发，互相支持、密切合作，共同搞好气象行业管理工作。针对本案气象探测环境破坏的情形，《气象设施和气象探测环境保护条例》(以下简称《条例》)第四条规定：“县级以上地方人民政府应当加强对气象设施和气象探测环境保护工作的组织领导和统筹协调，将气象设施和气象探测环境保护工作所需经费纳入财政预算。”据此，可以看出当地政府对气象探测环境保护工作的组织领导和统筹协调的重要性。《气象探测环境及设施保护办法》(以下简称《办法》)第四条规定：“国务院气象主管机构负责管理全国气象探测环境和设施的保护工作。地方各级气象主管机构在上级气象主管机构和同级人民政府的领导下，负责管理本行政区域内气象探测环境和设施的保护工作。设有气象台站的国务院其他有关部门和省、自治区、直辖市人民政府其他有关部门按照职责，做好本部门气象台站的探测环境和设施的保护工作，并接受同级气象主管机构的指导、监督和行业管理。其他有关部门按照职责，配合气象主管机构做好气象探测环境和设施的保护工作。”因此，根据以上法律、法规规定可以看出，气象探测环境及气象设施保护不仅是气象部门的工作职责，同时也是同级政府部门的工作职责。这就要求气象部门在行政执法时应及时与同级政府部门进行沟通协作，得到政府部门的支持，共同做好气象行政执法工作。

本案中，由于该市规划和建设部门对该开发建设项目，最初审核把关不严，未与气象部门协调、沟通，致使该项目相应的规划和建设手续通过审核，最终导致气象行政执法困难。《气象法》第二十一条规定：“新建、扩建、改建建设工程，应当避免危害气象探测环境；确实无法避免的，建设单位应当事先征得省、自治区、直辖市气象主管机构的同意，并采取相应的措施后，方可建设。”《条例》第十七条规定：“在气象台站探测环境保护范围内新建、改建、扩建建设工程，应当避免危害气象探测环境；确实无法避免的，建设单位应当向省、自治区、直辖市气象主管机构报告并提出相应的补救措施，经省、自治区、直辖市气象主管机构书面同意。未征得气象主管机构书面同意或者未落实补救措施的，有关部门不得批准其开工建设。在单独设立的气象探测设施探测环境保护范围内新建、改建、扩建建设工程的，建设单位应当事先报告当地气象主管机构，并按照要求采取必要的工程、技术措施。”因此，新建、扩建、改建建设工程，首要条件之一就是应当避免危害气象探测环境，应当事先报告当地气象主管机构，或者与气象部门进行沟通。存在过错的主体除了规划和建设部门，包括非法新建该破坏气象探测环境的某单位，在接到气象局执法人员送达的《关于依法保护气象探测环境的通知》时，应引起重视，《办法》第五条规定：“国家依法保护气象探测环境和设施。任何组织和个人都有保护气象探测环境和设施的义务，有权检举侵占、损毁和擅自移动气象探测设施和破坏气象探测环境的行为。”鉴于本案中的相应处罚，也可以发现，由于X市气象局没有及时向上级气象主管机构汇报，错过解决问题的最佳时机。县级以上的人民政府具有支持气象行政执法工作的职责，当气象探测环境发生破坏，气象局执法不力时，应及时汇报上级气象主管机构或当地政府，并得到上级气象主管机构的支持。

《行政处罚法》第三条规定：“公民、法人或者其他组织违反行政管理秩序的行为，应当给予行政处罚的，依照本法由法律、法规或者规章规定，并由行政机关依照本法规定的程序实施。没有法定依据或者不遵守法定程序的，行政处罚无效。”行政处罚的适用范围要注意三个方面的问题：第一，适用对象应包括公民、法人或者其他组织。也就是说，既包括个人也包括各种组织形式的单位；第二，要有具体违反行政管理秩序的行为。行为是客观存在的、有事实的侵犯行政管理秩序的违法行为；第三，应当给予行政处罚的。其基本含义在于，违反行政管理秩序的行为，并非全部都应给予行政处罚，应区分不同情况根据法律的规定给予不同的处理。如果违反行政管理秩序的行为严重，构成犯罪的，就应根据刑法的规定处罚，而不适用行政处罚；轻微违反了行政管理秩序的行为尚未构成本法规定的应予处罚的标准的，则不应给予行政处罚。除此之外，行政机关实施行政处罚不能具有任意性，而是有法律限定的。为了保护公民的合法权益，使行政处罚规范化。其具体表现为，第一，只有法律、行政法规、地方性法规或者规章规定给予行政处罚的，才能依法给予行政处罚；第二，是行政机关应当依照本法的规定实施，本法没规定的行政机关则不能实施处罚；第三，实施行政处罚要依照本法所规定的程序实施，不能违反法定的程序。

气象行政处罚程序依据《气象行政处罚办法》（以下简称《处罚办法》）和《行政处罚法》的规定，主要包括简易程序和一般程序。

第一，简易程序。

简易程序，又称当场处罚程序，是指根据《行政处罚法》和《处罚办法》的规定，由气象行政执法部门对符合法定条件的处罚事项当场进行处罚所应遵循的程序。

根据相关规定，气象局执法人员可以当场作出气象行政处罚决定的简易程序主要有三种情况。其一，违法事实确凿。是指当事人确有违法事实，能够证明当事人具有违法行为的证据确实清楚、充分。违法事实没有查清的，不能给予气象行政处罚；其二，情节轻微。当事人气象违法行为情节轻微，社会影响较小，危害不大；其三，有法定依据，即法律、行政法规、地方性法规和规章作为行政处罚的依据。没有法定依据的气象行政处罚应视为无效。依照简易程序作出的气象行政处罚决定是由气象局执法人员当场作出的，这与一般程序不同，在一般程序中，行政处罚决定是经调查取证程序后由行政机关负责人或者其集体经审查后作出。但必须明确的是，不论是气象局执法人员当场作出气象行政处罚决定，还是气象局负责人或者其集体讨论作出气象行政处罚决定，都是以该气象局的名义作出的行政处罚决定。

《处罚办法》第十六条规定："当场作出气象行政处罚决定时，气象行政执法人员不得少于两人，并应当遵守下列程序（一）气象行政执法人员应当向当事人出示行政执法证件；（二）现场查清当事人的违法事实，并制作现场检查或者调查笔录；（三）向当事人说明违法的事实、气象行政处罚的理由和依据，并告知当事人依法享有的权利；（四）听取当事人的陈述和申辩，对当事人提出的事实、理由和证据成立的，应当采纳；（五）气象行政执法人员在进行现场处罚时，必须使用统一的、有预定格式、编有号码的现场处罚决定书，载明当事人的违法行为、行政处罚依据、罚款数额、时间、地点以及气象主管机构的名称，并由气象行政执法人员签名或者盖章后，当场交给当事人；（六）告知当事人如对当场作出的行政处罚决定不服，可以依法申请行政复议或者提起行政诉讼。气象行政执法人员当场作出的行政处罚决定，必须在决定之日起3日内报所属气象主管机构备案。"本案中，X市气象局执法人员在获知建设单位在市城东区开发建设项目。首先向建设单位送达《关于依法保护气象探测环境的通知》。在该单位未重视继续施工后，下达《责令停止违法行为通知书》。但是在与市政府合作未取得进展，建设单位又强行施工后市气象局决定立案查处，依照一般程序进行现场勘验和调查询问，并依法获取相应的证据，最终作出行政处罚决定。

第二，一般程序。

一般程序是行政机关进行行政处罚的基本程序。一般程序适用于处罚较重或情节复杂以及当事人对执法人员给予当场处罚的事实认定有分歧而无法当场作出行政处罚决定的案件。简易程序与一般程序的区别在于：首先，在适用条件上，简易程序要求：事实确凿并有依据和对公民处以五十元以下，对单位处以一千元以下罚款或警告；一般程序主要适用简易程序以外的情形；其次，在行政机关职责上，简易程序需报所属机关备案，并且可由一人执法并签名盖章；一般程序要求调查检查至少二人执法，需行政机关负责人（集体）作出决定；再次，在相对人权利义务上，简易程序不服可复议或起诉；一般程序处罚时不告知事实理由依据，或拒绝听取陈述申辩的，可主张处罚不成立；最后，在重要时限上，简易程序处罚决定书须当场交付；一般程序首先需保存证据，并在七日内处理，若当事人不在场，应在七日内送达处罚决定。

除气象行政处罚的简易程序可以当场作出处罚决定以外，在作出气象行政处罚决定之前，都必须经过调查程序。气象局给予行政处罚，必须查明事实，以事实为根据。这里的事实，包括行为人的行为违法的事实，以及其违法行为的性质、情节和社会危害程度等方面的事实。调查的目的，就是为了查清这些违法事实，获得有关证据。

《处罚办法》第二十一条规定："气象主管机构在检查中发现或者接到举报、控告的气象违法行为或者移送的气象违法案件，应当予以审查，并在7日内决定是否立案。在现场检查过程中，发现涉嫌违法行为的，可以先行收集证据。"本案中，X市气象局在四月初就发现建设单位的违法行为，但仅是下达《关于依法保护气象探测环境的通知》，与市政府协调合作也未取得进展。直到三个月后，才进行立案查处。《处罚办法》第二十二条规定："气象主管机构对立案的气象违法案件，必须指定专人负责，及时组织调查取证。调查取证时，执法人员不得少于两人。气象行政执法人员与当事人有直接利害关系的，应当回避。"第二十三条规定："气象行政执法人员调查取证时，应当向当事人或者有关人员出示行政执法证件。询问或者调查时，应当制作笔录。承办人员进行询问调查时，应当允许当事人作辩解陈述，并将情况记入调查笔录，经当事人认可后，签名或者押印。"第二十四条规定："气象行政执法人员在调查过程中，有权进入现场进行调查和取证，查阅或者复制有关记录和其他有关资料。气象行政执法人员在收集证据时，可以采取抽样取证的方法。在证据可能灭失或者以后难以取得的情况下，经气象主管机构负责人批准，可以先行登记保存，填写登记保存（封存）通知书，并在7日内及时作出处理决定。"第二十五条规定："现场勘验检查，由执法人员、法定检验（检定）机构的人员进行，也可以邀请有关技术人员参加。执法人员应当通知当事人到场，无正当理由拒不到场的，承办人员在笔录中记明情况，不影响勘验检查的进行。"以上是一般程序是对调查程序中的执法手段及相关人员的义务的规定。

首先，在调查程序中气象执法机构可以采取相应的执法手段。一是进行调查、了解、询问，以掌握有关事实；二是依法进行检查。检查，是查明事实和获取有关证据所需要的执法手段。这是法律、法规授予气象执法机构的行政检查权；三是抽样取证。对于与产品质量有关的行政处罚案件，抽样取证是比较适当的调查执法手段；四是登记保存证据。在证据有灭失的可能或者以后难以取得的情况下，气象执法机构可以对该证据进行登记，并保存于一定地点，任何人不得予以销毁或者转移。登记保存证据，必须经气象执法机构负责人批准，并应于七日内作出处理决定。其次，调查程序中执法人员、当事人或者有关人员应当履行的相应义务。在行使调查或者检查的职权时，必须有两名以上气象执法人员在场；并且，执法人员应当向当事人或者有关人员出示表明其执法身份的证件；在进行询问或者检查时，执法人员还应当依法制作笔录。在执法人员进行调查工作时，当事人或者有关人员应当予以配合和协助，应当如实回答，不得作虚伪陈述；不得阻挠执法人员的调查工作；不得销毁或者转移有关证据。最后，调查程序中气象执法人员的回避制度。执法人员应当回避的事由有以下几种：一是执法人员是本案当事人或者是本案当事人的近亲属；二是执法人员或者其近亲属与本案当事人有直接的利害关系；三是执法人员或者其近亲属与本案当事人有其他关系可能影响案件的公正处理的。具有上述情形之一的，执法人员应当请求回避。如果当事人认为执法人员具有上述情形之一，也可以向气象执法机构提出要求执法人员回避的请求。要求执法人员回避的请求提出后，由该执法人员所在的气象执法机构的负责人决定该执法人员是否应当回避。

调查终结后，按照《处罚办法》第二十六条的规定，案件承办人员应当在听取当事人陈述申辩并制作笔录后，提出已查明违法行为的事实和证据以及依法给予行政处罚的初步意见，送本级气象法制机构审查。无气象法制机构的，由气象主管机构负责人审查。根据《处罚办法》的相关规定，审查的内容包括违法事实是否清楚、证据是否确凿、调查取证是否符合法定程序、适用法律是否正确、处罚种类和幅度是否适当、当事人陈述和申辩的理由是否成立。经审查发现违法事实不清、证据不足或者调查取证不符合法定程序时，应当通知承办人员补充调查取证或者依法重新调查取证。在气象行政处罚的一般程序中，行政处罚决定的作出还必须经过审查程序。一般程序适用于违法情节比较复杂、处罚幅度较重的气象行政处罚案件，对于这类行政处罚决定的作出，必须严格审查和把关。调查结束后，气象执法机构执法人员将调查结果和处理意见送交气象局负责人进行审查。负责人或者集体对调查结果进行充分认真的审查后，根据不同情况，分别作出以下决定：其一，对于行为人确有应受行政处罚的违法行为的，根据其违法行为的情节轻重及违法事实的性质、社会危害程度等具体情况，依据有关法律法规的规定，作出相应的行政处罚决定。相应的行政处罚，就是其处罚种类、幅度等与违法行为和违法事实相适应的行政处罚。其二，对于行为人确有违法行为，但是违法行为的情节较轻，社会危害性较小，依法可以不给予行政处罚的，作出不予行政处罚的决定。其三，对于违法事实不能成立的即没有证据能够证明行为人确有违法事实的，不得给予行政处罚。其四，对于违法行为已构成犯罪的，移送有关司法机关依法处理。

需要指出的是，根据法律规定，对于情节复杂或者重大的违法行为给予较重的行政处罚，应当由气象局的负责人集体讨论决定。气象行政处罚案件调查程序的具体工作，由执法人员办理。而审查程序的工作，即对调查结果进行审查、进而作出相应决定，则要由该气象局负责人或者其负责人集体完成。审查终结后，按照《处罚办法》第二十九条规定，即气象主管机构在作出气象行政处罚决定之前，应当填写气象行政处罚告知书，书面告知当事人作出气象行政处罚的事实、理由、依据以及当事人依法享有的权利。对于依法决定给予气象行政处罚的案件，承办人员负责制作气象行政处罚决定书，并报气象主管机构负责人批准后送达当事人。本案例中，X市气象局决定立案查处，进行现场勘查和调查询问后，对建设单位送达了《行政处罚告知书》。建设单位收到告知书后没有停止违法行为，继续强行施工，市气象局又下达了《行政处罚决定书》，但该单位未履行处罚决定，仍继续施工，造成严重破坏气象探测环境的后果。

从本案中可以看出，首先气象行政执法必须依法严格执行；其次，气象行政执法不能孤立的开展，必须与相关部门加强联系和协调；最后，气象行政执法必须及时与上级气象主管机构或当地政府部门汇报与沟通，以获得上级气象局或地方政府的支持。

【问题】

1. 结合本案分析，气象设施和气象探测环境应该如何得到切实保护？

保护气象设施，对于保证气象设施正常、稳定、可靠地运行，确保准确、及时地获取气象探测信息具有非常重要的意义。气象设施的建设必须符合相应的地理条件、自然条件以及技术要求并保持长期稳定。近年来，随着社会经济的发展和城镇规模的不断扩大，气象探测环境受到影响和破坏的现象日趋突出。因此要切实保护气象设施，防止和制止被破坏给气象工作带来的不可弥补的损失。

(1)需要法律法规以及政府规章保障

我国《气象法》中分“气象设施的建设与管理”和“气象探测”两章内容共十八个法条对气象设施和气象探测环境进行规范，第七章的“法律责任”也有相应内容规定违法破坏气象设施和气象探测环境的行为对应承担民事、行政和刑事责任。另外，国务院气象主管机构还出台了《条例》《办法》和《气象台站迁建行政许可管理办法》等条例和办法对气象设施和气象探测环境保护有专门规定。除此之外，地方各级气象主管部门也依据当地的气象设施和气象探测环境的具体情况，针对性地出台各类地方性法规，加强对当地气象设施和气象探测环境的保护，保持气象资料的稳定性、准确性和可靠性，促进气象事业发展。

(2)气象行政部门应严格执法，规范执法

第一，依法执法，指气象主管部门及其工作人员根据《气象法》等法律法规规定的法定权限、法定程序和法治精神进行气象管理和气象执法，越权无效。依法执法也是现代法治国家行政活动的一条最基本原则。《气象法》和《保护条例》等法律法规都对气象执法进行了相关规定，气象执法部门应当根据此类法律规定，对气象设施和气象探测环境进行气象行政执法管理，切实保护气象设施和气象探测环境保护条例。

第二，执法行为合法，即行政行为合法，指气象行政执法部门及其气象工作人员的执法行为应当符合法律规定。对气象设施和气象探测环境保护的气象行政行为应当符合相关气象法和气象设施和气象探测环境保护相关条例办法等的规定。对不符合法律法规的行为，应当及时予以撤销；因气象行政执法部门及其工作人员的违法失职行为对公民的合法权益遭受侵害的，应该及时进行赔偿。

第三，执法程序合法，指气象行政执法人员要注意实体与程序的平衡问题，行政执法过程中的各个环节，都应严格按照法律规定的程序和期限办理。执法程序合法，为程序正义范畴内，认为要使执法结果得到人们的普遍认可，执法者必须确保执法过程符合公正、正义的要求。因此，气象执法部门及其工作人员在对气象设施和气象探测环境进行气象行政执法管理时，应当符合《气象法》和《条例》等法律法规中对执法程序的规定。

（3）及时与当地相关部门的协调、沟通

《条例》规定，设有气象台站的国务院其他有关部门和省、自治区、直辖市人民政府其他有关部门应当做好本部门气象设施和气象探测环境的保护工作，并接受同级气象主管机构的指导和监督管理。发展改革、国土资源、城乡规划、无线电管理、环境保护等有关部门按照职责分工负责气象设施和气象探测环境保护的有关工作。地方各级气象主管机构应当会同城乡规划、国土资源等部门制定气象设施和气象探测环境保护专项规划，报本级人民政府批准后依法纳入城乡规划。因此，对于气象事业发展，气象设施和气象探测环境的保护国务院其他有关部门和省、自治区、直辖市以及地方人民政府中发展改革、国土资源、城乡规划、无线电管理、环境保护等其他有关部门都有职责做好本部门气象设施和气象探测环境的保护工作。在气象台站探测环境保护范围内新建、改建、扩建建设工程，建设单位未征得气象主管机构书面同意或者未落实相应补救措施的，以上规定的有关部门不得批准其开工建设。

（4）进行相关气象法律法规的宣传工作

《气象法》以及《条例》《办法》《气象台站迁建行政许可管理办法》等气象相关规定，社会普及度不高。相关社会组织缺乏对气象设施和气象探测环境的保护意识，政府规划和建设部门对其递交的建设手续审核不严，就会造成本案中的类似情形。因此要做好气象设施和气象探测环境的相关法律法规宣传工作。宣传对象不应仅限于个人,还应包含国务院其他有关部门和省、自治区、直辖市以及地方人民政府中发展改革、国土资源、城乡规划、无线电管理、环境保护等其他相关部门。

(5)得到地方政府的支持

《气象法》第三条规定:“县级以上人民政府应当加强对气象工作的领导和协调,将气象事业纳入中央和地方同级国民经济和社会发展计划及财政预算,以保障其充分发挥为社会公众、政府决策和经济发展服务的功能。县级以上地方人民政府根据当地社会经济发展的需要所建设的地方气象事业项目,其投资主要由本级财政承担。”气象事业作为国家的基础性公益性事业,具有为社会公众、政府决策和经济发展服务的功能。为促进气象事业的发展需要地方各级人民政府对气象科学技术的发展投入支持。县级以上地方人民政府有职责根据当地社会经济发展的需要保障和支持地方气象事业的发展。因此,气象局对气象设施和气象探测环境的保护在执法能力不足时,应寻求当地人民政府的支持。在气象设施遭到破坏时,当地政府应当进行财政拨款,对设施进行修复或者替换。对气象台站因气象探测环境破坏需要迁移时,也同样需要政府部门的支持。当地政府应当在气象设施的保护方面应切实有效的履行其职责。

2.本案中气象部门的行政处罚是否符合法律规定和程序?

根据本案的具体情况,可以看出,X市气象执法机构的行政执法存在瑕疵。

首先,气象部门未尽到严格审查职责。X市某单位在最初申请市A区开发建设项目时,规划和建设部门把关不严,没有认识到该项目会对X市气象观测站的气象探测环境造成严重破坏。依照《气象法》第二十一条规定:“新建、扩建、改建建设工程,应当避免危害气象探测环境;确实无法避免的,建设单位应当事先征得省、自治区、直辖市气象主管机构的同意,并采取相应的措施后,方可建设。”可见,X市气象部门在最初审核该项目时没有做到严格审查。

其次,气象行政执法不到位。气象局在发现该单位的项目有对气象探测环境造成严重破坏的可能时,已经对其进行了查处,但是该单位仍是强行进场施工,存在违反“在气象探测环境保护范围内从事危害气象探测环境活动”的行为,气象主管机构应当按照权限依法责令停止违法行为,限期恢复原状或者采取其他补救措施,后果严重的可以并处五万元以下的罚款;造成损失的,依法承担赔偿责任;构成犯罪的,依法追究刑事责任。X市气象局执法人员先后向建设单位送达了《关于依法保护气象探测环境的通知》和《责令停止违法行为通知书》。该单位在查处后又强行进场施工,构成了违法行为,气象局执法部门有权依照《处罚办法》对其按照法定程序进行处罚,责令其停止破坏气象探测环境,恢复原状,但是该气象局却先送达《关于依法保护气象探测环境的通知》和《责令停止违法行为通知书》,在送达《责令停止违法行为通知书》

后，该单位也暂停施工，愿意请政府出面协调，但是气象部门却对其不予回复，使得该单位又继续施工。在气象局迟延汇报后，市政府副秘书长负责协调解决问题也未取得进展。数月后，气象部门才决定立案查处，该单位认为其若纠正违法侵害行为，后果严重，无法承担，于是在收到《行政处罚告知书》后仍是继续强行施工。在收到《行政处罚决定书》时提出要求气象台站搬迁的要求，在遭到气象局拒绝后，未履行处罚决定，由此造成严重破坏气象探测环境的后果。

以上分析可以看出，气象部门行政执法存在一定的瑕疵。其一，与当地政府部门沟通不力；其二，未严格按照相关法律程序规范执法；其三，出现严重后果后，与上级气象部门案件移送不及时。

第二章 气象行政指导

行政指导是现代行政管理的重要手段之一，依据相关法律原则及规定，在国家行政机关在职权范围内，为实现所期待的行政状态，以建议、劝告等非强制措施要求有关当事人作为或不作为的活动。其主要目的是对行政相对人的不当行为进行规制，对行政相对人之间的利害关系发生的冲突进行调整，以及对他们进行法律、政策、相关技术规范等进行引导、规劝和服务。气象行政指导是气象行政管理的重要组成部分，在气象行政执法中，气象行政指导运用得当，在一定程度上可以减少行政主体与行政相对人之间的矛盾冲突，提高行政效率。

案例一:T市天气雷达站气象探测环境保护案

【案情简介】2015年9月3日，A有限公司提出拟在距T市M天气雷达站西北侧60米以外处规划建设某小区A3-9、C4-1、C7-1项目，共计12栋楼，咨询气象探测环境保护事宜。T市气象局及时对其进行行政指导，向其讲解并提供了M天气雷达站的气象探测环境保护标准、雷达站示意图(含基础信息数据)，希望其及时提供规划建设项目设计图纸和建筑物大地坐标、海拔高度、拟建高度等相关数据信息，以便录入《新建、扩建改建建设工程避免危害气象探测环境行政许可申请表模板V0.7》，计算并核查是否符合气象探测环境保护标准。

2015年9月14日，T市气象局审查A有限公司报送的规划建设项目相关材料并运用《新建、扩建改建建设工程避免危害气象探测环境行政许可申请表模板V0.7》对相关数据进行测算，发现其中的C7-1:1＃、2＃、3＃、4＃、6＃、7＃，C4-1(小学部、中学部、体育馆等9栋建筑物)符合M天气雷达站气象探测环境保护要求；C7-1:5＃(设计高度90.6米)，A3-9:1＃、2＃(设计高度97.8米)等3栋建筑物不符合M天气雷达站气象探测环境保护要求。于是再次对其耐心进行行政指导，要求按照《气象探测环境保护规范天气雷达站》(GB31223—2014)降低以上3栋建筑物的设计高度，使其符合M天气雷达站气象探测环境保护要求。A有限公司随即采纳了行政指导意见，于2015年9月20日重新提出“新建、扩建、改建建设工程避免危害气象探测环境行政许可”申请，将C7-1:5＃楼的设计高度由90.6米降为90.3米，A3-9:1＃、2＃楼的设计高度由97.8米降为88.5米。2015年9月25日，经N省气象局对该项目进行材料核查，确认符合法定条件和气象探测环境保护标准，下达准予行政许可决定书。

【处理结果】T 市气象局依职权两次实施行政指导，与申请行政相对人 A 有限公司坦诚交流，促成其心悦诚服地接受气象探测环境保护标准的要求，较为高效地完成了规划项目设计高度的降低并及时取得准予行政许可决定书，加快了其规划建设项目开工进度。T 市气象局的工作作风得到行政相对人的充分肯定。

【法条链接及法理分析】

气象法是为了发展气象事业，规范气象工作，准确、及时地发布气象预报，防御气象灾害，合理开发利用和保护气候资源，为经济建设、国防建设、社会发展和人民生活提供气象服务而制定的法律。气象法的概念可以从广义和狭义两个角度来理解，广义的气象法主要包括四个部分，一是 2000 年 1 月 1 日实施与 2016 年 11 月 7 日第十二届全国人民代表大会常务委员会第二十四次会议第三次修正的《气象法》；二是国务院制定实施的相关气象法规；三是中国气象局制定颁布的气象规章；四是地方各级人大及政府部门制定的气象相关条例及规章。

气象行政指导目前国家没有制定相关法律及法规，因此，本案例所涉及的法律规定有三个部分。

一是气象行政指导方面的相关规定（或者称为部门政府规章），当前我国未出台气象行政指导的相关法律及法规，仅是各地方政府部门制定了相关的气象行政指导办法，例如气象行政指导工作实施方案、气象行政指导实施办法、气象行政指导规则、气象行政指导管理规定等等。

二是《气象法》中的相关规定，本案例涉及气象法中三个部分的相关规定。

第一，气象设施的保护规定。即《气象法》第十一条规定："国家依法保护气象设施，任何组织或者个人不得侵占、损毁或者擅自移动气象设施。气象设施因不可抗力遭受破坏时，当地人民政府应当采取紧急措施，组织力量修复，确保气象设施正常运行。"本法条规定了对气象设施的保护以及当气象设施因不可抗力遭受破坏时政府的职责。保护气象设施，对于保证气象设施正常、稳定、可靠地运行，确保准确、及时地获取气象探测信息具有非常重要的意义。气象设施的安置必须符合相应的技术要求并保持长期稳定。为了切实保护好气象设施，防止和制止人为破坏和不可抗力破坏气象设施给气象工作带来的不可弥补的损失，本条规定了以下两方面内容：其一，规定了国家对气象设施的保护以及组织和个人在保护气象设施方面的义务。气象事业属于基础性公益事业，气象设施是气象业务活动的基础设施，属于国有公共资产。气象设施尤其是气象探测设施，大部分都安置于室外的观测场内。近年来，气象设施被毁、被盗情况十分严重，这不仅浪费了国家大量的资金，而且干扰了气象工作的正常进行，严重影响到气象探测资料序列的连续性，从而影响到气象监测、预报工作的进行和气象灾害的预防。相关法规性文件，对保护气象设施起到了一定作用，但由于层次低，效力低，已经不能适应实际工作的需要。为了加大执法力度，使气象设施的保护有法可依，《气象法》中进一步明确了国家对气象设施的保护，以及任何组织或者个人不得侵占、损毁或者擅自移动气象设施，这对保护气象设施将起到积极的作用。其二，规定了因不可抗力使气象设施受到破坏时当地政府应当采取紧急措施予以修复，确保气象设施正常运行。本条规定的不可抗力主要包含两层含义：一是由于台风、暴雨、冰雹、龙卷风、地震等自然灾害的原因，致使气象设施遭受破坏；二是由于战争等行为致使气象设施遭到破坏。无论是哪种原因，当地人民政府都应立即组织力量进行修复，确保气象设施的正常运行，避免气象工作的中断，造成不可挽回的损失。

第二，对气象探测环境的保护。《气象法》第十九条规定："国家依法保护气象探测环境，任何组织和个人都有保护气象探测环境的义务。"第二十条规定："禁止下列危害气象探测环境的行为：(一)在气象探测环境保护范围内设置障碍物、进行爆破和采石；(二)在气象探测环境保护范围内设置影响气象探测设施工作效能的高频电磁辐射装置；(三)在气象探测环境保护范围内从事其他影响气象探测的行为。气象探测环境保护范围的划定标准由国务院气象主管机构规定。各级人民政府应当按照法定标准划定气象探测环境的保护范围，并纳入城市规划或者村庄和集镇规划。"第二十一条规定："新建、扩建、改建建设工程，应当避免危害气象探测环境；确实无法避免的，建设单位应当事先征得省、自治区、直辖市气象主管机构的同意，并采取相应的措施后，方可建设。"该三个法条涉及三个方面的内容，其一，任何组织及个人应当负有保护气象探测环境的义务。气象探测环境是气象部门精准获取气象资料及信息的相对无任何障碍影响的独立空间。为精准获取相关气象资料及气象信息，气象设施的设置需要在一个平坦、空旷，避开高山、超高建筑物以及其他障碍物的区域，基于此，一般规定，在气象设施周围 10 米以内不得种植高杆作物以及树木，如果气象设施周围有障碍物的，其气象设施边缘地与障碍物之间的距离至少为障碍物高度的 3 倍以上，如果有成排障碍物，其距离应是成排障碍物高度的 10 倍以上。并且在气象探测设施周边不得有任何影响探测效能的高频电磁辐射装置。其二，禁止从事危害气象探测环境的行为。该禁止性规定包括两个方面，一是随着国家城市建设以及城镇化建设的规模性逐渐扩大，对原有气象设施，特别是气象探测设施及环境的影响日益严重，有的甚至受到了不同程度的破坏，严重影响到了气象探测工作的开展，难以精准获取相关气象资料及气象信息，为此，《气象法》做出了明确规定，禁止在气象探测环境保护范围内设置障碍物、进行爆破和采石；禁止在气象探测环境保护范围内设置影响气象探测设施工作效能的高频电磁辐射装置;禁止在气象探测环境保护范围内从事其他影响气象探测的行为。二是规定由中国气象局相关部门确定气象探测环境的选定标准,地方各级政府按照气象探测环境的选定标准划定其保护范围,并将此项目纳入到城市建设及城镇化建设的规划中。其三,如果有新建、扩建、改建建设工程的,在避免危害气象探测环境的情况下,应当遵守相关法律规定,在符合条件的情况下,方可开展工作。气象资料及信息除了有其代表性、准确性和可比较性外,还有连续性的特点。一个区域的气象规律是建立在长期气象资料的积累及分析的结果上,气象资料的连续性就显得越加重要。但是,随着经济与社会的发展,地方大量建设项目开始实施,在一定程度上势必会影响甚至破坏气象探测设施,在此前提下,新建、扩建、改建建设项目需要在气象部门的专业性指导下,征求气象主管机构的同意,在此基础上开展相关工作。以避免气象设施的破坏或正常运转。

第三,违反法律应当承担的法律责任规定。《气象法》第三十五条规定:"违反本法规定,有下列行为之一的,由有关气象主管机构按照权限责令停止违法行为,限期恢复原状或者采取其他补救措施,可以并处五万元以下的罚款;造成损失的,依法承担赔偿责任;构成犯罪的,依法追究刑事责任:(一)侵占、损毁或者未经批准擅自移动气象设施的;(二)在气象探测环境保护范围内从事危害气象探测环境活动的。在气象探测环境保护范围内,违法批准占用土地的,或者非法占用土地新建建筑物或者其他设施的,依照《中华人民共和国城乡规划法》或者《中华人民共和国土地管理法》的有关规定处罚。"第三十六条规定:"违反本法规定,使用不符合技术要求的气象专用技术装备,造成危害的,由有关气象主管机构按照权限责令改正,给予警告,可以并处五万元以下的罚款。"该两项规定是基于气象违法行为,即相关单位或者个人的禁止性行为及罚则。违法行为要承担相应的法律责任,根据我国法律规定,法律责任有行政责任、民事责任、刑事责任以及违宪责任四种。对气象设施的破坏是基于违反《气象法》而成立的承担相应法律责任之违法行为,一是侵占、损毁或者未经批准擅自移动气象设施的;二是在气象探测环境保护范围内从事危害气象探测环境活动的。对于此类违法行为,依据气象法的规定,根据违法情节的具体情况,需要承担行政责任,民事赔偿责任,构成犯罪的要承担刑事责任。

三是《气象设施和气象探测环境保护条例》(以下简称《条例》)。

第一,对气象探测环境进行保护的相关规定,第十条规定:"禁止实施下列危害气象设施的行为:(一)侵占、损毁、擅自移动气象设施或者侵占气象设施用地;(二)在气象设施周边进行危及气象设施安全的爆破、钻探、采石、挖砂、取土等活动;(三)挤占、干扰依法设立的气象无线电台(站)、频率;(四)设置影响大型气象专用技术装备使用功能的干扰源;(五)法律、行政法规和国务院气象主管机构规定的其他危害气象设施的行为。"第十一条规定："大气本底站、国家基准气候站、国家基本气象站、国家一般气象站、高空气象观测站、天气雷达站、气象卫星地面站、区域气象观测站等气象台站和单独设立的气象探测设施的探测环境，应当依法予以保护。"第十二条规定："禁止实施下列危害大气本底站探测环境的行为：(一)在观测场周边3万米探测环境保护范围内新建、扩建城镇、工矿区，或者在探测环境保护范围上空设置固定航线；(二)在观测场周边1万米范围内设置垃圾场、排污口等干扰源；(三)在观测场周边1000米范围内修建建筑物、构筑物。"第十三条规定："禁止实施下列危害国家基准气候站、国家基本气象站探测环境的行为：(一)在国家基准气候站观测场周边2000米探测环境保护范围内或者国家基本气象站观测场周边1000米探测环境保护范围内修建高度超过距观测场距离1/10的建筑物、构筑物；(二)在观测场周边500米范围内设置垃圾场、排污口等干扰源；(三)在观测场周边200米范围内修建铁路；(四)在观测场周边100米范围内挖筑水塘等；(五)在观测场周边50米范围内修建公路、种植高度超过1米的树木和作物等。"第十四条规定："禁止实施下列危害国家一般气象站探测环境的行为：(一)在观测场周边800米探测环境保护范围内修建高度超过距观测场距离1/8的建筑物、构筑物；(二)在观测场周边200米范围内设置垃圾场、排污口等干扰源；(三)在观测场周边100米范围内修建铁路；(四)在观测场周边50米范围内挖筑水塘等；(五)在观测场周边30米范围内修建公路、种植高度超过1米的树木和作物等。"第十五条规定："高空气象观测站、天气雷达站、气象卫星地面站、区域气象观测站和单独设立的气象探测设施探测环境的保护，应当严格执行国家规定的保护范围和要求。前款规定的保护范围和要求由国务院气象主管机构公布，涉及无线电频率管理的，国务院气象主管机构应当征得国务院无线电管理部门的同意。"第十六条规定："地方各级气象主管机构应当将本行政区域内气象探测环境保护要求报告本级人民政府和上一级气象主管机构，并抄送同级发展改革、国土资源、城乡规划、住房建设、无线电管理、环境保护等部门。对不符合气象探测环境保护要求的建筑物、构筑物、干扰源等，地方各级气象主管机构应当根据实际情况，商有关部门提出治理方案，报本级人民政府批准并组织实施。"气象事业是基础性社会公益事业，做好气象设施和气象探测环境保护工作，对提高气象预测、预报和服务水平，有效防御气象灾害，具有十分重要的意义。总体来看，有以下三个方面：一是按照分类保护的原则并依据世界气象组织的相关技术标准，明确了大气本底站、基准气候站、基本气象站、一般气象站等重要气象台站探测环境保护的具体要求。二是对现有的不符合气象探测环境保护要求的建筑物、构筑物、干扰源等，要求地方各级气象主管机构根据实际情况，协商有关部门提出治理方案，报本级人民政府批准并组织实施。三是为了避免在气象探测环境保护范围内新建、改建、扩建建设工程危害气象探测环境，按照气象法的有关规定，条例更加细化了相关规定，在气象台站探测环境保护范围内新建、改建、扩建危害气象探测环境的建设工程，未征得气象主管机构书面同意或者未落实补救措施的，有关部门不得批准其开工建设；在单独设立的气象探测设施探测环境保护范围内新建、改建、扩建建设工程的，建设单位应当事先报告当地气象主管机构，并采取必要的工程、技术措施。

第二，对于改建、扩建、新建等工程项目，有影响或有破坏气象探测设施的潜在性情况下，必须在气象部门的指导下开展工作。《条例》第十七条规定："在气象台站探测环境保护范围内新建、改建、扩建建设工程，应当避免危害气象探测环境；确实无法避免的，建设单位应当向省、自治区、直辖市气象主管机构报告并提出相应的补救措施，经省、自治区、直辖市气象主管机构书面同意。未征得气象主管机构书面同意或者未落实补救措施的，有关部门不得批准其开工建设。在单独设立的气象探测设施探测环境保护范围内新建、改建、扩建建设工程的，建设单位应当事先报告当地气象主管机构，并按照要求采取必要的工程、技术措施。"该法条规定涉及三个方面的问题，一是在气象探测环境保护范围内新建、改建、扩建建设工程，应当避免危害气象探测环境。二是在项目建设过程中对气象设施无法避免造成影响的，必须征得省级气象部门的书面同意，否则相关部门不得批准其开工建设。三是在单独设立的气象探测设施探测环境保护范围内新建、改建、扩建建设工程的，建设单位应当事先报告当地气象主管机构，并按照要求采取必要的工程、技术措施。

结合本案例可以看出，某小区建设项目在相关气象部门的行政指导下，提供了M天气雷达站的气象探测环境保护标准、雷达站示意图(含基础信息数据)，提出项目建设应及时提供规划建设项目设计图纸和建筑物大地坐标、海拔高度、拟建高度等相关数据信息，核查是否符合气象探测环境保护标准。2015年9月14日，T市气象局经审查A有限公司报送的规划建设项目相关材料和数据，运行《新建、扩建改建建设工程避免危害气象探测环境行政许可申请表模板V0.7》，发现其中的C7-1:1＃、2＃、3＃、4＃、6＃、7＃，C4-1:小学部、中学部、体育馆等9栋建筑物符合M天气雷达站气象探测环境保护要求；C7-1:5＃(设计高度90.6米)，A3-9:1＃、2＃(设计高度97.8米)等3栋建筑物不符合M天气雷达站气象探测环境保护要求。于是再次进行了行政指导，A有限公司随即采纳了行政指导意见，于2015年9月20日重新提出"新建、扩建、改建建设工程避免危害气象探测环境行政许可"申请，将C7-1:5＃楼的设计高度由90.6米降为90.3米，A3-9:1＃、2＃楼的设计高度由97.8米降为88.5米。2015年9月25日，经N省气象局进行材料核查，符合法定条件和气象探测环境保护标准，下达准予行政许可决定书。T市气象局依职权两次实施行政指导，较为高效地完成了规划项目设计高度的降低并及时取得准予行政许可决定书，加快了其规划建设项目开工进度。

【问题】

1. 什么是行政指导？

行政指导是行政主体(包括行政机关、授权具有行政职能的社会组织和被委托的其他行政机关)在其职能及所管辖事务范围内，为适应复杂多元化的经济和社会发展的需求，在依据国家法律和政策的前提下，遵循法律精神、原则，以及相关地区的地域民俗或民族习惯，针对特定行政相对人采取引导、劝告、建议、协商等非强制性方法，力图谋求相对人的同意，有效实现一定行政目的，但不直接产生法律效果的行政行为。

行政指导具有以下特征：

第一，行政指导具有行政性。行政指导属于行政行为的范畴，是行政主体基于其职权针对特定行政相对人做出的前置性行政行为。行政指导采取的是引导、劝告、建议、协商等非强制性方式进行，因此行政指导并未显现出行政性的强制性特征。但是行政指导符合行政行为单方性、主动性、潜在强制性的行政行为的特征，因此其具有行政性的特征。

第二，行政指导具有前置性。行政指导是行政主体针对特定行政相对人的具体事项依据相关法律规定提出的具有一定法律性的建议。其前置性是相对于后续性行政行为而存在的，其主要功能是减少行政纠纷，降低行政执法成本。如果行政指导失败，则必然导致后续行政行为的发生，例如行政处罚行为，行政复议或行政诉讼的发生。

第三，行政指导具有潜在强制性。行政指导是行政行为的一种，强制性是行政行为最重要的特征表现之一。但是，行政指导是针对行政相对人特定的事项事前做出的具有一定法律性的建议、劝导等。相对于其他行政行为，例如行政处罚、行政强制措施等，行政指导的强制性并未明显的体现。但是，其具有潜在的强制性，该强制性表现在两个阶段，一是在行政指导前期的引导、建议、协商、劝告阶段，虽然该阶段其强制性并未表现出来，但是一旦行政相对人未按照行政主体的意思实施行为，可能将产生对行政相对人不利的后果。该阶段行政指导采用的是建议、引导等较温和的方式，相对于行政相对人并未有法律约束力，但是，就行政相对人而言必须按照行政主体的意思表示行为。二是表现在后续行政行为阶段。如果行政相对人依照行政主体的意思表示而行为，行政指导行为则终止。否则，后续行政行为则产生，后续行政行为可能会以行政处罚、行政强制措施等方式出现，则直接表现出其强制性。因此，行政指导的强制性具有潜在性。

第四,行政指导的依据具有特殊性。这些行政行为的做出必须具有法定性,即必须依据相关法律法规做出,这也是行政行为合法性的表现和要求。但是,行政指导的依据具有特殊性,其依据主要有三个方面。一是依据法律的精神、原则以及道德要求,在特定情况下,还可以依据相关的国家政策。二是依据相关的技术标准,针对特定的事项,行政指导必须依据相关的技术标准和行业标准(含国家标准、行业标准和地方标准等),否则行政指导就失去了意义。三是在特定情况下,还要依据特定区域的民俗及民族习惯。民俗及民族习惯在我国具有一定的传统性,行政指导在一定情况下,应当考虑到这些民俗及民族习惯。

第五,行政指导具有灵活性。行政指导与其他行政行为相比较,其方式方法灵活多变。可以采用建议、劝导、沟通、协商等多种方式,充分体现出行政主体的自由裁量权。其最终达到良好的社会效果及法律效果即可。

行政指导可以防止行政主体和行政相对人之间的法律关系失衡,避免进入后续行政行为,促进了社会和谐的发展,在一定程度上推动社会主义法制建设。

行政指导的方式灵活多样,行政主体通过说服、建议、协商、奖励、帮助这几种方式进行。说服是行政主体通过陈述情理希望行政相对人接受行政指导的一种方式。建议是行政主体根据行政管理目的的需要,将自己对实现行政管理目的方法、途径等形成的看法传导给行政相对人,希望行政相对人在活动中响应其建议,从而有助于行政主体达成行政管理的目的。建议一般有具体的内容,行政相对人接受后具有可操作性。如果行政相对人在接受建议后需要行政机关帮助,行政主体应当给予满足。行政主体正确运用行政指导的方式,客观上可以产生良好的社会效果。协商是行政主体为了取得行政相对人的支持帮助其实现某一行政管理目标,而与行政相对人就某一行政管理事项进行商讨,增进互相了解与沟通,谋求与行政相对人达成共识。奖励是行政主体通过给予行政相对人一定的物质和精神鼓励,引导行政相对人从事有助于行政主体达成行政管理目标的行为。行政指导中的奖励方式是基于人从事社会活动具有谋利的本性。通过物质或者精神的刺激满足人的需要,可以使人从事某种特定的活动。帮助是行政主体通过为行政相对人提供某种便利的条件,引导行政相对人实施符合行政主体达成行政管理目标的活动。在现代社会中,行政主体因其所处的优越地位使其掌握许多政治、经济和文化发展的资讯,而行政相对人因处于行政被管理的地位,具有天然的被动性。如果行政主体在行政相对人从事政治、经济和文化活动时给予必要的帮助,必然可以引导行政相对人的行为朝行政主体确定的管理目标方向发展。可以切合大众心理和社会需求,凸显部门的服务职能,符合落实执政为民理念、建设服务性政府的要求。其主要作用是对行政相对方不正当的行为进行规制;对自然人、法人和其他社会组织之间发生的利害冲突进行调整;对行政相对方进行辅助、服务、引导。

就本案而言，A有限公司提出拟在M天气雷达站西北侧60米以远处规划建设某小区A3-9、C4-1、C7-1项目，共计12栋楼，主动咨询了气象探测环境保护事宜。T市气象局对其进行了两次行政指导，详细讲解并提供了M天气雷达站的气象探测环境保护标准、雷达站示意图（含基础信息数据），希望其及时提供规划建设项目设计图纸和建筑物大地坐标、海拔高度、拟建高度等相关数据信息。A有限公司最终采纳了气象部门行政指导意见，于2015年9月20日再次提出“新建、扩建、改建建设工程避免危害气象探测环境行政许可”申请，将C7-1：5＃楼的设计高度由90.6米降为90.3米，A3-9：1＃、2＃楼的设计高度由97.8米降为88.5米。2015年9月25日，经N省气象局进行材料核查，符合法定条件和气象探测环境保护标准，下达准予行政许可决定书。此案中，气象部门采用了引导、建议、劝导等方式，与申请行政相对人A有限公司坦诚交流，促成其接受气象探测环境保护标准的要求，较为高效地完成了规划项目设计高度的降低并及时取得准予行政许可决定书，同时也加快了其规划建设项目开工进度。在此可以看出，气象部门的行政指导，有效的防止了后续行政行为的发生，降低了行政执法成本，达到了良好的法律效果和社会效果。

2.行政指导具有可诉性吗？

可诉性是任何人、任何社会组织可以依据相关法律规定、法律程序提起诉讼，人民法院依法对其进行司法审查。就行政指导而言，就是指行政指导受司法审查，即可以进行行政诉讼的基本属性。行政诉讼是公民、法人或者其他组织认为行使国家行政权的机关和组织极其工作人员所实施的具体行政行为，侵犯了其合法权利，依法向人民法院起诉，人民法院在当事人及其他诉讼参与人的参加下，依法对被诉具体行政行为进行审查并做出裁判，从而解决行政争议的制度。是保障一个国家依法行政，建立法治政府，确保公民、法人或其他组织合法权利免受行政权力的侵害的一项基本法律制度。

尽管我国《行政诉讼法》界定了受案范围，但是，随着社会的快速发展，特别是信息化社会的到来，行政诉讼法的受案范围已表现出其不完整性。我国法制建设的发展、行政诉讼理论研究的深入与司法实践经验的积累，特别是依法治国、依法行政原则的确立，使得我国现行行政诉讼受案范围存在的诸多问题越来越凸显出来。

行政诉讼受案范围决定着司法机关对行政主体行为的监督范围，决定着受到行政主体侵害的公民、法人和其他组织诉讼的范围，也决定着行政终局裁决权的范围。根据现行行政诉讼法的规定，行政诉讼的受案范围包括行政处罚、行政强制措施、行政征收、行政许可、行政给付等8类侵犯相对人人身权和财产权的具体行政行为。具体受理事项为:(1)对行政拘留、暂扣或者吊销许可证和执照、责令停产停业、没收违法所得、没收非法财物、罚款、警告等行政处罚不服的;(2)对限制人身自由或者对财产的查封、扣押、冻结等行政强制措施和行政强制执行不服的;(3)申请行政许可,行政机关拒绝或者在法定期限内不予答复,或者对行政机关作出的有关行政许可的其他决定不服的;(4)对行政机关作出的关于确认土地、矿藏、水流、森林、山岭、草原、荒地、滩涂、海域等自然资源的所有权或者使用权的决定不服的;(5)对征收、征用决定及其补偿决定不服的;(6)申请行政机关履行保护人身权、财产权等合法权益的法定职责,行政机关拒绝履行或者不予答复的;(7)认为行政机关侵犯其经营自主权或者农村土地承包经营权、农村土地经营权的;(8)认为行政机关滥用行政权力排除或者限制竞争的;(9)认为行政机关违法集资、摊派费用或者违法要求履行其他义务的;(10)认为行政机关没有依法支付抚恤金、最低生活保障待遇或者社会保险待遇的;(11)认为行政机关不依法履行、未按照约定履行或者违法变更、解除政府特许经营协议、土地房屋征收补偿协议等协议的;(12)认为行政机关侵犯其他人身权、财产权等合法权益的。除上述规定外,人民法院受理法律、法规规定可以提起诉讼的其他行政案件。

而侵犯相对人人身权、财产权之外的权益的具体行政行为则不属于行政诉讼的受案范围,除非法律、法规有特别规定。行政诉讼的排除范围,是指哪些行政行为不可诉、不属于人民法院受案范围。根据《行政诉讼法》及《若干解释》的有关条文规定,下列四种行为不属于人民法院的受案范围。(1)国防、外交等国家行为;(2)行政法规、规章或者行政机关制定、发布的具有普遍约束力的决定、命令;(3)行政机关对行政机关工作人员的奖惩、任免等决定;(4)法律规定由行政机关最终裁决的行政行为。

结合本案和具体实践进行分析,行政指导是否可以接受司法审查,也就是指行政相对人是否可以就行政指导进行行政诉讼,抑或是行政指导是否是行政诉讼的受案范围。首先,行政诉讼有别于其他诉讼,行政诉讼存在着一个受案范围,即并不是所有行政行为行政相对人都可以向法院提起行政诉讼,只有当行政行为在法律规定的受案范围之内,行政相对人才可以提起行政诉讼。其次,行政相对人必须就行使职权的行政行为提起行政诉讼,即该行政行为必须具有行政职权。再次,行政行为的实施必须侵害了行政相对人的合法权益,给行政相对人的利益带来了实际的损失。最后,行政行为有违法性。通过以上分析,可以看出,原则上行政行为都具有可诉性,但是,从法的实然状态和社会实际来看,特别是在社会的多元化及信息化的情形下,行政诉讼法的受案范围不可能列举出所有的可诉行政行为,从对法治原则尊崇和对行政相对人的权利保障角度出发,需要严格限定在法律上排除行政行为司法审查的规定。

根据以上分析,结合本案例,T 市气象局对其进行了两次行政指导,N 省气象局也对其进行了材料核查,符合条件及标准后下达准予行政许可决定书。在此可以看出,行政指导可以产生一定的法律后果,这种法律后果相对于行政相对人而言,具有不可确定性。这种不确定性表现在采纳了行政指导的建议和未采纳行政指导的建议两种情况。采纳了行政指导的建议可能出现两种结果,一是行政指导的建议合法正确,则该环节不会出现后续法律结果。二是行政指导违法或有瑕疵,在这种情况下,则可能出现后续法律结果,即行政复议或行政诉讼。如果行政相对人未采纳行政指导建议,则会出现后续性行政行为,例如行政强制、行政处罚等。

综上所述,行政指导是行政主体依职权做出的,且可以影响行政相对人权益的行政行为,故其具有可诉性。即当行政相对人因行政指导的违法性给其带来不利结果时,可以向人民法院提起行政诉讼。

案例二:Q 市 S 区气象局国家基本气象观测站破坏后气象行政指导案

【案情简介】2004 年,Q 市 S 区气象局发现某房地产公司的一处正在建设中的楼盘超高,对 S 区气象探测环境已经造成破坏,并且还在继续建设之中。于是,S 区气象局派人到工程施工地点查阅了此项工程的设计图纸,发现如果继续照此施工下去,将会对 S 区气象探测环境造成极其严重的破坏,使得这个拥有 80 年以上历史的观测场不得不搬迁。为此,Q 市气象局领导出面解决未果,只好报告市规划局,后又报告分管市长出面解决。之所以会出现这种局面,各方都有分歧意见:一是开发商认为自己没有过错,其所有建设审批手续都是齐全的,特别是防雷设计审核审批手续也是齐全的,但却没有发现其对探测环境带来的危害;二是规划局认为自己没有错,因为气象探测环境保护的相关内容只是停留在法规上,停留在文件上,没有进入到他们的规划审批业务流程中,而是气象局相关工作不到位、不明确,没有相应的标准规范造成的(当时只有一个内部使用的《地面观测规范》),而开发商的楼盘设计不能变,否则会涉及到政府赔偿问题;三是市政府认为气象局不正确履责,为什么不能在防雷设计审批图纸和施工进场时发现对探测环境带来的危害。

【处理结果】案发后市政府认为,必须依法保护气象探测环境。一是市政府出面,并得到中国气象局的支持,搬迁 S 区气象观测场,要求规划局帮助尽快选择观测场新址,并给予建设经费尽快建设;二是要求气象部门与规划局一起编制“Q 市气象探测环境保护专项规划”,以杜绝类似的事件再次发生;三是气象部门要认真履行职责,要求气象部门严密监视,加强气象行政指导及时发现破坏气象探测环境的隐患,及时处理。

S区气象观测场已经由Q市政府出资，搬迁到G山上，建设完成占地40亩的新观测场。《Q市气象探测环境保护专项规划》经过4年多的努力已经编制完毕并颁布，加强了气象行政指导的功能。此后，类似的事项都得到了有效规范，Q市的编制专项规划的做法成为全国气象部门气象行政指导的样板。

【法条链接及法理分析】

气象事业是经济建设、国防建设、社会发展和人民生活的基础性公益事业。县级以上各级人民政府应当加强对气象工作的领导和协调，将气象事业纳入中央和地方同级国民经济和社会发展计划及财政预算，以保障其充分发挥为社会公众、政府决策和经济发展服务的功能。面对当下多变的社会环境，国家积极出台各类保护气象事业的法律、法规和条例，但是仍是难以满足日趋复杂的多样气象违法问题，需要当地人大和政府，采取具体问题具体分析的原则，结合当地实际，制定相应的地方性法规及规章，切实保障气象事业的发展。

《气象法》规定了关于政府对气象工作的领导和协调问题，即“县级以上人民政府应当加强对气象工作的领导和协调，将气象事业纳入中央和地方同级国民经济和社会发展计划及财政预算，以保障其充分发挥为社会公众、政府决策和经济发展服务的功能。县级以上地方人民政府根据当地社会经济发展的需要所建设的地方气象事业项目，其投资主要由本级财政承担。”第十二条规定“未经依法批准，任何组织或者个人不得迁移气象台站；确因实施城市规划或者国家重点工程建设，需要迁移国家基准气候站、基本气象站的，应当报经国务院气象主管机构批准；需要迁移其他气象台站的，应当报经省、自治区、直辖市气象主管机构批准。迁建费用由建设单位承担。”说明气象台站的迁移，其作为观测气象的基础性建筑对气象观测的重要性，对在其周围新建、扩建和改建建设工程，不得破坏气象探测环境；关于气象台站迁移的问题，需要结合当地不同的气候等环境条件，所以需要当地气象局应当作出有针对性的气象行政指导，使得当地建设部门和土地资源局有据可依进行开发建设申请审核。因此，新建、扩建、改建建设工程，应当避免危害气象探测环境；确实无法避免的，建设单位应当事先征得省、自治区、直辖市气象主管机构的同意，并采取相应的措施后，方可建设。

《气象设施和气象探测环境保护条例》(以下简称《条例》)规定了对气象设施和气象探测环境保护的基础性原则，即“气象设施和气象探测环境保护实行分类保护、分级管理的原则。”这就要求气象部门的管理要分类保护和分级管理，做到不仅是气象部门，政府有关机关也应遵守，以提高气象事业管理的效率和规范性。同时规定，县级以上地方人民政府应当加强对气象设施和气象探测环境保护工作的组织领导和统筹协调，将气象设施和气象探测环境保护工作所需经费纳入财政预算；国务院气象主管机构负责全国气象设施和气象探测环境的保护工作。地方各级气象主管机构在上级气象主管机构和本级人民政府的领导下，负责本行政区域内气象设施和气象探测环境的保护工作。设有气象台站的国务院其他有关部门和省、自治区、直辖市人民政府其他有关部门应当做好本部门气象设施和气象探测环境的保护工作，并接受同级气象主管机构的指导和监督管理。因此，气象台站探测环境保护范围内新建、改建、扩建建设工程，应当避免危害气象探测环境；确实无法避免的，建设单位应当向省、自治区、直辖市气象主管机构报告并提出相应的补救措施，经省、自治区、直辖市气象主管机构书面同意。未征得气象主管机构书面同意或者未落实补救措施的，有关部门不得批准其开工建设。在单独设立的气象探测设施探测环境保护范围内新建、改建、扩建建设工程的，建设单位应当事先报告当地气象主管机构，并按照要求采取必要的工程、技术措施。气象台站站址应当保持长期稳定，任何单位或者个人不得擅自迁移气象台站。因国家重点工程建设或者城市(镇)总体规划变化，确需迁移气象台站的，建设单位或者当地人民政府应当向省、自治区、直辖市气象主管机构提出申请，由省、自治区、直辖市气象主管机构组织专家对拟迁新址的科学性、合理性进行评估，符合气象设施和气象探测环境保护要求的，在纳入城市(镇)控制性详细规划后，按照先建站后迁移的原则进行迁移。申请迁移大气本底站、国家基准气候站、国家基本气象站的，由受理申请的省、自治区、直辖市气象主管机构签署意见并报送国务院气象主管机构审批；申请迁移其他气象台站的，由省、自治区、直辖市气象主管机构审批，并报送国务院气象主管机构备案。气象台站探测环境遭到严重破坏，失去治理和恢复可能的，国务院气象主管机构或者省、自治区、直辖市气象主管机构可以按照职责权限和先建站后迁移的原则，决定迁移气象台站；该气象台站所在地地方人民政府应当保证气象台站迁移用地，并承担迁移、建设费用。地方人民政府承担迁移、建设费用后，可以向破坏探测环境的责任人追偿等规定。说明气象台站及气象设施的迁移及重建必须严格依照法律程序进行。否则，违法行为将受到法律的制裁。在其中，政府起到调控管理的职能，但是气象台站与气象设施的迁移和重建对于政府而言，属于偏僻陌生领域，需要气象局与政府部门共同协作，共同制定相关行政指导条例或办法，对各类可能发生在气象台站与气象设施的迁移和重建中的问题，对同级其他政府部门，或下级行政机关进行相应指导。

《气象探测环境及设施保护办法》(以下简称《办法》)规定，国务院气象主管机构负责管理全国气象探测环境和设施的保护工作。地方各级气象主管机构在上级气象主管机构和同级人民政府的领导下，负责管理本行政区域内气象探测环境和设施的保护工作。设有气象台站的国务院其他有关部门和省、自治区、直辖市人民政府其他有关部门按照职责，做好本部门气象台站的探测环境和设施的保护工作，并接受同级气象主管机构的指导、监督和行业管理。其他有关部门按照职责，配合气象主管机构做好气象探测环境和设施的保护工作。这是在宏观上进行的气象行政指导，要求各类机关分工明确，减少互相推诿扯皮，有关立法机构也应加强出台有效的相应条例，规范相应气象违法行为。各级人民政府及有关部门应当加强对气象探测环境和设施保护的宣传教育，树立全民保护气象探测环境和设施的意识。因此，有效的气象行政指导，要以全民保护气象探测环境和设施的意识为先。《办法》突出规定了对可能影响气象探测环境和设施的建设项目，必须事先征得气象主管机构的同意。城乡规划、建设、国土等有关部门，在审批可能影响已建气象台站探测环境和设施的建设项目时，应当事先征得有审批权限的气象主管机构的同意。未经气象主管机构同意，有关部门不得审批。新建、改建和扩建气象台站和设施，应当符合气象探测环境和设施的保护标准。

依据《气象行政处罚办法》的规定，实施气象行政处罚时必须遵循公正、公开的原则，坚持处罚与教育相结合。各级气象主管机构对气象违法行为查证属实后，应当责令当事人停止违法行为，改正、限期恢复原状或者采取其他补救措施等行政强制措施，并依法给予行政处罚。各级气象主管机构管辖本行政区域内的气象行政处罚案件。气象行政处罚一般由违法行为发生地的气象主管机构管辖。对行政相对人的气象违法行为，由相应气象局执法人员进行行政执法处罚。但是对于气象行政指导却没有明确的法律规范。

从以上法条分析，可以看出，气象行政指导由于缺乏相应的法律依据，容易产生指导失范，作为法律的空白，可以提出立法建设，同时气象部门应结合实际制定出台《气象行政指导办法》或《气象行政指导规则》。

本案中，房地产开发商的超高楼盘之所以会对 S 区的气象探测环境造成破坏的原因是气象局审核审批不严格。不符合法律和法规的规定，对于有可能破坏气象探测环境和设施的新建、改建、扩建的建设工程，必须经过气象主管机构的审核批准。气象部门和规划局出台的《Q 市气象探测环境保护专项规划》非常有效地规范了该类事件，因此突出说明其气象行政指导的重要性。

【问题】

1. 什么是气象行政指导？气象行政指导的原则是什么？

依据《气象法》的规定，国务院其他有关部门和省、自治区、直辖市人民政府其他有关部门所属的气象台站，应当接受同级气象主管机构对其气象工作的指导、监督和行业管理。这是气象行业部门的内部指导。为此气象行政执法的指导性主要体现在以下三个方面：一是指导气象行业的国内布局。围绕国家目标从国家层面上统筹规划气象事业布局，推进体制创新和机制创新，建立全行业及多部门的合作机制，形成有利于中国气象事业整体推进和资源优化配置的体制框架，加强气象资源、信息、设施和科技成果的共享，避免重复建设和浪费。二是指导气象行业布局的优化。指导气象行业发展的整体设计，促进农业气象、海洋气象、水文气象、民航气象、交通气象、军事气象、空间气象等与全行业气象的协调发展，形成具有中国特色的行业气象新格局。三是指导气象行业的区域布局。统筹规划国家和地方气象业务、科研和科技队伍的建设，同时指导地方气象事业发展。指导区域气象发展，根据区域经济和社会发展的需求突出重点，开展各具特色的气象业务、科研工作。

然而，气象行政指导应是外部气象行政行为，具有外部行政行为的属性。气象行政指导是指气象行政部门在其职责及所管辖事物范围内，结合具体的气象业务的实际以及针对具体事项，依据相关法律规定，遵循法律精神和法律原则，以及相关地区的民俗或民族习惯，针对特定的行政相对人采取引导、劝告、建议、协商等非强制性方法，力图谋求行政相对人的同意，有效实现一定气象行政目的，但不直接产生法律后果的气象行政行为。

气象行政指导应遵循三个方面的原则：第一，正当性原则。正当性原则是指气象行政指导行为必须最大限度保障气象行政相对人对行政指导的可接受性。这种可接受性表现为气象行政相对人对气象行政机关的行政指导主观上认为如果其接受行政指导，将会产生有利于其的法律结果。从利己这一人性本能出发，气象行政相对人对于可选择的气象行政指导，其必然会将自己利益在限定的范围内最大化。如果气象行政相对人认为气象行政指导对其可能产生不利结果，或者没有什么好处，一般是不会接受气象行政机关的气象行政指导行为。在这里之所以将正当性作这样的界定，是因为气象行政指导行为是以气象行政相对人接受为产生预期作用的前提条件。第二，自愿性原则。自愿性原则是指气象行政指导行为应为行政相对人认同和自愿接受。因为，气象行政指导行为不是一种行政主体行政职权实施的，其所产生法律效果的行政行为，对气象行政相对人不具有法律上的约束力。自愿，本意是人在没有外在强迫下做自己想做的事。法律上的"自愿"还应加上在不损害他人合法权益的前提下之条件。气象行政指导不是行政主体的权力性行为，其没有国家强制力为后盾，气象行政相对人不愿意接受气象行政指导行为，气象行政机关也不能借助国家强制力迫使行政相对人接受。否则，气象行政机关的气象行政指导行为就质变为具有强制力的行政行为。第三，必要性原则。必要性原则是气象行政主体采取气象行政指导行为比实施行政行为可能会产生更好的客观效果的一种主观认识。气象行政主体行使行政职权的基本目的在于维持一个正常的社会秩序，促进社会的全面进步。如果能通过非行政行为也能达到这一目的,或者可以降低行政执法成本,气象行政主体完全可以作出选择,采用非行政行为实现行政目的。因此,在气象行政指导中确立必要性原则,是基于行政效益理论为前提。在现代社会中,行政管理的资源是有限的,有的甚至是稀缺的。为了减轻社会负担,行政机关应当通过主观努力,将有限的行政管理资源最大化。

2.气象行政指导的作用是什么?

目前国家还未出台气象行政指导方面的相关法律、法规及规定(或者相关规则、意见等),只是各地方政府部门制定了相关的气象行政指导办法,例如气象行政指导工作实施方案、气象行政指导实施办法、气象行政指导规则、气象行政指导管理规定等等。

结合实际,气象行政指导的作用主要体现在以下几个方面。

第一,气象行政指导的补充和替代功能。这一功能又分为三种情况:其一,由于经济与社会生活快速发展、城市化建设迅速等原因,难免出现气象立法滞后、存在“法律空域”的现象,因此及时灵活地采取气象行政指导措施予以调整,以补充单纯气象法律手段之不足,就成为客观的要求。其二,采取气象法律强制手段尚不必要或不及时,或成本高、效果较差、后续问题较多,在此情况下也通过“弱行为前置”的方式,即先行采取气象行政指导措施(属于弱行为),来代替强制性气象行政手段(属于强行为)进行调整,以期更为及时有效地来实现气象行政目标。其三,气象法律法规明确规定可单独采取或作为行政命令行为的前置程序采用气象行政指导措施,当然应依法实施气象行政指导措施。在许多气象行政管理实务中,气象行政指导将作为气象行政管理的必要手段。

第二,气象行政指导的辅导和促进功能。由于气象主管部门在掌握知识、信息、政策上的优越性和宏观性,其实施的气象行政指导能有效地指引、促使各地气象活动规范发展,具有启发、导向和促进作用。特别是在现代市场经济条件下,气象主管部门与相对人之间应当更多的是平等协商、相互尊重的关系,前者不能随意向后者发号施令,更不能随意支配后者的行为或单方剥夺后者的权利。同时在转型社会和经济快速增长期,日益增多和复杂化的气象行政管理需求,也需要气象部门等政府部门能实施积极和柔性的气象行政管理,有效地引导、影响、辅助气象行政相对方的行为选择,促进气象事业的发展和社会秩序的稳定。

第三,气象行政指导的协调和疏通功能。在竞争激烈、更具活力的市场经济社会,气象部门等国家行政主体和社会相关主体之间的利益冲突和矛盾在所难免,因此需要通过各种渠道和手段予以协调,而气象行政指导正是这样一种比较灵活有效的协调手段。由于气象行政指导的非强制性和自主选择性,以及气象行政指导主体相对于利益冲突的超脱性和中立性，使其在缓解、平衡利益主体之间冲突和矛盾的过程中，起着一种特殊有效的协调作用。

第四，气象行政指导的预防和抑制功能。理论和实践已证明，在强烈的利益驱动之下，社会组织和个人具有为增加自身利益而不惜损害社会利益的倾向，对此必须加以有效抑制，以降低社会成本。而在损害气象利益的行为处于酝酿阶段或萌芽状态或初现弊端时，最宜采用气象行政指导这种不具有国家强制力的柔性行政方式进行调整。换言之，气象行政指导对于可能发生的妨害气象事业和公共利益的行为起到防患于未然的预防作用，对处于萌芽状态的妨害气象行为可起到防微杜渐的抑制作用。

第五，气象行政指导引导功能。气象行政指导是参与气象行政的具体实现方式，是行政权力社会化、民主化的表现。实施气象行政指导可以倡导公民参与气象行政管理，成为气象部门的合作伙伴，增强气象行政管理力量，提高气象行政管理效率，还可以通过公民的自主参与，引导其自觉遵守气象法律法规，支持气象事业，降低气象监管的成本和难度。

3.结合本案进行分析，应如何规范气象行政指导？

第一，制定相应的气象行政指导规范（或规则）。气象部门应结合本地社会经济发展的实际，制定相应地方规范规则。该规则（或规范）应包含气象行政指导的指导主体、指导原则、指导要求、指导责任、指导目的等，使气象行政指导法治化、规范化。

第二，制定专项保护规划规范气象行政指导。本案出现的一个问题是规划局称："气象探测环境保护仅停留在法规文件。"没有落实到审批业务流程的这种情况正是因为气象局缺少相应气象行政指导性文件。最终的处理结果是在市政府的调解和协调下，气象部门与规划局共同编制了《Q市气象探测环境保护专项规划》。由此可见，规范气象行政指导，最重要的就是制定专项保护规划来规范气象部门对下级气象部门和其他行政部门的气象行政指导，使得气象行政指导具有规范性，有法可依，有规可循。

第三，分化明确气象行政责任。在制定专项保护规划中，分化明确各行政部门对于各类气象问题的责任，这是规范气象行政指导的关键所在。捋清气象部门、规划局、国土资源局、房产局等各个行政部门之间的责任关系，做到分工明确，才能减少乃至杜绝各个部门之间的责任推诿现象，更好地进行气象行政指导。本案中，对于开发商建设超高楼盘建设导致S区气象探测环境破坏，各部门互相推诿，若能分化明确责任，各司其职，明确确定气象行政指导的程序等，就能有效的开展各项工作，避免产生不必要的后果。

第四，气象部门应与相关部门分工合作。气象探测环境保护是任何单位和个人义不容辞的责任与义务。《气象法》也要求国家各级行政部门对气象活动的管辖与参与。各级和各个行政部门都对气象事业有着相应的管辖事项，容易造成各类气象行政指导混乱或者是缺失不足的现象。本案中，正是因为缺少相关专门气象行政指导类文件，导致气象局、规划局和开发商等之间的责任推诿。因此分化责任，加强气象行政部门分工合作，能够使得气象行政指导更具针对性，增强气象行政指导的有效性。

案例三：气象行政指导与少数民族习惯及宗教的关系

【案情简介】2009 年 G 县气象局报告，当地牧民正在紧挨着气象观测场的地方修建住房，且建设速度非常快。情况已经报告县政府，政府承诺大力支持探测环境保护，但由于当地风俗、宗教等原因，政府也很难做工作。这个气象观测站类似的问题由来已久，曾经还有气象局工作人员因此遭到牧民的殴打，所以，气象行政执法非常有难度。

【处理结果】在气象局、当地政府部门的大力工作下，最终，请当地民间有影响力的宗教人士出面协调解决问题。现在，气象观测场已经在中国气象局和县政府的支持下，搬迁到距县城比较边远的开阔区域，气象观测场环境得到较长久的保护。

以上案例可以看出，依法保护气象探测环境是一项比较复杂的工作。在发生利益冲突时，双方极易产生矛盾，特别是在某些少数民族地区，由于少数民族特有的生活习俗及民族宗教习惯，当产生利益冲突时，这类问题较难解决。一是要加强法制宣传教育；二是遵重少数民族习惯，尽量平衡双方的利益关系。本案纠纷最终在相关宗教人士的协调下得以解决，这也给气象部门今后的气象行政执法工作带来了思考。

【法条链接及法理分析】

我国作为一个多民族的国家，少数民族的习惯有其特殊性，在进行气象行政执法和气象探测环境保护工作时，需要考虑法律规范与民族习惯冲突等方面的问题。

第一，《气象法》第七条第二款规定："各级人民政府应当关心和支持少数民族地区、边远贫困地区、艰苦地区和海岛的气象台站的建设和运行。"说明国家对少数民族地区气象事业的重视与关注。但是，任何人都有保护气象探测环境的义务，要以气象事业发展为先。随着社会经济的发展，许多少数民族依旧保持着其固有的民族习俗，在气象业务发展及气象管理过程中要考虑到当地少数民族习惯，避免发生冲突。由于气象业务活动的特殊性，我国在高山、海岛，在人迹稀少的高原、荒漠和少数民族、边远地区建立了一批环境非常艰苦的气象台站。这些气象台站大多数是国家的基准气候站、基本气象站等重点气象台站，它们主要承担国家的基本气象探测业务，经费主要靠国家财政支持。由于国家财力有限，这些气象台站无论是工作条件，还是生活条件都非常艰苦，而且有些地区的气象基本建设和正常的气象业务运行都难以进行。因此，为了保障这些气象台站的建设和发展，使其更好地为国家与当地国民经济建设和社会发展提高服务能力，各级人民政府都必须关心和支持气象事业的发展，特别是要关心和支持少数民族地区的气象台站的建设，同时，对这些气象台站的正常维持和运行也应当给予关心和支持。

第二，《气象设施和气象探测环境保护条例》第四条规定："县级以上地方人民政府应当加强对气象设施和气象探测环境保护工作的组织领导和统筹协调，将气象设施和气象探测环境保护工作所需经费纳入财政预算。"气象探测环境和气象设施的保护工作需要当地政府部门加强气象行政指导，这样可以更好地解决少数民族地区的气象探测环境保护工作中出现的问题。

第三，《中华人民共和国宪法》（以下简称《宪法》）第四条规定："中华人民共和国各民族一律平等。国家保障各少数民族的合法的权利和利益，维护和发展各民族的平等团结互助和谐关系。禁止对任何民族的歧视和压迫，禁止破坏民族团结和制造民族分裂的行为。国家根据各少数民族的特点和需要，帮助各少数民族地区加速经济和文化的发展。各少数民族聚居的地方实行区域自治，设立自治机关，行使自治权。各民族自治地方都是中华人民共和国不可分离的部分。各民族都有使用和发展自己的语言文字的自由，都有保持或者改革自己的风俗习惯的自由。"气象事业作为基础性公益性事业，对少数民族地区的经济发展起到重要作用。《宪法》规定要尊重少数民族的风俗习惯，气象行政执法也必须遵守这一宪法原则。如何既尊重保持少数民族风俗习惯，又保护气象探测环境，就需要灵活运用气象行政指导。气象行政所具有的正当性原则，使得气象行政指导行为最大限度保障行政相对人对气象部门行政指导的可接受性。气象行政指导行为，采取说服、建议、协商、奖励和帮助等方法，相比较其他气象行政强制措施，更具可接受性和可调控性，契合民众心理和社会需求，凸显部门的服务职能，符合落实执政为民理念、建设服务型政府的要求。

本案中，当地牧民在气象观测场附近修建住房，建设速度非常快，极有可能破坏气象探测环境，但是因为少数民族文化和宗教的特殊性，工作进行十分困难。因此气象事业作为经济建设、国防建设、社会发展和人民生活的基础性公益事业，任何组织和个人都有保护气象探测环境和设施的义务，因此气象主管机构需要做好协调工作。在气象行政指导方面要具有灵活性，要充分尊重少数民族的习俗，本案中，请当地民间有影响力的宗教人士出面协调解决便是一个很好的举措，乡贤乡望受到少数民族群众的尊重，在与少数民族群众进行气象执法时，因文化、语言等交流困难，特别是民族习俗方面的特殊性，可以请当地的宗教人士进行协调，能达到更好的效果，也要有利于气象行政执法工作的开展。因此,气象部门在开展相关工作时,要充分尊重少数民族的风俗文化和宗教文化。

本案给我们的提示是,一是少数民族地区开展气象行政指导、执法工作,应先了解和熟悉本地少数民族的生活习俗及宗教习惯;二是必须遵守本地少数民族的习惯,避免发生冲突,产生不必要的后果;三是制定适宜于少数民族地区民族习惯的行政执法指导规则或意见,以便更加有利于本地气象事业的发展。

【问题】

1.气象行政指导的特点是什么?

气象行政指导虽然作为行政指导的一种,但有其作为气象公共事业发展的特殊性。

第一,气象行政指导是非权力性的行政活动。非权力性是指不以国家权力以及国家强制力为后盾,而是通过相关气象业务专业知识以及气象法律法规、规章的指导,要求相关气象部门和个人作为或不作为某种气象行为。

第二,气象行政指导是一种事实行为。气象行政指导是气象具体行政行为而非抽象行政行为,要求气象行政指导需针对确实发生的气象行政案件来作出事实性指导。

第三,气象行政指导是气象部门等相关气象主管机构和气象部门单方面的意思表示,属于单方行为。气象行政指导是气象部门对相关单位和个人的单方指导行为,双方不具有合意性,具有行政法属性的气象行为强制性的前置行为。

第四,气象行政指导一般适用于弹性的气象管理领域。气象行政指导不具有行政法规的强制性和严厉性,自然不属于气象行政处罚等管理领域,其所针对的是气象部门、人民政府等相关气象主管机构和气象部门在对气象类案件进行管辖中的相关业务或法律问题的指导。

第五,气象行政指导适用法律优先的原则。虽然气象行政指导更具针对性,但是当其出现与行政法规等法律规范相冲突的情形时,必须遵守法律优先的原则,不得违背法律的原则。

第六,气象行政指导是一种外部行政行为。气象行政指导的外部行政行为表现在气象部门对于气象行政相对人的行为而进行的,不属于气象行政主体的内部行政行为。基于此,气象行政指导具有可诉性,即气象部门的行政指导给行政相对人带来利益损害或损失时,行政相对人据此可以提起行政诉讼。

2.提高气象行政指导的效率应遵循哪些原则?

由于气象行政指导不具有强制性,因此气象行政指导的行为与行政相对人之间不会产生对抗性,气象行政指导的运用得当,可以更好地提高气象工作效率,促进和谐社会的发展。提高气象行政指导的效率必须遵循以下原则。

第一，气象行政指导否定原则。简言之，当气象主管机构凭借行政职权实施气象行政指导行为，形式上看该行为无强制性，而实际上对相对人意志自由具有控制、影响作用。借鉴公司法上“揭开公司面纱”原则，否定该行为的指导性质，以其实际效果确定其行为性质，依已有的相关法律规定追究行政责任。

第二，气象行政指导说明义务原则。相对于其他气象行政行为而言，气象行政指导程序便捷，灵活多样。然而，其他气象行政行为因其依法而作出，往往无需多做说明，行政相对人通过查阅相关法律文件也可得知行为依据。行政相对人首先对两种选择的结果进行利益的衡量(针对气象行政指导事项向行政相对人作出充分说明选择判断的基础)，选择于己有利的行为。这一推定建立在行政相对人具有理性思维能力的基础之上，相对人若无完整的理性思维能力(例如精神病人)，不能成为行政指导行为的相对方，该指导行为对其无效，如产生不利后果，气象主管机构担负全部责任。确定这一原则有利于促使行政机关在作出行政指导行为时充分考虑该行为对行政相对人是否有利。若行政主体能够提供相反证据，证明损害非因强行所致，可按照相关法律规定予以免责。

第三，全面提高气象主管机构行政执法人员能力和素质的原则。完美的制度能否从理论走向现实取决于执行者的能力和素质。德国社会科学家马克思·韦伯认为“合理化和现代化与一个训练有素的官吏阶层的形成有关”。加强气象行政执法队伍执法能力、执法素质以及思想道德建设，深化现代气象行政的服务理念，并将其落实到实际工作之中。引入有关公司董事会的“勤勉义务”规则，明确其职责所在，强化气象工作人员的义务观念和责任意识。

3.结合本案进行分析，气象行政行为与少数民族习惯发生冲突的时候应如何解决?

首先，以尊重少数民族习俗为前提，本案中，G县当地牧民在气象探测场附近修建住房，建设速度非常快，对气象探测环境造成破坏，但是因为当地少数民族习惯和宗教的特殊性，造成G县气象局的气象探测环境的保护工作进行十分困难。最终由当地民间有影响力的宗教人士出面协调问题，在尊重保障少数民族习惯和宗教的特殊性的前提下，对G县气象局的观测场进行搬迁至县城比较边远的区域，使得气象观测场得到较长久的保护。《气象法》虽然规定任何组织和个人都有保护气象探测环境和气象设施的义务。但是少数民族习惯和宗教与气象冲突时，如何调和，这是目前气象部门遇到的特殊问题，基于此，少数民族习俗具有其特殊性，就应协调好与相关法律法规的关系，避免不良后果的出现。

其次，灵活运用气象行政指导。行政指导与少数民族习俗相契合。随着现代经济发展，仍有许多少数民族依旧保持着其固有的民族习俗，在气象业务发展及气象管理过程中要考虑到当地少数民族习惯，避免发生冲突。如何既尊重保持少数民族风俗习惯，又能保护气象探测环境，就需要气象行政指导。依据气象行政所具有的正当性原则，使得气象行政指导行为最大限度保障行政相对人对行政指导的可接受性。气象行政指导行为更具可接受性和可调控性，切合民众心理和社会需求，能够凸显部门的服务职能，符合落实执政为民理念、建设服务性政府的要求。

最后，法与民族习俗冲突的调和解决。法与少数民族习俗往往有冲突的地方，这就要求执法者充分发挥自由裁量权，寻求共同的价值所在，以期达到共同利益的实现。因此，一是要加强法制宣传与教育，引导人们改进落后的习惯，摒弃不合理的陋习，遵守法律法规；二是行政机关在执法过程中要注意法律与习惯的协调与平衡，应当在保证少数民族合理的宗教与习惯前提基础上，进行柔性执法；在法律与习惯明显不一致情形下，相关气象部门可进行相应行政指导，相比强制性较大的行政执法手段，行政指导对行政相对方有更大的易接受性，通过对行政相对方即少数民族群众进行辅助、服务、引导，并在当地有影响力的宗教人士的协助下，对少数民族因习惯和宗教与法律产生冲突的问题上，能更加有效的解决纠纷。

第三章　气象信息发布管理

气象信息是气象部门对采集的相关气象资料进行科学、规范、准确的分析得出的在一局部区域的天气变化情况，并及时准确地向社会大众进行发布的信息，其目的是最大程度的减轻灾害损失，为公众提供良好的天气预报服务，为经济社会发展创造良好条件。因此，国家对公众气象预报和灾害性天气警报实行统一发布制度。要求各级气象主管机构及其所属的气象台站应当提高公众气象预报和灾害性天气警报的准确性、及时性和服务水平。广播、电视、报纸、电信等媒体向社会传播气象预报和灾害性天气警报，必须使用气象主管机构所属的气象台站提供的适时气象信息，并标明发布时间和气象台站的名称。

案例一：P市气象信息非法传播案

【案情简介】2016年3月16日，P市气象局行政执法大队接到群众举报，P市电视台新闻综合频道《××》栏目擅自发布气象预报信息。市气象行政执法人员立即前往市电视台新闻综合频道《××》栏目组进行情况了解，到达栏目组办公室后，执法人员在出示执法证件见到了该栏目组负责人。

【处理结果】经沟通了解，该栏目组因节目效果需要，当天确实存在擅自发布气象预报信息的行为，执法人员随即向该负责人及相关工作人员宣讲了《气象法》和《气象预报发布与传播管理办法》的相关规定，并送达《行政指导意见书》。该栏目组负责人接到《行政指导意见书》后，表示立即停止播放气象预报信息违法行为，并承诺今后不会再出现类似情况，如要发布气象信息会与当地气象主管机构所属的气象台建立获取最新气象预报机制，确保气象预报及时准确传播。

【法条链接及法理分析】

气象事业作为基础性公益事业，气象信息的传播不同于其他普通媒体发布的信息，可以随意在相关平台进行传播公布，因此要对其进行规范的管理，来更好地发挥其公益性基础事业的功能。因此，国家出台了相关的法律法规进行调整和规制。

《气象法》第二十二条规定："国家对公众气象预报和灾害性天气警报实行统一发

布制度。各级气象主管机构所属的气象台站应当按照职责向社会发布公众气象预报和灾害性天气警报,并根据天气变化情况及时补充或者订正。其他任何组织或者个人不得向社会发布公众气象预报和灾害性天气警报。国务院其他有关部门和省、自治区、直辖市人民政府其他有关部门所属的气象台站,可以发布供本系统使用的专项气象预报。各级气象主管机构及其所属的气象台站应当提高公众气象预报和灾害性天气警报的准确性、及时性和服务水平。”根据气象法的规定可以看出,第一,我国的气象预报制度实行统一发布制度,便于气象预报的统一管理;第二,向社会发布公众气象预报和灾害性天气警报,是各级气象主管机构所属气象台站的工作职责;第三,除气象主管机构外,其他任何组织个人未经气象台站的同意,不得向社会发布公众气象预报和灾害性天气警报;第四,国务院其他有关部门和省、自治区、直辖市人民政府其他有关部门所属的气象台站,可以发布供本系统使用的专项气象预报,但不得对外向社会发布;第五,各级气象主管机构及其所属的气象台站向社会公众发布气象预报和灾害性天气警报要求其准确、及时。

为了更好地发布气象信息,为人民群众生产生活服务,《气象法》第二十四条规定:“各级广播、电视台站和省级人民政府指定的报纸,应当安排专门的时间或者版面,每天播发或者刊登公众气象预报或者灾害性天气警报。各级气象主管机构所属的气象台站应当保证其制作的气象预报节目的质量。广播、电视播出单位改变气象预报节目播发时间安排的,应当事先征得有关气象台站的同意;对国计民生可能产生重大影响的灾害性天气警报和补充、订正的气象预报,应当及时增播或者插播。”本条规定了公众气象预报和灾害性天气预警的播、刊登、气象预报节目的制作以及播发要求。第一,广播、电视播发天气预报已成为社会公众获取气象预报的主要渠道,但随着手机等网络设备的发达,手机的气象预报软件也逐渐在人们生活中普及;第二,明确了各级气象主管机构所属的气象台站应当进行气象预报节目的制作,也对其提出严格的要求。各级气象主管机构所属的气象台站应认真履行职责,高质量地完成气象预报节目的制作工作;第三,由于广播、电视播发的气象预报都是定时发布的,但是天气往往瞬息万变,特别是中小尺度灾害性天气系统突发性强,影响大,为保证最新的气象预报,特别是灾害性天气警报能及时传递给公众,需要气象台站及时对气象预报进行订正、及时增播或者插播。

《气象法》第二十五条规定:“广播、电视、报纸、电信等媒体向社会传播气象预报和灾害性天气警报,必须使用气象主管机构所属的气象台站提供的适时气象信息,并标明发布时间和气象台站的名称。通过传播气象信息获得的收益,应当提取一部分支持气象事业的发展。”本条规定了气象信息的使用要求以及通过传播气象信息所获收益的一部分应当支持气象事业的发展。第一,发布气象预报必须使用气象台站提供的适时气象信息,并标明发布时间和气象台站的名称,坚决制止和依法处理非法向社会制作、传播、转播和发布气象预报的行为;第二,气象事业作为社会基础性公益事业,其发展需要得到国家和社会的支持。即需要国家加大对气象事业投入的力度,同时也需要社会各界对气象事业给予必要支持。气象预报所获取的附加收益,经气象台站提取用于支持气象事业的发展是合理的。

《气象法》第三十八条规定:"违反本法规定,有下列行为之一的,由有关气象主管机构按照权限责令改正,给予警告,可以并处五万元以下的罚款:(一)非法向社会发布公众气象预报、灾害性天气警报的;(二)广播、电视、报纸、电信等媒体向社会传播公众气象预报、灾害性天气警报,不使用气象主管机构所属的气象台站提供的适时气象信息的;(三)从事大气环境影响评价的单位进行工程建设项目大气环境影响评价时,使用的气象资料不符合国家气象技术标准的。"

《气象灾害防御条例》(以下简称《条例》)第三十条规定:"各级气象主管机构所属的气象台站应当按照职责向社会统一发布灾害性天气警报和气象灾害预警信号,并及时向有关灾害防御、救助部门通报;其他组织和个人不得向社会发布灾害性天气警报和气象灾害预警信号。气象灾害预警信号的种类和级别,由国务院气象主管机构规定。"本条规定是针对气象灾害性天气警报和气象灾害预警信号违法发布,因此对相关单位和个人擅自发布气象信息行政处罚也更为严厉。《条例》第四十六条规定:"有下列行为之一的,由县级以上气象主管机构责令改正,给予警告,可以处5万元以下的罚款;构成违反治安管理行为的,由公安机关依法给予处罚:(一)擅自向社会发布灾害性天气警报、气象灾害预警信号的;(二)广播、电视、报纸、电信等媒体未按照要求播发、刊登灾害性天气警报和气象灾害预警信号的;(三)传播虚假的或者通过非法渠道获取的灾害性天气信息和气象灾害灾情的。"同时,《国务院关于大力推进信息化发展和切实保障信息安全的若干意见》也对气象信息公布作了相关指导性意见。要求"确保重要信息系统和基础信息网络安全",未经相关气象主管机构的同意,不得非法窃取气象预报信息进行气象信息预报,保障气象预报信息的准确合法。《国务院办公厅关于加强气象灾害监测预警及信息发布工作的意见》中规定:"深入贯彻落实科学发展观,坚持以人为本、预防为主,政府主导、部门联动,统一发布、分级负责,以保障人民生命财产安全为根本,以提高预警信息发布时效性和覆盖面为重点,依靠法制、依靠科技、依靠基层,进一步完善气象灾害监测预报网络,加快推进信息发布系统建设,积极拓宽预警信息传播渠道,着力健全预警联动工作机制,努力做到监测到位、预报准确、预警及时、应对高效,最大程度减轻灾害损失,为经济社会发展创造良好条件。"这是气象预警意见对于气象灾害预警在"总体要求"中提出的对气象灾害预警信息发布的严格把控。

《气象预报发布与传播管理办法》《气象信息服务管理办法》和《气象灾害预警信号发布与传播办法》作为对气象预报的具体性管理办法，也对非法发布气象预报信息作出了规定。《气象预报发布与传播管理办法》第六条规定："气象预报实行统一发布制度。各级气象主管机构所属的气象台应当按照职责通过气象预报发布渠道向社会发布，并根据天气变化情况及时更新发布气象预报。其他任何组织或个人不得以任何形式向社会发布气象预报。"《气象预报发布与传播管理办法》第十二条规定："违反本办法规定，有下列行为之一的，由有关气象主管机构按照权限责令改正，给予警告，可以并处5万元以下罚款：(一)非法发布气象预报的；(二)向社会传播气象预报不使用当地气象主管机构所属的气象台提供的最新气象预报的。"这是非法行为所应承担的法律责任的规定，本条规定了两种违法行为，即"非法发布气象预报的"和"向社会传播气象预报不使用当地气象主管机构所属的气象台提供的最新气象预报的"，非法发布气象预报的情形之一，即电视、广播、网络等媒体在向社会传播气象预报时，不使用气象台站所提供的最新气象预报，而是发布虚假或者延迟气象预报，属于非法发布气象预报行为。《气象信息服务管理办法》是对气象信息服务单位利用气象资料和气象预报产品，开展面向用户需求的信息服务活动的规定。同时第九条规定："从事气象信息服务的单位应当遵守下列要求：(一)使用合法渠道获得的气象资料和气象预报产品；(二)建立业务规范和管理制度；(三)遵守气象有关技术标准、规范和规程。"本条规定适用于合法渠道获得的气象资料和气象预报产品。合法渠道是指由各级气象主管机构所属的气象台站发布或者提供，否则属于非法发布气象预报的行为。《气象信息服务管理办法》第十六条规定："禁止气象信息服务单位从事向社会发布公众气象预报、灾害性天气警报和气象灾害预警信号。"气象信息服务单位作为利用气象资料和气象预报产品，开展面向用户需求的信息服务活动的单位，在利用各级气象主管机构所属的气象台站发布或者提供的气象预报、灾害性天气警报和气象灾害预警信号时，法律规定其是无权向社会公众发布的，属于禁止性行为。《气象灾害预警信号发布与传播办法》第七条规定："预警信号实行统一发布制度。各级气象主管机构所属的气象台站按照发布权限、业务流程发布预警信号，并指明气象灾害预警的区域。发布权限和业务流程由国务院气象主管机构另行制定。其他任何组织或者个人不得向社会发布预警信号。"因此为规范气象灾害预警信号发布与传播，防御和减轻气象灾害，保护国家和人民生命财产安全，气象预警信号相比较气象预报信息，为保障国家和人民生命财产安全，要求更高的准确性、及时性，非法发布与传播将导致极其严重的后果。因此，《气象灾害预警信号发布与传播办法》第十四条规定："违反本办法规定，有下列行为之一的，由有关气象主管机构依照《气象法》第三十八条的规定追究法律责任：(一)非法向社会发布与传播预警信号的；(二)广播、电视等媒体和固定网、移动网、因特网等通信网络不使用气象主管机构所属的气象台站提供的实时预警信号的。”根据本条规定，未经气象主管机构许可，非法向社会发布与传播预警信号的任何单位组织和个人，无论是否造成严重后果的，按照《气象法》进行严厉处罚；广播、电视等媒体和固定网、移动网、因特网等通信网络作为社会和公众的直接接触渠道，应该按照气象主管机构的要求，及时使用气象主管机构所属的气象台站提供的实时预警信号，以使公众尽早做出迁移等保障生命财产的安排。

本案中，P市电视台新闻综合频道《民生民情》栏目擅自发布气象预报信息这一行为存在以下几个问题，第一，P市电视台这一主体，根据以上相关法律规定，应当认定为气象信息服务单位，其应当遵守《气象法》和《气象预报发布与传播管理办法》等相关规定。根据《气象法》的规定，各级广播、电视台站和省级人民政府指定的报纸，应当安排专门的时间或者版面，每天播发或者刊登公众气象预报或者灾害性天气警报。各级气象主管机构所属的气象台站应当保证其制作的气象预报节目的质量。广播、电视播出单位改变气象预报节目播发时间安排的，应当事先征得有关气象台站的同意；同时《气象预报发布与传播管理办法》规定，气象预报实行统一发布制度。各级气象主管机构所属的气象台应当按照职责通过气象预报发布渠道向社会发布，并根据天气变化情况及时更新发布气象预报。其他任何组织或个人不得以任何形式向社会发布气象预报。因此，该市气象台新闻综合频道《民生民情》栏目组在发布气象信息预报时，未与当地气象主管机构所属的气象台建立获取最新气象预报机制，无法确保气象预报及时准确传播。其行为违反了《气象法》相应的处罚规定，“非法向社会发布公众气象预报、灾害性天气警报的；广播、电视、报纸、电信等媒体向社会传播公众气象预报、灾害性天气警报，不使用气象主管机构所属的气象台站提供的适时气象信息的”气象工管机构有权按照权限责令改正，给予警告，可以并处五万元以下的罚款。所以P市气象局行政执法大队向栏目负责人及相关工作人员宣讲了《气象法》和《气象预报发布与刊播管理办法》的相关规定，并送达行政指导意见书的行为符合法律规定。

【问题】

1. 什么是气象预报？它有哪些功能？

气象预报是指面向社会公众发布的天气现象、云、风向、风速、气温、湿度、气压、降水、能见度等气象要素预报，以及日地空间天气现象、太阳活动水平、地磁活动水平、电离层活动水平、空间粒子辐射环境、中高层大气状态参数等空间天气要素预报，使公众基于对天气、气候演变规律的认识而对未来一定时期内天气、气候变化作出判断。

准确、及时地制作、发布气象预报与灾害性天气警报，对保障经济建设顺利进行和保护人民生命财产安全具有重要的作用。气象预报的功能关系小到公众的衣食住行，大到国家经济建设。气象预报的功能主要有两个方面：一是预防；二是服务。

第一，预防。在面对灾害天气时，气象的预报能及时保障人民生命安全与财产安全，及早转移受灾人群与物质。气象预报事关国民经济建设，国家重大经济建设等，天气的及时预报，可以在灾害天气到来前，及时做出预防。

第二，服务。气象预报的功能是为公众生活带来便利，预报每日和短期天气情况，据此可以安排出行等日常活动；对于飞机等对天气变化极为敏感的交通设备，气象预报可以让其及时做出调控；农业更是需要根据天气进行安排生产活动，二十四节气正是古代气象预报的雏形，如今气象预报，更为精确，对于农业的播种、灌溉与收割，灾害预防等都可进行指导安排；因此，气象预报与生产生活息息相关。

2. 气象预报有哪些种类？

气象预报包括天气预报、气候预测。就预报时效而言，气象预报可分为临近天气预报（0～2 小时）、短时天气预报（0～12 小时）、短期天气预报（1～3 天）、中期天气预报（4～10 天）、延伸期天气预报（11～30 天）及月气候预测、季节气候预测和年度气候预测等。

就预报范围而言，气象预报的种类可分为本地预报和区域预报两种。

就按用户的特点和需要而言，又可分为各种不同的专业气象预报，如农业气象预报、城市环境气象预报、火险气象等级预报等。

3. 气象预报的监督管理主体是什么？

根据《气象法》和《气象预报发布与传播管理办法》的规定，国务院气象主管机构负责管理全国气象探测环境和设施的保护工作。地方各级气象主管机构在上级气象主管机构和同级人民政府的领导下，负责管理本行政区域内气象探测环境和设施的保护工作。设有气象台站的国务院其他有关部门和省、自治区、直辖市人民政府其他有关部门按照职责，做好本部门气象台站的探测环境和设施的保护工作，并接受同级气象主管机构的指导、监督和行业管理。其他有关部门按照职责，配合气象主管机构做好气象探测环境和设施的保护工作。

国务院气象主管机构和国务院有关部门应当按照职责分工，共同做好全国气象预报发布与传播工作，并加强监督管理。地方各级气象主管机构和县级以上地方人民政府有关部门应当按照职责分工，共同做好本行政区域内的气象预报发布与传播工作，并加强监督管理。

作为外部的监管主体，社会和其他国家机关的监管。因气象预报与民众生活息息相关，民众对气象预报是否有效发布，能起到全方位的监督。随着传统媒体技术的发展和新兴自媒体的出现，媒体对气象预报的违法行为能得到及时有效的曝光。国家立法机关和国家司法机关，作为与行政权互相制约互相监督的主体，起着对气象预报进行监督管理的作用，从立法渠道上进行有效监管，对违法进行气象预报行为进行法制监督。

案例二：H市某网站违法发布手机快报天气预报案

【案情简介】2006年4月，H市气象局接到举报，H市某移动公司推出手机快报业务含有转摘天气预报内容。经调查，该业务是H市某网站与移动公司合作，由网站采编，移动公司播发的手机快报。

接到举报后，H市气象局采取措施，进行了调查分析、证据收集等工作，并分别告知该网站与移动公司，指出他们在手机快报中转摘天气预报行为违反了《气象法》第二十二条、二十五条规定，要求立即停止违法行为。该单位有关人员口头表示接受，并向领导汇报，但实际上并没有停止违法行为。4月29日，市气象局依法向上述两家单位发出了《责令停止违法行为通知书》，由执法人员送达，并对其进行有关法律法规的宣传教育，责令其4月30日前停止违法行为。如逾期不予改正，市气象局将依法进行行政处罚，但这两单位拒绝接收《责令停止违法行为通知书》，执法人员随后用挂号信形式邮寄给两个单位。

【处理结果】2006年4月30日上午，该网站总编专程来气象局详细了解转发天气预报情况，执法人员对其进行了耐心细致的解释和相关法制宣传教育，使其认识到该行为确实违反了《气象法》有关规定，并立即停止了手机快报中的转发天气预报行为。

【法条链接及法理分析】

当下公众的工作生活都与天气预报息息相关，天气预报的准确、及时、可靠关系到公众的衣食住行安全，农业栽培收割、交通行驶安全、军事，甚至影响到国家的经济建设发展。为保障天气预报的准确可靠性，国家对天气预报采取的是统一发布的制度，未经气象主管机构许可，不得私自搜集气象信息，并进行发布，否则，容易造成不良影响。

《气象法》规定了气象预报统一发布制度，即国家对公众气象预报和灾害性天气警报实行统一发布制度。要求各级气象主管机构所属的气象台站应当按照职责向社会发布公众气象预报和灾害性天气警报，并根据天气变化情况及时补充或者订正。其他任何组织或者个人不得向社会发布公众气象预报和灾害性天气警报。国务院其他有关部门和省、自治区、直辖市人民政府其他有关部门所属的气象台站，可以发布供本系统使用的专项气象预报。各级气象主管机构及其所属的气象台站应当提高公众气象预报和灾害性天气警报的准确性、及时性和服务水平。因此，只有各级气象主管机构所属气象台才有权向社会发布公众气象预报和灾害性天气警报，其他任何组织和个人私自发布都属于违法行为。对灾害性天气警报的私自发布，发布内容不当，容易引发相应群体的误解，甚至引起社会的恐慌。因此，在《气象法》专门规定了公众气象预报和灾害性天气预警发布的方式渠道，要求各级广播、电视台站和省级人民政府指定的报纸，应当安排专门的时间或者版面，每天播发或者刊登公众气象预报或者灾害性天气警报。规定各级气象主管机构所属的气象台站应当保证其制作的气象预报节目的质量。一般情况下，不得擅自改变播出时间，如果广播、电视播出单位改变气象预报节目播发时间安排的，应当事先征得有关气象台站的同意。对国计民生可能产生重大影响的灾害性天气警报和补充、订正的气象预报，应当及时增播或者插播。基于此，广播、电视台站和省级人民政府指定的报纸也无权直接发布公众气象预报和灾害性天气预警，如需要发布必须有各级气象主管机构所属气象台的授权，这样各级广播、电视台站和省级人民政府指定的报纸才有权每天播发或者刊登公众气象预报或者灾害性天气警报。因此，广播、电视、报纸、电信等媒体在向社会传播气象预报和灾害性天气警报时，应充分考虑到气象预报的重要性，必须使用气象主管机构所属的气象台站提供的适时气象信息，并标明发布时间和气象台站的名称。

根据《气象灾害防御条例》(以下简称《条例》)的规定，各级气象主管机构所属的气象台站应当按照职责向社会统一发布灾害性天气警报和气象灾害预警信号，并及时向有关灾害防御、救助部门通报；其他组织和个人不得向社会发布灾害性天气警报和气象灾害预警信号。气象灾害预警信号的种类和级别，由国务院气象主管机构规定。由此可以看出灾害性天气警报和气象灾害预警信号发布和通报的规定在《条例》中规定的更加具体和详细。明确了具体的责任和权利主体，即向社会统一发布灾害性天气警报和气象灾害预警信号的职责和权利是各级气象主管机构所属的气象台站。同时，各级气象主管机构及其所属的气象台站要按照职责发布灾害性天气警报和气象灾害预警信号。规定中央气象台与省级气象主管机构所属的气象台站分别负责发布我国领域及本台责任区内的灾害性天气警报。气象台站除了要向社会统一发布灾害性天气警报和气象灾害预警信号外，还有及时向有关灾害防御、救助部门通报的职责。由于灾害性天气警报和气象灾害预警信号是具有警示作用的气象信息，具有一定的权威性和唯一性，对社会稳定起着重要作用。气象灾害预警信息由气象部门负责制作并按预警级别分级发布，其他组织和个人不得向社会发布灾害性天气警报和气象灾害预警信号。这对更好地满足社会公众和国家经济建设、国防建设的需要，维护社会正常的生产、生活秩序十分重要。根据《条例》规定，广播、电视、报纸、电信等媒体应当及时向社会播发或者刊登当地气象主管机构所属的气象台站提供的适时灾害性天气警报、气象灾害预警信号，并根据当地气象台站的要求及时增播、插播或者刊登。

通过广播、电视、报纸和电信发布气象预报已成为为社会公众提高气象服务质量的主要手段，作为灾害性天气警报、气象灾害预警信号的主要传播手段，广播、电视、报纸、电信等媒体有义务在灾害性天气来临之前，及时向社会播发或者刊登由气象主管机构所属的气象台站直接提供灾害性天气警报和气象灾害预警信号，共同维护经济社会稳定和人民生命财产安全。除此之外，广播、电视、报纸、电信等媒体对突发灾害性天气警报、气象灾害预警信号有及时增播、插播或者刊登的责任。

国家政府部门也极为重视天气预报的准确发布，在《国务院关于大力推进信息化发展和切实保障信息安全的若干意见》中也对气象信息及天气预报发布、传播的主体进行了规定，将天气预报作为信息化发展的主要部分进行规定，要求保障气象信息安全，建立体系，增强保障能力。天气预报的受众群体，最重要的就是群众，要求完善气象综合信息服务体系，为人民群众提供更好的气象信息预报，规范各类信息服务系统，建立全国气象综合信息服务平台，构建综合气象信息服务体系。特别是加强重视气象预报中对气象灾害监测预警信息发布的管理，要求建立完善气象灾害监测预报网络，拓宽预警信息传播渠道。《国家气象灾害应急预案》与《信息发布意见》要求国家为预防气象灾害，建立健全气象灾害应急响应机制，该机制要求发布制度的原则是“归口管理、统一发布、快速传播”，通过国家应急广播和广播、电视、报刊、互联网、手机短信、电子显示屏、有线广播等相关媒体以及一切可能的传播手段及时向社会公众发布气象灾害预警信息。涉及可能引发次生、衍生灾害的预警信息通过有关信息共享平台向相关部门发布。

《气象信息服务管理办法》具体规定了气象信息服务单位制度，授权有关单位有权利用气象资料和气象预报产品，从事开展面向用户需求的信息服务活动，但无权向社会发布公众气象预报、灾害性天气警报和气象灾害预警信号。《气象预报发布与传播管理办法》作为专门指导气象预报的行政规章，规定传播气象预报的媒体和单位应当与当地气象主管机构所属的气象台建立获取最新气象预报机制，确保气象预报及时准确传播。更加规范气象预报发布，鼓励气象预报传播，更好地为经济社会发展和人民生活服务，广播、电视台、省级制定报刊以及气象信息服务单位的行为应认定为是气象预报传播、转载的过程，前提是必须经气象主管机构的同意，合法转播、转载。

本案中，H市某网站与移动公司合作播发手机快报，本着服务网站用户的想法，但是该网站手机快报的天气预报内容是通过网络采编的气象预报信息来进行发布，根据国家对公众气象预报和灾害性天气警报实行统一发布制度，以及广播、电视、报纸、电信等媒体向社会传播气象预报和灾害性天气警报必须使用气象主管机构所属的气象台站提供的适时气象信息并标明发布时间和气象台站的名称等的相关规定，网络发布天气预报必须使用气象主管机构所属的气象台站提供的适时气象信息，且标明发布时间和气象台站的名称。

【问题】

1. 气象预报传播应遵循哪些原则？

气象预报涉及到人民群众生活安全、社会经济发展安全以及国家安全，因此，气象预报必须遵循以下原则。

（1）坚持需求拉动、积极行动的原则。气象预报作为当下社会经济发展、基础设施建设与公众衣食住行的前提性要件，保障社会与公众及时获取最新气象信息的需求，是气象预报传播的原则之一。从经济建设和社会发展、人民生活及防灾减灾的需求出发，广泛利用各种手段，及时、准确发布天气预报，最大限度地满足社会需求。

（2）坚持客观预报、准确解释的原则。依靠气象综合观测系统获取精细的观测资料，以数值天气预报为基础，加强数值天气预报产品解释应用，重视发挥预报员的作用。

（3）坚持强化指导、精细定量的原则。强化国家、省级业务单位的技术指导作用，提高天气预报员指导预报的定量化和精细化程度、发挥基层台站的基础性作用，大力推进精细天气预报的业务发展。

（4）坚持质量第一、稳步发展的原则。注重天气预报的质量，强化质量检验与监督，完善预报系统建设，不断提高天气预报准确率。

2. 气象预报有哪些法律属性？

气象预报是使用现代科学技术对未来某一地点地球大气层的状态进行预测，主要内容是一个地区或城市未来一段时期内的阴晴雨雪、最高最低气温、风向和风力及特殊的灾害性天气。就中国而言，气象台准确预报寒潮、台风、暴雨等自然灾害出现的位置和强度，直接为工农业生产和群众生活服务。结合气象预报的特点，从法理角度分析，笔者认为，气象预报具有以下法律属性。

（1）独创性

我国规定对公众气象预报和灾害性天气警报实行统一发布制度，由各级气象主管机构所属的气象台站应当按照职责向社会发布公众气象预报和灾害性天气警报，并根据天气变化情况及时补充或者订正。其他任何组织或者个人不得向社会发布公众气象预报和灾害性天气警报。媒体不应以任何形式转播、转载其他来源的气象预报。媒体刊播气象预报，必须使用当地气象主管机构所属气象台站提供的实时气象预报，并注明发布台站的名称和发布时间。可见，气象预报属于气象科技成果，制作和发布单位对其享有所有权,受《著作权法》等有关法律、法规保护,享有独创性。该问题我国学者有不同的观点,有学者认为气象预报属于权利人的一种财产,不具有独创性,从而不受知识产权法的保护。也有学者认为气象预报属于著作权范围,具有独创性,应受知识产权法的保护。未经发布气象预报台站的同意,媒体不得更改气象预报的内容。

(2)准确性

当下公众的工作生活都与天气预报息息相关,天气的准确预报,关系到公众的衣食住行,农业栽培收割,交通行驶安全,影响国家大型活动以及军事活动,乃至国家经济建设发展。虽然气象技术仍难以保障气象预报的绝对准确性,但是准确率随着探测技术等科学信息技术的发展逐渐提高。如果天气准确性难以保障,将降低气象灾害的预防能力,对国家、人民的财产及人身安全造成极大的损害。

(3)无偿性

根据《气象法》的规定,气象事业是经济建设、国防建设、社会发展和人民生活的基础性公益事业,气象工作应当把公益性气象服务放在首位。气象台站在确保公益性气象无偿服务的前提下,可以依法开展气象有偿服务。

3.应如何规范气象预报传播?

发展气象事业,不仅要增强气象预报的准确性,更重要的是如何更准确及时地为公众进行气象预报,减少不当的气象预报传播行为,因此规范气象预报传播主要体现在以下几个方面。

第一,完善立法,严格执法

首先,《气象法》应制定完善国家对公众气象预报和灾害性天气警报实行统一发布制度,要求各级气象主管机构所属的气象台站应当按照职责向社会发布公众气象预报和灾害性天气警报,并根据天气变化情况及时补充或者订正。其他任何组织或者个人不得向社会发布公众气象预报和灾害性天气警报。其次,国务院应制定《气象预报管理条例》对气象预报进行专项政策条例规范;第三,国务院气象主管机构应制定《气象预报制作资质管理办法》《气象预报员资格管理办法》《气象预报员资格考试管理办法》《气象预报制作管理办法》《气象预报技术标准》《气象预报发布管理办法》《广播电视播发气象预报管理办法》《通信网络传播气象预报管理办法》《报纸报刊传播气象预报管理办法》《气象预报标识标准》等管理办法;第四,省、自治区、直辖市人大应制定地方性法规,规范管理气象预报。

第二,加强各部门之间的联系,共同治理非法气象预报传播行为

各地区、各有关部门要高度重视气象工作,依据合理布局、有效利用的原则,进行相关检查,接收举报非法传播气象预报行为的相关部门要严格执法,实地调查取证的

行政人员要认真负责。相关媒体单位、网络信息传播产品以及其他信息传播主体必须严格守法，并及时与气象部门进行沟通，以获得真实、准确的气象预报信息。因此，需各相关部门之间的联系和配合，遵循法律程序和法律原则，共同治理非法气象预报传播行为。

第三，加强对公众宣传教育，认知非法传播气象预报信息的危害性

公众的工作生活都与天气预报息息相关，天气状况准确地预报，关系到公众的衣食住行。非法传播气象预报，难以保障天气预报的准确性，特别是对气象灾害的错误预报，或者虚假信息传播十分容易引起民众恐慌，对人民财产安全造成巨大损失。因此，相关气象主管部门需要对公众加大关于规范气象预报传播合法性的重要性的宣传，认知非法传播气象预报信息的危害性，从源头上减少非法不真实气象预报信息行为的发布与传播。

案例三：D市某网络公司跨地区非法传播气象信息案

【案情简介】2006年6月，D市气象局接到群众举报，称D市某网络公司在J市通过信息平台使用手机非法传播气象预报。因该违法行为发生地在J市，D市气象局依法向J市气象局移送案件。J市气象局依法对该案进行了查处。

2006年6月14日，D市气象局向J市气象局办理了案件移送手续，移交了在D市接到的举报信以及取得的部分证据。J市气象局根据D市气象局前期调查取证情况，针对此案件的特殊性，派出执法人员展开了多次的调查，掌握了该公司在J市的具体情况。

【处理结果】2006年6月20日，经调查询问，该公司承认了在公司的生活参考业务中提供了部分天气指数。市气象局执法人员对该公司下达了《责令停止违法通知书》，并限期改正。通过对《气象法》《气象预报发布与刊播管理办法》有关内容的耐心宣传教育，该公司认识到了自己的错误，纠正了自己的做法。J市气象局决定免于行政处罚。

本案涉及到行政处罚的管辖和适用的相关规定。本案中的违法行为人虽然地处D市，但其实施违法行为的发生地却在J市。因此，D市气象局在接到群众举报该违法行为时及时将案件移送J市气象局。同时，根据处罚与教育相结合的原则，J市气象局通过实施宣传教育使违法行为人认识其行为的违法性并及时纠正，达到了较好的执法效果。

【法条链接及法理分析】

我国对于公众气象预报和灾害性天气警报实行统一发布制度，未经气象主管机

构许可,不得非法发布和非法传播。在现实生活中,气象预报往往存在异地违法行为,需要确定气象行政执法和气象行政处罚管辖权。

《气象法》第五条规定:“国务院气象主管机构负责全国的气象工作。地方各级气象主管机构在上级气象主管机构和本级人民政府的领导下,负责本行政区域内的气象工作。国务院其他有关部门和省、自治区、直辖市人民政府其他有关部门所属的气象台站,应当接受同级气象主管机构对其气象工作的指导、监督和行业管理。”根据该规定,我国气象管理体制是:国务院气象主管机构负责全国的气象工作;地方各级气象主管机构在上级气象主管机构和本级人民政府的领导下,负责本行政区域内的气象工作。根据《中华人民共和国行政处罚法》的规定,行政处罚管辖由违法行为发生地的县级以上地方人民政府具有行政处罚权的行政机关管辖。法律、行政法规另有规定的除外。对管辖发生争议的,报请共同的上一级行政机关指定管辖。根据《气象行政处罚办法》的规定,气象行政处罚管辖由各级气象主管机构管辖本行政区域内的气象行政处罚案件。气象行政处罚一般由违法行为发生地的气象主管机构管辖。

两个以上气象主管机构都有管辖权的行政处罚案件,由最先立案的气象主管机构管辖。对气象行政处罚案件的管辖权发生争议时,争议双方应当报请共同的上一级气象主管机构指定管辖。下级气象主管机构对其管辖范围内的行政处罚案件实施处罚有困难的,可以报请上级气象主管机构指定管辖。对超出管辖范围或者法律、法规规定不属于气象主管机构主管的案件,应当将案件移送有管辖权的单位或者部门,并按照规定填写案件移送书。因此,我国气象行政处罚管辖,国务院气象主管机构负责全国气象行政处罚,地方各级气象主管机构在上级气象主管机构和本级人民政府的领导下,负责本行政区域内的气象行政处罚。

根据法律规定,行政管辖分地域管辖、指定管辖、级别管辖、移送管辖等。

地域管辖,也称区域管辖或属地管辖,是指同级人民政府之间横向划分与其所属部门(含其他有处罚权的机关或组织)在各管辖区内实施行政处罚的权限分工。简言之,就是行政处罚由违法行为发生地的行政机关管辖。违法行为地包括违法行为着手地、经过地、实施(发生)地和危害结果发生地。受处罚行为的核心要件是违法。违法行为发现地的行政机关都有管辖权,一般应由最先发现违法行为的行政机关管辖。从行政处罚的目的来看,行政处罚是以行为事实的发生为依据的。行政处罚的目的是实现行政管理秩序,即对被破坏了的社会关系、过程、财产等迅速予以恢复,对良好的予以维持并加以促进,使其发展。这些都必须通过对违法行为实施制裁或评价,对合法行为予以保护、鼓励来实现。从受处罚行为的性质来看,行政处罚的管辖应以行为发生地为依据。

指定管辖,指定管辖实际上也是赋予行政机关在处罚管辖上一定的自由裁量权,以适应各种错综复杂的处罚情况。

“管辖发生争议”是指两个以上的行政机关在实施某一处罚上，发生互相推诿或者互相争夺管辖权，经各方协商达不成协商一致等情况。凡是通过双方努力能够解决的争议，争议各方就应该积极努力加以解决。如果因某些原因协商不成的，就应当报请共同的上一级行政机关，由上一级行政机关指定一个行政机关管辖。共同上一级行政机关，因发生争议各方的关系不同而不同。第一，如果争议各方是同一政府所属的两个以上行政机关，那么，行使指定管辖权的机关就是本级人民政府。第二，如果争议各方是不同级政府所属的两个以上行政机关，那么行使指定管辖权的机关就是争议各方中级别最高的行政机关所属的人民政府。第三，如果争议各方是两个以上人民政府，那么行使指定管辖权的机关就是这些政府的共同上一级人民政府。另外，需要说明的是，上级行政机关指定下一级行政机关对某一处罚行使管辖权，是一种具有法律效力的行政行为。因此，上级机关行使指定权时，要依法作出决定，制作指定决定书。

结合本案例分析，违法行为人通过J市气象局的宣传教育，认识其行为的违法性并及时纠正，从而免于行政处罚。根据《行政处罚法》的规定，主动消除或者减轻违法行为危害后果的；受他人胁迫有违法行为的；配合行政机关查处违法行为有立功表现的，当事人应当依法从轻或者减轻行政处罚。如果违法行为轻微并及时纠正，没有造成危害后果的，不予行政处罚。从轻处罚是指在法定处罚范围内对当事人适用较轻的处罚或者较少的罚款。减轻处罚是指在法定处罚范围内对当事人适用较轻处罚种类。不予处罚是指对当事人有违法行为，但免除其行政处罚。从轻、减轻或者不予行政处罚的规定，实际上是赋予行政机关一定自由裁量的权力，便于行政机关灵活地运用自己的权力。自由裁量权是法律赋予行政机关根据具体情况，自行决定实施的一种权力。行政机关在具体运用这一权力时，必须遵循行政处罚的公正原则以及行政处罚与违法行为相适应原则。行政处罚与违法行为相适应原则，就是指行政处罚必须与当事人的违法行为的事实、性质、情节及社会危害程度相适应，轻重有度。

《气象行政处罚办法》规定，国务院气象主管机构负责指导、监督和管理全国的气象行政处罚工作。地方各级气象主管机构在上一级气象主管机构和本级人民政府的领导下，指导、监督和管理本行政区域内的气象行政处罚工作。地（市）级以上气象主管机构负责法制工作的机构（以下简称气象法制机构）对本行政区域内的气象行政处罚工作实施归口管理。下级气象主管机构对其管辖范围内的行政处罚案件实施处罚有困难的，可以报请上级气象主管机构指定管辖。我国气象行政处罚执法实行归口管理原则，由当地气象主管部门管理本行政区划内的气象行政处罚执法事项，并受上一级气象主管机构的指导、监督和管理。各级气象主管机构管辖本行政区域内的气象行政处罚案件。气象行政处罚一般由违法行为发生地的气象主管机构管辖。但是,特殊类型由特别规定的气象主管机构管辖。本案中违法行为人虽在D市,但是其违法行为发生地却在J市,根据地域管辖原则,由违法行为发生地J市气象局管辖。因此,对于不受本市管辖的案件,D市对此案移送至J市气象局进行管辖。

行政法意义上的移送管辖是指地方行政机关受理某一案件后,发现对该案无管辖权,为保证该案件的审理,依照法律相关规定,将该案件移送给有管辖权的行政机关。移送管辖是对管辖发生错误所采用的一种纠正措施。移送管辖通常发生在同级行政机关之间,但也不排除在上、下级行政机关之间移送。

如果存在多个违法行为发生地的行政处罚执法案件,即两个以上气象主管机构都有管辖权的行政处罚案件,则由最先立案的气象主管机构管辖。如果对气象行政处罚案件的管辖权发生争议时,争议双方应当报请共同的上一级气象主管机构指定管辖。

本案中,D市某网络公司在J市通过信息平台使用手机非法传播气象预报。从案件具体情况看,无法知晓该移动公司是否为气象信息服务单位。但是无论是否是气象服务单位,依照法律规定除各级气象主管机构所属的气象台站,其他组织单位和个人都不得非法向社会发布传播气象预报和灾害性天气警报。只能对气象预报信息进行转播和刊登,且必须使用气象主管机构所属的气象台站提供的适时气象信息,并标明发布时间和气象台站的名称。本案中的该移动公司在J市非法传播气象预报的行为,与《气象法》第三十八条"非法向社会发布公众气象预报、灾害性天气警报的"违法行为相一致,由有关气象主管机构按照权限责令改正,给予警告,可以并处五万元以下的罚款。但D市气象局针对移动公司通过手机非法传播气象信息的行为,认识到本案的特殊性,违法行为人虽然在D市,但其实施违法行为的发生地却在J市。因此,根据《气象行政处罚办法》第十一条规定,气象行政处罚一般由违法行为发生地的气象主管机构管辖。D市气象局在接到群众举报该违法行为时及时将案件移送J市气象局。J市气象局通过实施宣传教育使违法行为人认识其行为的违法性并及时纠正,虽然并未对其进行处罚,但仍达到了良好的执法效果。

【问题】

1. 网络信息时代,如何规范气象预报传播?

网络传播有其快捷性、迅速性等特点。气象预报信息的不准确预报,容易引起社会治安的混乱与公众的恐慌。因此网络信息时代,规范气象预报传播,需做好以下几点。

第一,完善网络传播立法。从制度上建立健全有关部门对网络气象预报传播的监督管理,对网络非法传播气象预报和灾害类天气预报的违法行为进行行政执法规定。只有做到有法可依,才能更好地规范网络气象预报传播。随着社会的经济和技术发展,以新的途径和新的手段非法播发天气预报的现象层出不穷,例如互联网、微信公众号自媒体、微博等渠道进行非法传播气象预报,十分容易引起爆炸性转发与关注,因此,需要完善该方面的立法。

第二,加强网络监督管理。与网络管理等相关部门增强联系,加强对网站平台、微信微博等网络媒体非法传播气象预报信息的监管,管理各级气象台站的网络发布平台。鼓励公众积极参与规范气象预报信息的行动,举报非法传播的单位和个人。对气象主管部门气象台站通过网站等文本渠道发布的气象预报信息,添加禁止复制转载的网络功能,对非法复制的网络站点进行追踪。

第三,治理非法传播。加强网络个人信息实名制,对向公众非法传播气象预报信息或者虚假信息,夸大或虚构灾害类天气预报的行为加大处罚力度。提高网络技术,清理非法可疑气象信息服务单位,营造良好的网络氛围。

第四,网络宣传教育。加强网络宣传,从思想上杜绝非法向社会发布公众气象预报和灾害性天气警报的意识。对公众进行广泛宣传,使公众认识到当下的工作生活都与天气预报息息相关,天气的准确预报,关系到公众的衣食住行,农业、工业、交通业等的发展,对相关部门,例如报社,杂志社、电视台等面向公众的媒体部门进行针对性宣传,不得在未经有关气象部门同意或者未标明发布台站名称和发布时间的情况下,擅自在其网络平台里发布气象预报信息。认知非法传播气象预报信息的严重性,从源头上减少非法传播气象预报信息的违法行为。

2.什么是气象行政执法管辖?具体有哪些法律规定?

法律上的管辖是指司法、执法主体行使权力的范围和界限。就法律规定而言,管辖是指不同种类和层级的国家机关在执行法律和受理案件方面的权限分工及范围。这里涉及到两个方面的问题,一是国家机关内部同一职能的不同层级、不同地区的机关之间在执行法律或受理案件方面的分工,主要是解决层级权限和区域范围问题。二是不同的国家机关之间执法和受理案件的权限和范围的划分,主要是解决不同性质或职能部门间的分工问题。

气象行政执法管辖,是指国家各级气象主管机构对气象行政执法权限和职责范围的划分。由此,气象行政执法管辖的种类,大致可划分为级别管辖和地域管辖两大类,级别管辖,还包括授权管辖。具体的管辖方式还有指定管辖和移送管辖。

气象行政执法中的级别管辖,是指对同一性质的管辖权的气象行政系统中不同层级的气象行政主管机构之间的划分。在级别管辖中,基于下级服从上级的原则,上级气象主管机构可以将原本属于自己管辖的事项指派给下级气象主管机构,或者委托给一定的本无行政执法权的组织机构去管辖。也即授权管辖。授权管辖有两种：一是上级气象主管机构把本属于自己管辖的事项指派给下级气象行政主管机构管辖；二是有权机关把本属于自己管辖的事项委托给没有管辖权的组织机构。

除了国务院气象主管机构在全国范围内行使管辖权而不受地域限制外，所有地方气象主管机构都只能管辖本气象行政区域内的事务。行政区域是气象主管机构行政管辖的地域限制，也是划分地域管辖的首要依据。划分地域管辖，一般地说，就是要明确同一级别的气象主管机构行政管辖主体合法行使管辖权的地域界限。在具体划分地域管辖时，必须坚持以法定职权为主的原则和属地原则。一般来说，一级政府及其所属部门的行政执法管辖范围，是与其级别、地位以及法定权限相一致的。《中华人民共和国行政处罚法》第十五条规定："行政处罚由有行政处罚权的行政机关在法定职权范围内实施"。因此，在行政处罚以外的执法，也必须遵循法定职权范围的原则。国家机关的法定职权范围大体上包括职权的性质或种类范围，行使职权的时间范围和行使职权的空间范围三个方面。其中法定职权的空间范围对地域管辖的范围具有决定性的意义。

根据《气象法》《行政处罚法》和《气象行政处罚管理办法》的规定，气象行政执法管辖的情形主要有以下几个方面。

第一，国务院气象主管机构负责全国的气象工作。地方各级气象主管机构在上级气象主管机构和本级人民政府的领导下，负责本行政区域内的气象工作。国务院其他有关部门和省、自治区、直辖市人民政府其他有关部门所属的气象台站，应当接受同级气象主管机构对其气象工作的指导、监督和行业管理。

第二，行政处罚由违法行为发生地的县级以上地方人民政府具有行政处罚权的行政机关管辖。法律、行政法规另有规定的除外。"对管辖发生争议的，报请共同的上一级行政机关指定管辖。""违法行为构成犯罪的，行政机关必须将案件移送司法机关，依法追究刑事责任。"

第三，各级气象主管机构实施气象行政处罚，应当以法律、法规和规章为依据，并依照法定的程序实施。各级气象主管机构应当加强对气象行政执法人员的管理和培训，以提高气象行政执法水平。国务院气象主管机构负责指导、监督和管理全国的气象行政处罚工作。地方各级气象主管机构在上一级气象主管机构和本级人民政府的领导下，指导、监督和管理本行政区域内的气象行政处罚工作。地(市)级以上气象主管机构负责法制工作的机构(以下简称气象法制机构)对本行政区域内的气象行政处罚工作实施归口管理。下级气象主管机构对其管辖范围内的行政处罚案件实施处罚有困难的，可以报请上级气象主管机构指定管辖。各级气象主管机构管辖本行政区域内的气象行政处罚案件。气象行政处罚一般由违法行为发生地的气象主管机构管辖。下列气象行政处罚案件，由本条规定的气象主管机构管辖：一是对违反《气象法》规定，从事大气环境影响评价的单位进行工程建设项目大气环境影响评价时，使用的气象资料不是气象主管机构提供或者未经其审查的行政处罚，由建设工程所在地的气象主管机构管辖；二是对外国组织或者个人在中华人民共和国领域及其管辖的其他海域单独或者与中华人民共和国有关组织、个人合作从事气象活动违法行为的行政处罚，由该违法行为所在地的地（市）级以上气象主管机构管辖。两个以上气象主管机构都有管辖权的行政处罚案件，由最先立案的气象主管机构管辖。对气象行政处罚案件的管辖权发生争议时，争议双方应当报请共同的上一级气象主管机构指定管辖。对超出管辖范围或者法律、法规规定不属于气象主管机构主管的案件，应当将案件移送有管辖权的单位或者部门，并按照规定填写案件移送书。

第四章　雷电灾害防护装置

雷电灾害防护是保护建筑物、电力系统及其他一些装置和设施免遭雷电损害的技术措施，其目的是为了防止雷电影响所采取的各种防护手段。因为雷电对架在空中的通信线路和埋在地下的通信线缆均会造成严重的影响，必须采取相应措施。各类建(构)筑物、场所和设施安装雷电防护装置应当符合国家有关防雷标准的规定。因此，法律规定新建、改建、扩建建(构)筑物、场所和设施的雷电防护装置应当与主体工程同时设计、同时施工、同时投入使用。未经设计审核或者设计审核不合格的，不得施工；未经竣工验收或者竣工验收不合格的，不得交付使用。房屋建筑、市政基础设施、公路、水路、铁路、民航、水利、电力、核电、通信等建设工程的主管部门，负责相应领域内建设工程的防雷管理。

案例一：F市某钢瓶检验检测有限公司拒绝安装防雷装置案

【案情简介】2015年5月18日，由县安监局牵头组织县消防大队、县技术监督局、气象局等三部门，对F市某钢瓶检验检测有限公司进行联合执法安全检查，其中，县气象局在现场查看该车间一钢结构简易建筑物时，发现该建筑物无防雷装置，检测设备也无安全接地，检测车间建筑物设计无防雷装置设计，在一定程度上存在雷击事故安全隐患。气象局于2015年5月21日，对其下达了告知函，告知F市某钢瓶检验检测有限公司，在二个月之内完善防雷装置安全措施，但当事单位一直没有安装防雷安全装置。

【处理结果】2015年7月25日和29日，气象局分别送达《责令改正违法行为通知书》和《行政处罚告知书》后，由于该公司认识到自己的违法行为和严重性，并主动到气象局承认了自己的违法行为，之后能够在很短的时间里，落实完成了防雷装置的相关工作，并经雷电分中心验收，该公司的防雷装置已符合规范要求。

【法条链接及法理分析】

信息时代的今天，电脑网络和通讯设备越来越精密，其对工作环境的要求也越来越高，而雷电对大型电气设备的瞬间过电压造成巨大的危害性，通过电源、天线、无线电信号收发设备等线路侵害室内电气设备和网络设备，造成设备或元器件损坏、人员伤亡、传输或储存的数据受到干扰或丢失，甚至使电子设备产生错误动作或瘫痪、系统停顿、数据传输中断，局域网乃至广域网遭到破坏。其危害程度很大，间接损失一般远远大于直接经济损失。防雷设备就是通过现代电学以及其它技术来防止被雷击中的设施。但是因为防雷设施也属于易损耗设备，需要日常的保养与维护，对存在脱焊、松动和锈蚀等情况，应及时处理与修复，否则将会不利于对电气设备和网络设备的保护，造成设备或元器件损坏，乃至人员伤亡。

第一，根据《气象法》的规定，各级气象主管机构应当加强对雷电灾害防御工作的组织管理，并会同有关部门指导对可能遭受雷击的建筑物、构筑物和其他设施安装的雷电灾害防护装置的检测工作。安装的雷电灾害防护装置应当符合国务院气象主管机构规定的使用要求。可以看出，各级气象主管机构在雷电灾害防御工作中负有组织管理的职责。雷电灾害是“国际减灾十年”公布的最严重的十种自然灾害之一。我国是世界上雷电灾害危害性最为严重的国家之一，近年来，随着社会经济的发展，特别是城市经济的发展，各种现代化通信网络、计算机信息网络、办公自动化系统的建立，雷电灾害的频繁发生给国家造成的经济损失越来越大，雷电灾害在我国已成为破坏性日趋严重的气象灾害之一，雷电灾害防御工作已引起各级人民政府和广大人民群众的高度重视。根据《气象法》的规定，雷电灾害预防管理是对全社会防雷减灾活动各个方面的规范性管理，主要包括组织制定防雷减灾方面的管理法规；制定全国防雷减灾规划、计划；组织建立全国雷电监测网等的监督管理。为了保证雷电灾害防护装置检测工作的顺利进行，《气象法》规定要求气象主管机构会同有关部门指导对可能遭受雷击的建筑物、构筑物和其他设施安装的雷电灾害防护装置的检测工作。另外，根据安装的雷电灾害防护装置应当符合国务院气象主管机构规定的使用要求。由于防雷产品尚无统一的国家标准，也没有国家级的产品质量检测、测试中心，防雷产品市场较为混乱，产品质量参差不齐，无序竞争严重，存在大量假冒伪劣防雷产品，给国家和人民的生命安全带来极大危害。因此，根据法律规定，安装的雷电灾害防护装置应当符合国务院气象主管机构规定的使用要求。

第二，根据《防雷减灾管理办法》的规定，国务院气象主管机构负责组织管理和指导全国防雷减灾工作。地方各级气象主管机构在上级气象主管机构和本级人民政府的领导下，负责组织管理本行政区域内的防雷减灾工作。国务院其他有关部门和地方各级人民政府其他有关部门应当按照职责做好本部门和本单位的防雷减灾工作，并接受同级气象主管机构的监督管理。因此，国务院气象主管机构应当组织有关部门按照合理布局、信息共享、有效利用的原则，规划全国雷电监测网，避免重复建设。地方各级气象主管机构应当组织本行政区域内的雷电监测网建设，以防御雷电灾害；加强雷电灾害预警系统的建设工作，提高雷电灾害预警和防雷减灾服务能力。同时

《防雷减灾管理办法》规定，县级以上地方气象主管机构负责本行政区域内的防雷装置的设计审核。因此，我国防雷装置的设计实行审核制度，负责审核的部门为本行政区域内的县级以上地方气象主管机构。符合防雷设计要求的，由负责审核的气象主管机构出具核准文件；不符合要求的，负责审核的气象主管机构提出整改要求，退回申请单位修改后重新申请设计审核。未经审核或者未取得核准文件的设计方案，不得交付施工。

第三，根据《气象灾害防御条例》（以下简称《条例》）的规定，各类建（构）筑物、场所和设施安装雷电防护装置应当符合国家有关防雷标准的规定。新建、改建、扩建建（构）筑物、场所和设施的雷电防护装置应当与主体工程同时设计、同时施工、同时投入使用。新建、改建、扩建建设工程雷电防护装置的设计、施工，可以由取得相应建设、公路、水路、铁路、民航、水利、电力、核电、通信等专业工程设计、施工资质的单位承担。油库、气库、弹药库、化学品仓库和烟花爆竹、石化等易燃易爆建设工程和场所，雷电易发区内的矿区、旅游景点或者投入使用的建（构）筑物、设施等需要单独安装雷电防护装置的场所，以及雷电风险高且没有防雷标准规范、需要进行特殊论证的大型项目，其雷电防护装置的设计审核和竣工验收由县级以上地方气象主管机构负责。未经设计审核或者设计审核不合格的，不得施工；未经竣工验收或者竣工验收不合格的，不得交付使用。房屋建筑、市政基础设施、公路、水路、铁路、民航、水利、电力、核电、通信等建设工程的主管部门，负责相应领域内建设工程的防雷管理。因此，可以看出，各类建（构）筑物、场所和设施安装雷电防护装置应当符合国家有关防雷标准的规定，即建筑物防雷设计规范。雷电防护装置的设计审核和竣工验收由县级以上地方气象主管机构负责。未经设计审核或者设计审核不合格的，不得施工；未经竣工验收或者竣工验收不合格的，不得交付使用。因此本案中行政相对人作为钢瓶检验检测有限公司，属于易燃易爆建设工程和场所。但是其工作车间仅仅只是钢结构简易建筑物，无防雷装置，检测设备也无安全接地，检测车间建筑物设计无防雷装置设计，在一定程度上存在雷击事故安全隐患，存在违法行为。

另外，根据《条例》的规定从事雷电防护装置检测的单位应当具备一定的条件，并且要取得国务院气象主管机构或者省、自治区、直辖市气象主管机构颁发的资质证其基本条件。从事电力、通信雷电防护装置检测的单位的资质证由国务院气象主管机构和国务院电力或者国务院通信主管部门共同颁发。因此，防雷资质及从事防雷业务在法律上有严格的规定，如果违反法律规定，由县级以上气象主管机构或者其他有关部门按照权限责令停止违法行为，处五万元以上十万元以下的罚款；有违法所得的，没收违法所得；给他人造成损失的，依法承担赔偿责任。这些违法行为主要在雷电防护装置设计、施工、检测中弄虚作假的；违反本《条例》第二十三条第三款的规定，雷电防护装置未经设计审核或者设计审核不合格施工的，未经竣工验收或者竣工验收不合格交付使用的。基于法律的相关规定，本案涉及的违法行为气象主管机构可以依法进行处罚。同时根据《防雷减灾管理办法》规定，县级以上地方气象主管机构负责本行政区域内的防雷装置的竣工验收。我国实行防雷装置竣工验收制度。负责审核竣工验收的部门为本行政区域内的县级以上地方各级气象主管机构。负责验收的气象主管机构接到申请后，应当根据具有相应资质的防雷装置检测机构出具的检测报告进行核实。符合要求的，由气象主管机构出具验收文件。不符合要求的，负责验收的气象主管机构提出整改要求，申请单位整改后重新申请竣工验收。未取得验收合格文件的防雷装置，不得投入使用。

第四，根据《气象行政许可实施办法》的规定，我国相关法律规定，防雷装置设计、审核等实行行政许可制度。建设项目大气环境影响评价使用气象资料审查，防雷装置设计审核，防雷装置竣工验收，升放无人驾驶自由气球或者系留气球单位资质认定，升放无人驾驶自由气球或者系留气球活动审批等气象行政许可项目的审批权限，由省、自治区、直辖市气象主管机构确定。说明我国防雷装置设计审核和防雷装置竣工验收的气象行政许可项目的审批权限，由省、自治区、直辖市气象主管机构确定。

行政许可事项与公民、法人和其他组织的权利密切相关。因此，对行政许可的设定事项必须作出严格的法律规定，这样不仅可以为确立许可事项提供依据，也为今后立法设定行政许可提供可资评判的依据和标准，这是气象法治进步的标志。根据《中华人民共和国行政许可法》(以下简称《行政许可法》)的规定，可以在六个方面设定行政许可：一是直接涉及国家安全、公共安全、经济宏观调控、生态环境保护以及直接关系人身健康、生命财产安全等特定活动，需要按照法定条件予以批准的事项；二是有限自然资源开发利用、公共资源配置以及直接关系公共利益的特定行业的市场准入等，需要赋予特定权利的事项；三是提供公众服务并且直接关系公共利益的职业、行业，需要确定具备特殊信誉、特殊条件或者特殊技能等资格、资质的事项；四是直接关系公共安全、人身健康、生命财产安全的重要设备、设施、产品、物品，需要按照技术标准、技术规范，通过检验、检测、检疫等方式进行审定的事项；五是企业或者其他组织的设立等，需要确定主体资格的事项；六是法律、行政法规规定可以设定行政许可的其他事项。从《行政许可法》的规定，可以看出，防雷装置设计审核和防雷装置竣工验收的气象行政许可项目按照规定，属于第四项规定，即直接关系公共安全、人身健康、生命财产安全的重要设备、设施、产品、物品，需要按照技术标准、技术规范，通过检验、检测、检疫等方式进行审定的事项。对这类事项设定的行政许可是指由行政机关对某些事项是否达到特定技术标准、技术规范的判断、审核、认定，如消防验收、生猪屠宰检疫、电梯安装运行标准、水库大坝竣工验收等。在行政许可法起草过程中，这类行政许可被概括称为核准，其主要功能是为了防止危险、保障安全，其主要特征是：一是依据的主要是技术标准、技术规范，具有很强的专业性、技术性、客观性；二是一般需要根据实地检测、检验、检疫作出规定；三是没有数量限制，凡是符合技术标准、技术规范的，都要予以核准；四是行政机关实施这类许可没有自由裁量权。

第五，根据《气象行政处罚办法》的规定，在防雷设施执法检查时，必须依法执法，执法严格依照法律规定的程序进行。气象主管机构在作出行政处罚决定之前，应当填写行政处罚告知书，书面告知当事人作出行政处罚的事实、理由、依据以及当事人依法享有的权利。当事人收到行政处罚告知书之日起 3 日内可以提出书面陈述、申辩意见。逾期未提出的，气象主管机构可以依法作出气象行政处罚决定，告知程序是气象行政处罚的必经程序。实施气象行政处罚，无论是适用简易程序，还是适用一般程序，如果未依法履行告知程序即作出气象行政处罚的决定，就违反了法律规定。行政机关履行告知义务，必须是在作出行政处罚决定之前，这是保障当事人享有的告知权利的需要。告知的内容应当包括：告知当事人其违法事实、对其给予气象行政处罚的理由和所依据的法律、法规；告知当事人其依法享有的陈述、申辩、申请复议、提起诉讼、请求行政赔偿等权利。

本案中，F 市气象局于 2015 年 5 月 21 日，对行政相对人下达了告知函，告知 F 市某钢瓶检验检测有限公司，在二个月之内完善防雷装置安全措施，但当事人单位一直也没有按规定安装防雷安全装置。2015 年 7 月 25 和 29 日，气象局分别送达《责令改正违反行为通知书》和《行政处罚告知书》。F 市某钢瓶检验检测有限公司收到行政处罚告知书在法定日期（即 3 日）内未提出书面陈述、申辩意见，气象主管机构依法作出气象行政处罚决定。根据相关法律规定，防雷装置安装、使用、设计等违反法律规定的，由县级以上气象主管机构按照权限责令改正，给予警告，可以处 1 万元以上 3 万元以下罚款；给他人造成损失的，依法承担赔偿责任；构成犯罪的，依法追究刑事责任。主要有以下几种情形：一是应当安装防雷装置而拒不安装的；二是使用不符合使用要求的防雷装置或者产品的；三是已有防雷装置，拒绝进行检测或者经检测不合格又拒不整改的；四是对重大雷电灾害事故隐瞒不报的。气象局告知 F 市某钢瓶检验检测有限公司在二个月之内完善防雷装置安全措施，但仍未安装防雷安全装置，其行为严重违反了《防雷减灾管理办法》的规定。在气象局分别送达《责令改正违反行为通知书》和《行政处罚告知书》后，该公司及时认识到自己的违法行为和严重性，并主动到气象局承认自己的违法行为，落实完成防雷装置安装的相关工作。

【问题】

1. 什么是防雷保护装置？它有什么作用？

防雷保护装置是指由避雷线、避雷针、保护间隙、各种避雷器、防雷接地、电抗线圈、电容器组、消弧线圈、自动重合闸等组成的装置。根据我国《防雷减灾管理办法》规定的内容看，防雷保护装置是指接闪器、引下线、接地装置、电涌保护器及其连接导体等构成的，用以防御雷电灾害的设施或者系统。

防雷保护装置包括电气设备的防雷和建(构)筑物的防雷两大内容。

电气设备的防雷主要包括发电厂、变(配)电所和架空电力线路的防雷；建(构)筑物的防雷则分工业和民用两大类，它们按危险程度和设施的重要性，又可分为不同的类型。避雷针、避雷线、避雷网、避雷带及避雷器都是经常采用的防雷装置，属于避雷接闪器。避雷针主要用来保护露天变(配)电设备及保护建(构)筑物；避雷线主要用来保护输电线路；避雷网和避雷带主要用来保护建(构)筑物；避雷器则主要用来保护电力设备，它属一种专用的防雷设备。除避雷器外，它们都是利用其高出被保护物的突出地位，把雷电流引向自身，然后通过引下线和接地装置把雷电流泄入大地，使被保护物免受雷击。

2.防雷防护检测应具备哪些条件?

根据《雷电防护装置检测资质管理办法》的规定，申请防雷装置检测资质的单位应当具备以下基本条件:第一，单位具有独立法人资格；第二，单位需具有满足防雷装置检测业务需要的经营场所；第三，作为检测主体的防雷装置检测工作的单位人员应当取得《防雷装置检测资格证》，并在其从业单位参加社会保险；取得《防雷装置检测资格证》的人员中，应当有一定数量的与防雷、建筑、电子、电气、气象、通信、电力、计算机相关专业的高、中级专业技术人员；第四，单位需具有防雷装置检测质量管理体系，并有健全的技术、档案和安全管理制度；第五，单位需具有与所申请资质等级相适应的防雷装置检测能力和良好信誉；第六，用于防雷装置检测的专用仪器设备应当经法定计量检定机构检定或校准，并在有效期内。

若申请甲级资质单位，根据《雷电防护装置检测资质管理办法》还应当同时符合以下条件:第一，具有与承担业务相适应的防雷装置检测专业技术人员，其中具有高级技术职称的不少于二名，具有中级技术职称的不少于六名；技术负责人应当具有高级技术职称，从事防雷装置检测工作五年以上，并具备相应资质等级要求的防雷装置检测专业知识和能力；第二，近三年内开展的防雷装置检测项目不少于三百个，且未因检测质量问题引发事故；防雷装置检测项目通过省级气象主管机构组织的质量考核合格率达百分之九十以上；第三，具有满足相应技术标准的专业设备；第四，取得乙级资质三年以上。

申请乙级资质的单位除了基本条件外，还应当同时符合以下条件:第一，具有与承担业务相适应的防雷装置检测专业技术人员，其中具有高级技术职称的不少于一名,具有中级技术职称的不少于三名;技术负责人应当具有高级技术职称,从事防雷装置检测等工作三年以上,并具备相应资质等级要求的防雷装置检测专业知识和能力;第二,具有满足相应技术标准的专业设备,包含激光测距仪、测厚仪、经纬仪、拉力计、可燃气体测试仪、接地电阻测试仪、大地网测试仪、土壤电阻率测试仪、等电位测试仪、环路电阻测试仪、防雷元件测试仪、绝缘电阻测试仪、表面阻抗测试仪、静电电位测试仪、数字万用表、防爆对讲机、标准电阻、钢卷尺、游标卡尺等十九项。

3.防雷装置设计审核申请应符合哪些条件?

我国《防雷装置设计审核和竣工验收规定》规定防雷装置设计实行审核制度,要求建设单位应当向气象主管机构提出申请,填写《防雷装置设计审核申报表》。

第一,申请防雷装置初步设计审核应当提交以下材料:《防雷装置设计审核申请书》;总规划平面图;设计单位和人员的资质证和资格证书的复印件;防雷装置初步设计说明书、初步设计图纸及相关资料;同时如果需要进行雷电灾害风险评估的项目,应当提交雷电灾害风险评估报告。

第二,气象主管机构要求防雷装置设计审核申请符合以下条件:设计单位和人员取得国家规定的资质、资格;申请单位提交的申请材料齐全且符合法定形式;需要进行雷电灾害风险评估的项目,提交了雷电灾害风险评估报告。若防雷装置设计审核申请材料不齐全或者不符合法定形式的,气象主管机构应当在收到申请材料之日起五个工作日内一次告知申请单位需要补正的全部内容,并出具《防雷装置设计审核资料补正通知》。逾期不告知的,收到申请材料之日起即视为受理。气象主管机构应当在收到全部申请材料之日起五个工作日内,按照相关法律法规规定的受理条件做出受理或者不予受理的书面决定,并对决定受理的申请出具《防雷装置设计审核受理回执》。对不予受理的,应当书面说明理由。

气象主管机构防雷装置设计审核内容主要是两个方面,一个是建设单位申请材料的合法性;另一个是防雷装置设计文件是否符合国家有关标准和国务院气象主管机构规定的使用要求。气象主管机构应当在受理之日起二十个工作日内完成审核工作。防雷装置设计文件经审核符合要求的,气象主管机构应当办结有关审核手续,颁发《防雷装置设计核准意见书》。施工单位应当按照经核准的设计图纸进行施工。在施工中需要变更和修改防雷设计的,应当按照原程序重新申请设计审核。防雷装置设计经审核不符合要求的,气象主管机构出具《防雷装置设计修改意见书》。申请单位进行设计修改后,按照原程序重新申请设计审核。

第三,我国防雷装置实行竣工验收制度,建设单位应当向气象主管机构提出申请,填写《防雷装置竣工验收申请书》。防雷装置竣工验收应当提交以下材料:《防雷装置竣工验收申请书》《防雷装置设计核准意见书》;施工单位的资质证和施工人员的资格证书的复印件;取得防雷装置检测资质的单位出具的《防雷装置检测报告》;防雷装置竣工图纸等技术资料;防雷产品出厂合格证、安装记录和符合国务院气象主管机构规定的使用要求的证明文件。

最后需要注意的是,建设单位申请新建、改建、扩建建(构)筑物设计文件审查时,应当同时申请防雷装置设计审核。新建、改建、扩建建(构)筑物竣工验收时,建设单位应当通知当地气象主管机构同时验收防雷装置。

案例二:N县港湾开发商违反防雷装置设计审核案

【案情简介】2015年5月4日,N县气象局雷电灾害防御中心工作人员前往原N县糖厂内的"星港湾"楼盘进行防雷安全检查,发现该项目五期建筑物未办理防雷装置设计审核手续就擅自开始施工建设。2015年5月5日,N县气象局行政执法人员前往现场进行现场勘验和调查询问工作,通过现场了解和调查取证,确定该公司违反防雷装置实行设计审核和制度的有关规定。

【处理结果】N县气象局依法对该房地产公司违反防雷装置设计审核一案进行查处。2015年6月13日,县气象局对该房地产开发有限公司下达了《行政处罚告知书》,6月15日县气象局对该房地产开发有限公司下达了《行政处罚决定书》。该公司在接到行政处罚决定书后,很快就到县气象局承认了错误,并在规定期限内补办了防雷装置设计审核的相关手续。2015年7月15日,该房地产开发有限公司完成了报建的全部相关手续。

【法条链接及法理分析】

根据《气象法》的规定,各级气象主管机构应当加强对雷电灾害防御工作的组织管理,并会同有关部门指导对可能遭受雷击的建筑物、构筑物和其他设施安装的雷电灾害防护装置的检测工作。安装的雷电灾害防护装置应当符合国务院气象主管机构规定的使用要求。作为世界上雷电灾害危害最为严重的国家之一,随着现代信息技术的发展,雷电灾害造成的经济损失越来越大,尽管雷电灾害防御工作得到了各级人民政府及其有关部门的高度重视,但是,仍有许多亟待解决的突出问题。为了明确职责,理顺关系,完善法制建设,强化依法管理,有效防御和减轻雷电灾害造成的损失,各级气象主管机构应当加强对雷电灾害防御工作的组织管理,这是法律赋予各级气象主管机构的权利,也是各级气象主管机构应尽的义务。此外,为了防御雷电灾害造成的损失,对可能遭受雷击的建筑物、构筑物和其他设施应按规定按照雷电灾害防护装置,对其进行定期检测。安装的雷电灾害防护装置也应当符合国务院气象主管机构规定的使用要求。

根据《气象灾害防御条例》(以下简称《条例》)的规定,雷电防护必须符合国家标准和验收条件。第一,关于安装雷电防护装置应当符合国家有关防雷标准的规定。我国地处温带和亚热带地区,雷暴活动十分频繁。严峻的雷灾形势对进一步加强防雷减灾工作提出了极为迫切的需求。为了规范防雷工作,明确规定各类建(构)筑物、场所和设施应当符合国家有关防雷标准的规定。一是各类建(构)筑物、场所和设施应当安装雷电防护装置,就是说针对防雷减灾的需要,国家法规、标准规定需要安装雷电防护装置的建(构)筑物、场所和设施,需要安装雷电防护装置;二是安装雷电防护装置必须符合国家有关防雷标准。国家防雷标准包括防雷国家标准、行业标准、地方标准和企业标准,依次遵守。第二,关于雷电防护装置的设计审核和竣工验收。雷电灾害防御的组织管理工作直接关系到公共安全和公共利益,是有效遏制重大雷击事故发生、保障人民生命财产安全的重要手段。通过行政许可的手段,最大限度地消除雷击隐患的产生,有效的遏制重大恶性雷击事故。因此,《条例》规定了雷电防护装置设计审核和竣工验收的法律制度,并根据实际工作需要和情况,分别对新建、改建、扩建建(构)筑物和其他场所、设施的雷电防护装置的设计审核和竣工验收提出了要求。一是规定了新建、改建、扩建建(构)筑物雷电防护装置的审查、验收由气象主管机构负责。根据行政许可"便民、高效"的原则,新建、改建、扩建(构)筑物雷电防护装置的设计、安装应纳入建设行政管理程序,实施联审联批。二是规定了除新建、改建、扩建(构)筑物以外的其他场所、建(构)筑物、设施等需要安装雷电防护装置,雷电防护装置的设计审核和竣工验收由县级以上地方气象主管机构负责。明确了设计审核和竣工验收的对象是雷电易发区等场所安装的雷电防护装置,或者已经投入使用的建(构)筑物、设施单独安装的雷电防护装置。这些雷电防护装置的设计审核和竣工验收由县级以上地方气象主管机构按照有关管理权限和职责统一负责。由此,可以看出本案中 N 县糖厂的建筑物未办理防雷装置设计审核手续就擅自开始施工建设的行为构成违法。

根据《防雷装置设计审核和竣工验收》的规定,防雷装置竣工验收必须依照法律规定和法定程序。首先,申请。防雷装置实行竣工验收制度,建设单位应当向气象主管机构提出申请,填写《防雷装置竣工验收申请书》。新建、改建、扩建建(构)筑物竣工验收时,建设单位应当通知当地气象主管机构同时验收防雷装置。防雷装置竣工验收应当提交《防雷装置竣工验收申请书》《防雷装置设计核准意见书》、施工单位的资质证和施工人员的资格证书的复印件、取得防雷装置检测资质的单位出具的《防雷装置检测报告》、防雷装置竣工图纸等技术资料、防雷产品出厂合格证、安装记录和符合国务院气象主管机构规定的使用要求的证明文件等材料。其次,受理。防雷装置竣工单位提供防雷装置设计取得当地气象主管机构核发的《防雷装置设计核准意见书》、施工单位和人员取得国家规定的资质和资格等材料，经审核后，气象主管部门应当受理申请单位提交的齐全且符合法定形式的申请材料，防雷装置竣工验收申请材料不齐全或者不符合法定形式的，气象主管机构应当在收到申请材料之日起五个工作日内一次告知申请单位需要补正的全部内容，并出具《防雷装置竣工验收资料补正通知》。逾期不告知的，收到申请材料之日起即视为受理。再次，决定。气象主管机构应当在收到全部申请材料之日起五个工作日内，按照《行政许可法》第三十二条的规定，根据本规定的受理条件作出受理或者不予受理的书面决定，并对决定受理的申请出具《防雷装置竣工验收受理回执》。对不予受理的，应当书面说明理由。防雷装置验收不符合要求的，气象主管机构应当出具《防雷装置整改意见书》。整改完成后，按照原程序重新申请验收。最后，验收。气象主管机构应当在受理之日起十个工作日内作出竣工验收结论。防雷装置经验收符合要求的，气象主管机构应当办结有关验收手续，出具《防雷装置验收意见书》。防雷装置竣工验收的内容主要包括：申请材料的合法性、安装的防雷装置是否符合国家有关标准和国务院气象主管机构规定的使用要求、安装的防雷装置是否按照核准的施工图施工完成。

防雷装置设计审核和竣工验收由气象主管部门进行监督和管理，申请单位不得以欺骗、贿赂等手段提出申请或者通过许可；不得涂改、伪造防雷装置设计审核和竣工验收有关材料或者文件。根据《防雷装置设计审核和竣工验收规定》的规定，对防雷装置的审核和验收提出了具体的要求。第一，县级以上地方气象主管机构应当加强对防雷装置设计审核和竣工验收的监督与检查，建立健全监督制度，履行监督责任；第二，监督检查的记录相关人员有权查阅监督检查记录。上级气象主管机构应当加强对下级气象主管机构防雷装置设计审核和竣工验收工作的监督检查，及时纠正违规行为；第三，气象主管机构进行防雷装置设计审核和竣工验收的监督检查时，不得妨碍正常的生产经营活动，不得索取或者收受任何财物和谋取其他利益；第四，单位和个人发现违法从事防雷装置设计审核和竣工验收活动时，有权向县级以上地方气象主管机构举报，县级以上地方气象主管机构应当及时核实、处理；第五，从事防雷装置设计审核和竣工验收的监督检查人员应当经过培训，经考核合格后，方可从事监督检查工作；第六，县级以上地方气象主管机构进行防雷装置设计审核和竣工验收监督检查时，有关单位和个人应当予以支持和配合，并提供工作方便，不得拒绝与阻碍依法执行公务；第八，县级以上地方气象主管机构履行监督检查职责时，有权采取相应措施，例如要求被检查的单位或者个人提供有关建筑物建设规划许可、防雷装置设计图纸等文件和资料，进行查询或者复制；要求被检查的单位或者个人就有关建筑物防雷装置的设计、安装、检测、验收和投入使用的情况作出说明；进入有关建筑物进行检查等等。

由于防雷装置的重要性，防止雷电灾害对人民群众的生命财产带来损害，我国制定了相应的法律、法规、规章进行规制。从防雷装置的管理、设计、审核，到竣工验收，以及防雷专业人员的管理培训等都有相关法律规范。依照《防雷装置设计审核和竣工验收规定》的规定，防雷管理违反法律规定的，由县级以上气象主管机构按照权限责令改正，给予警告，并可以处5万元以上10万元以下罚款；给他人造成损失的，依法承担赔偿责任。如果有下列行为之一的，一是涂改、伪造防雷装置设计审核和竣工验收有关材料或者文件的；二是向监督检查机构隐瞒有关情况、提供虚假材料或者拒绝提供反映其活动情况的真实材料的；三是防雷装置设计未经有关气象主管机构核准，擅自施工的；四是防雷装置竣工未经有关气象主管机构验收合格，擅自投入使用的，情节特别严重、构成犯罪的，依法追究刑事责任。

【问题】

1.哪些建(构)筑物、场所、设施的防雷装置应当经过设计审核和竣工验收？

根据《防雷装置设计审核和竣工验收规定》的规定，应当经过设计审核和竣工验收的防雷装置的建(构)筑物、场所和设施主要包括以下几类。

第一类防雷建筑物主要包括：凡制造、使用或贮存炸药、火药、起爆药、火工品等大量爆炸物质的建筑物，因电火花而引起爆炸，会造成巨大破坏和人身伤亡者；具有0区或10区爆炸危险环境的建筑物；具有1区爆炸危险环境的建筑物，因电火花而引起爆炸，会造成巨大破坏和人身伤亡者。

第二类防雷建筑物主要包括：国家级重点文物保护的建筑物；国家级的会堂、办公建筑物、大型展览和博览建筑物、大型火车站、国宾馆、国家级档案馆、大型城市的重要给水水泵房等特别重要的建筑物；国家级计算中心、国际通讯枢纽等对国民经济有重要意义且装有大量电子设备的建筑物；制造、使用或贮存爆炸物质的建筑物，且电火花不易引起爆炸或不致造成巨大破坏和人身伤亡者；具有1区爆炸危险环境的建筑物，且电火花不易引起爆炸或不致造成巨大破坏和人身伤亡者；具有2区或11区爆炸危险环境的建筑物；工业企业内有爆炸危险的露天钢质封闭气罐；预计雷击次数大于0.06次/a的部、省级办公建筑物及其它重要或人员密集的公共建筑物；预计雷击次数大于0.3次/a的住宅、办公楼等一般性民用建筑物。

第三类防雷建筑物主要包括：省级重点文物保护的建筑物及省级档案馆；、预计雷击次数大于或等于0.012次/a，且小于或等于0.3；预计雷击次数大于或等于0.06次/a，且小于或等于0.3次/a的住宅、办公楼等一般性民用建筑物；预计雷击次数大于或等于0.06次/a的一般性工业建筑物；根据雷击后对工业生产的影响及产生的后果，并结合当地气象、地形、地质及周围环境等因素，确定需要防雷的21区、22区、

23区火灾危险环境;在平均雷暴日大于15d/a的地区,高度在15m及以上的烟囱、水塔等孤立的高耸建筑物;在平均雷暴日小于或等于15d/a的地区,高度在20m及以上的烟囱、水塔等孤立的高耸建筑物。

2.申请防雷装置初步设计审核应当提交哪些材料?

根据《防雷装置设计审核和竣工验收规定》的规定,相关建设单位申请防雷装置初步设计审核,应当向气象主管机构提交以下材料:(1)《防雷装置设计审核申请书》;(2)总规划平面图;(3)设计单位和人员的资质证以及资格证书的复印件;(4)防雷装置初步设计说明书、初步设计图纸及相关资料。需要注意的是单位要进行雷电灾害风险评估的项目,应当提交雷电灾害风险评估报告。

3.本案中的房地产开发有限公司有无违法行为?

本案中的房地产开发有限公司存在违法行为。

依据《气象法》《防雷减灾管理办法》《防雷装置设计审核和竣工验收规定》等相关法律规定,防雷装置是国家法律法规规定的指接闪器、引下线、接地装置、电涌保护器及其连接导体等构成的,用以防御雷电灾害的设施或者系统。房地产公司依照《防雷装置设计审核和竣工验收规定》的规定,属于防雷装置应当经过设计审核和竣工验收的建(构)筑物、场所和设施。因此房地产公司应当按照《防雷装置设计审核和竣工验收规定》的规定,提交设计审核材料,包括《防雷装置设计审核申请书》、总规划平面图、设计单位和人员的资质证和资格证书的复印件、防雷装置初步设计说明书、初步设计图纸及相关资料;以及竣工验收材料,包括《防雷装置竣工验收申请书》《防雷装置设计核准意见书》、施工单位的资质证和施工人员的资格证书的复印件、取得防雷装置检测资质的单位出具的《防雷装置检测报告》、防雷装置竣工图纸等技术资料、防雷产品出厂合格证、安装记录和符合国务院气象主管机构规定的使用要求的证明文件。依照《防雷装置设计审核和竣工验收规定》要求的标准,安装防雷装置。防雷装置设计审核和竣工验收都必须符合法律规定。本案中,房地产开发有限公司在进行N县糖厂内的“星港湾”楼盘项目五期建筑物开发建设时,未办理防雷装置设计审核手续就擅自开始施工建设,因此,构成违法。并且依据《防雷装置的设计审核和竣工验收》的规定,气象主管部门可以按照权限责令改正,给予警告,可以处5万元以上10万元以下罚款;给他人造成损失的,依法承担赔偿责任;构成犯罪的,依法追究刑事责任。

案例三:Y县某创业有限公司拒不履行防雷安全装置设计审核和竣工验收案

【案情简介】2015年6月,Y县气象局与县安监局在全县开展防雷安全联合检查时,发现Y县某创业有限公司(园区多功能服务区)建设的一栋四层楼房防雷装置设计未经气象局核准，擅自交付施工，该栋楼房防雷装置竣工也未经Y县气象局验收，擅自投入使用，以上情况已违反《防雷装置设计审核和竣工验收规定》的相关规定。

【处理结果】Y县气象局于2015年6月18日给该公司下达了《Y县防雷安全检查整改通知书》，责令该公司必须在7个工作日内限期改正，逾期不整改的，将按照有关法律法规的相关规定予以行政处罚。整改通知下达后，该公司积极与Y县气象局沟通协商解决办法，于6月30日补办了防雷安装设计手续。

鉴于该公司已经补办了防雷手续，认识到防雷安全的重要性，并表示今后一定按照有关规定做好防雷装置设计审核和竣工验收工作，达到了气象行政执法的目的，经气象局批准，该案于2015年7月3日结案。

【法条链接及法理分析】

改革开放后，我国经济高速发展，无数高楼拔地而起，但是过快的速度和利益的驱使也导致建筑设计的不规范，甚至违法行为的发生。在城市建设中，开发公司为了降低成本，往往未将雷电灾害防护装置经过气象主管机构核准就擅自交付施工，雷电灾害防护装置竣工未经过气象主管部门验收合格，就擅自投入使用，这类现象时有发生。

一、雷电防护装置的管理与监督制度

根据《气象法》的规定各级气象主管机构应当加强对雷电灾害防御工作的组织管理，并会同有关部门指导对可能遭受雷击的建筑物、构筑物和其他设施安装的雷电灾害防护装置的检测工作。安装的雷电灾害防护装置应当符合国务院气象主管机构规定的使用要求。雷电灾害防护装置作为气象主管机构的气象工作之一，由国务院气象主管机构负责全国雷电灾害防护装置管理，地方各级气象主管机构在上级气象主管机构和本级人民政府的领导下，负责本行政区域内的雷电灾害防护装置气象工作的组织管理。

根据《气象灾害防御条例》的规定，县级以上人民政府应当加强对气象灾害防御工作的组织、领导和协调，将气象灾害的防御纳入本级国民经济和社会发展规划，所需经费纳入本级财政预算。县级以上人民政府应当加强对气象灾害防御工作的组织、领导和协调。因此，根据法律规定，我们可以看出，气象部门和当地政府部门都是气象灾害防御的管理主体。县级以上人民政府是本级行政区域内气象灾害防御工作的行政领导机关，是负责此项工作的责任主体，雷电防护装置的管理应当纳入其责任范围内。气象防灾减灾事业是基础性公益事业，关系人民生命财产安全，事关经济发展和社会和谐。气象灾害防御工作作为一项长期的任务，必须走规划发展的道路，也必须由政府来主导，由公共财政予以支撑和保障。另外，国务院气象主管机构和国务院有关部门应当按照职责分工，共同做好全国气象灾害防御工作。气象灾害防御工作是一项系统工程，必须在各级政府的统一领导下，各部门按照职责分工，各负其责，密切配合，共同做好气象灾害防御工作。同时，各级气象主管机构应当加强雷电灾害预警系统的建设工作，提高雷电灾害预警和防雷减灾服务能力。

防雷装置的设计审核，以及竣工验收都必须严格按照法律规定的程序和要求进行，《防雷装置设计审核和竣工验收规定》规定，县级以上地方气象主管机构负责本行政区域内防雷装置的设计审核和竣工验收工作。未设气象主管机构的县（市），由上一级气象主管机构负责防雷装置的设计审核和竣工验收工作。同时规定，县级以上地方气象主管机构应当加强对防雷装置设计审核和竣工验收的监督与检查，建立健全监督制度，履行监督责任。公众有权查阅监督检查记录。其中，上级气象主管机构应当加强对下级气象主管机构防雷装置设计审核和竣工验收工作的监督检查，及时纠正违规行为。县级以上地方气象主管机构进行防雷装置设计审核和竣工验收的监督检查时，不得妨碍正常的生产经营活动，不得索取或者收受任何财物和谋取其他利益。单位和个人发现违法从事防雷装置设计审核和竣工验收活动时，有权向县级以上地方气象主管机构举报，县级以上地方气象主管机构应当及时核实、处理。

二、雷电防护装置检测资质制度

雷电防护装置实行检测资质制度。从事雷电防护装置检测的单位应当具备相关条件，才可以取得国务院气象主管机构或者省、自治区、直辖市气象主管机构颁发的资质证。从事电力、通信雷电防护装置检测的单位的资质证由国务院气象主管机构和国务院电力或者国务院通信主管部门共同颁发。

雷电防护装置的设计、施工质量以及日常维护直接关系到建筑物及相关设施的防雷减灾效果。因此，通过对从事雷电防护装置检测的单位实行资质管理，对从业单位的专业人员、技术装备、质量体系、管理水平等进行综合审核，以确保从业单位具备相应的技术水平和服务水平，能够督促从业单位按有关法律法规和技术标准开展活动，有利于推进防雷市场规范化，有效预防和减少雷电灾害事故的发生。因此规定从事雷电防护装置检测的单位应当具备一定的条件，并取得国务院气象主管机构或者省、自治区、直辖市气象主管机构颁发的资质证。

三、雷电防护装置的设计审核和竣工验收制度

雷电防护装置的设计审核与竣工验收必须严格按照法规执行。防雷减灾工作，实行“安全第一、预防为主、防治结合的原则”。以最大的程度预防雷电灾害，提高雷

电灾害防御能力和水平，保护国家利益和人民生命财产安全，维护公共安全，促进经济建设和社会发展。国务院气象主管机构负责组织管理和指导全国防雷减灾工作。地方各级气象主管机构在上级气象主管机构和本级人民政府的领导下，负责组织管理本行政区域内的防雷减灾工作。国务院其他有关部门和地方各级人民政府其他有关部门应当按照职责做好本部门和本单位的防雷减灾工作，并接受同级气象主管机构的监督管理。

四、防雷装置的设计实行审核制度

县级以上地方气象主管机构负责本行政区域内的防雷装置的设计审核。符合要求的，由负责审核的气象主管机构出具核准文件；不符合要求的，负责审核的气象主管机构提出整改要求，退回申请单位修改后重新申请设计审核。未经审核或者未取得核准文件的设计方案，不得交付施工。防雷工程的施工单位应当按照审核同意的设计方案进行施工，并接受当地气象主管机构监督管理。在施工中变更和修改设计方案的，应当按照原申请程序重新申请审核。

五、防雷装置竣工验收制度

负责验收的气象主管机构接到申请后，应当根据具有相应资质的防雷装置检测机构出具的检测报告进行核实。符合要求的，由气象主管机构出具验收文件。不符合要求的，负责验收的气象主管机构提出整改要求，申请单位整改后重新申请竣工验收。未取得验收合格文件的防雷装置，不得投入使用。县级以上地方气象主管机构负责本行政区域内防雷装置的设计审核和竣工验收工作。未设气象主管机构的县（市），由上一级气象主管机构负责防雷装置的设计审核和竣工验收工作。防雷装置的设计审核和竣工验收工作应当遵循公开、公平、公正以及便民、高效和信赖保护的原则。因此，依据这些原则要求防雷装置设计审核和竣工验收的程序、文书等应当依法予以公示；设计审核和竣工验收气象主管机构必须在法定期限内完成；气象主管机构进行防雷装置设计审核和竣工验收的监督检查时，不得妨碍正常的生产经营活动，不得索取或者收受任何财物和谋取其他利益。

本案中Y县某创业有限公司（园区多功能服务区）建设的1栋四层楼房的防雷装置是属于以上四类规定，防雷装置应当经过相对应的有关气象主管部门的设计审核和竣工验收才能交付施工和投入使用。

六、违反雷电防护装置安装的处罚制度

《气象法》第三十七条规定："违反本法规定，安装不符合使用要求的雷电灾害防

护装置的，由有关气象主管机构责令改正，给予警告。使用不符合使用要求的雷电灾害防护装置给他人造成损失的，依法承担赔偿责任。”根据本条规定，安装或者使用不符合使用要求的雷电灾害防护装置所应承担的法律责任形式有两种，即行政责任和民事责任。第一，行政责任。实施行政处罚的主体是相关气象主管机构；本条规定的行政处罚的种类只有警告，如果执法主体超越了本条所规定的行政处罚种类作出行政处罚决定，行政管理相对人有权拒绝接受。同时，有关气象主管机构可以按照权限对违法行为提出责令改正要求。第二，民事责任，根据本条规定，凡是使用不符合国务院气象主管机构规定的使用要求的雷电灾害防护装置的，给他人（包括公民、法人和组织）造成经济损失或者其他损失的，应当依照民事法律、法规的规定，承担相应的民事责任。承担民事责任的主要方式是赔偿损失。承担赔偿责任的条件有三种，一是使用不符合要求的雷电灾害防护装置；二是给他人造成损失；三是使用不符合要求的雷电灾害防护装置同他人的损失之间有着必然的因果关系，即他人的损失是由于使用不符合要求的雷电灾害防护装置造成的。上述三个条件缺一不可。

另外依据《防雷装置设计审核和竣工验收规定》的规定，有下列行为之一的，由县级以上气象主管机构按照权限责令改正，给予警告，可以处 5 万元以上 10 万元以下罚款；给他人造成损失的，依法承担赔偿责任；构成犯罪的，依法追究刑事责任：第一，涂改、伪造防雷装置设计审核和竣工验收有关材料或者文件的；第二，向监督检查机构隐瞒有关情况、提供虚假材料或者拒绝提供反映其活动情况的真实材料的；第三，防雷装置设计未经有关气象主管机构核准，擅自施工的；第四，防雷装置竣工未经有关气象主管机构验收合格，擅自投入使用的。

本案中 Y 县气象局认定该创业有限公司的行为违反《防雷装置设计审核和竣工验收规定》的相关规定，防雷装置设计未经审核同意的，不得交付施工。防雷装置竣工未经验收合格的，不得投入使用。新建、改建、扩建工程的防雷装置必须与主体工程同时设计、同时施工、同时投入使用。防雷装置竣工未经有关气象主管机构验收合格，擅自投入使用的，应由县级以上气象主管机构按照权限责令改正，给予警告，可以处 5 万元以上 10 万元以下罚款。针对该创业公司的违法行为，Y 县气象局及时下达《Y 县防雷安全检查整改通知书》，给予警告，该公司认错态度良好，积极和 Y 县气象局沟通协商解决办法，没有造成严重后果，作出不予处罚的决定。

【问题】

1. 防雷装置设计审核和竣工验收的监督管理主体是什么？

依据《防雷装置设计审核和竣工验收规定》的规定，县级以上地方气象主管机构负责本行政区域内防雷装置的设计审核和竣工验收工作。未设气象主管机构的县

（市），由上一级气象主管机构负责防雷装置的设计审核和竣工验收工作。县级以上地方气象主管机构应当加强对防雷装置设计审核和竣工验收的监督与检查，建立健全监督制度，履行监督责任。

上级气象主管机构应当加强对下级气象主管机构防雷装置设计审核和竣工验收工作的监督检查，及时纠正违规行为。

单位和个人发现违法从事防雷装置设计审核和竣工验收活动时，有权向县级以上地方气象主管机构举报，县级以上地方气象主管机构应当及时核实、处理。

2. 防雷装置的设计审核和竣工验收工作应当遵循哪些原则？

《防雷装置设计审核和竣工验收规定》第三条规定："防雷装置的设计审核和竣工验收工作应当遵循公开、公平、公正以及便民、高效和信赖保护的原则。"因此，防雷装置的设计审核和竣工验收工作应当遵循以下原则。

公开、公平、公正原则。"公开"是对气象主管机构等政府机关的要求，其最重要的价值是建立透明政府、廉洁政府，保障气象行政相对人和社会公众的知情权，防止腐败。《防雷装置设计审核和竣工验收规定》第六条规定"防雷装置设计审核和竣工验收的程序、文书等应当依法予以公示。""公平"是对气象行政相对人而言的，公平最重要的价值是保障法律面前人人平等和机会均等，避免歧视对待。"公正"是相对于气象主管机构等行政机关而言的，它维护正义和中立，防止徇私舞弊。在进行防雷装置设计审核和竣工验收时，不得收受贿赂，偏私枉法。"公开、公平、公正"是一个相互联系、不可分割的统一整体。

便民、高效原则。该原则包含两项内容：第一是行政效率原则。首先是要求气象主管机构积极履行法定职责，加强防雷装置设计审核和竣工验收的监督管理，禁止不作为或者不完全作为；其次是遵守法定时限，在进行设计审核和竣工验收时，在规定时限内完成审核和验收工作，规定时限内下发通知和回执，禁止超越法定时限或不合理延迟。第二是便利当事人原则。在设计审核和竣工验收时中增加当事人程序负担，是法律禁止的行政侵权行为。《防雷装置设计审核和竣工验收规定》第二十五条规定："县级以上地方气象主管机构进行防雷装置设计审核和竣工验收的监督检查时，不得妨碍正常的生产经营活动，不得索取或者收受任何财物和谋取其他利益。"

信赖保护原则。在《防雷装置设计审核和竣工验收规定》中信赖保护原则主要体现在：第一，气象主管机构与被审核和验收行政相对人之间的相互信任，是合法信赖与保护的前提和基础；第二、法规的溯及力禁止，法律规范内容必须具有明确性、可预测性、连续性、可靠性、稳定性，故不得限制或损害公民、法人和其他组织已经依法取得的利益；第三、行政行为的撤销、变更限制，要求气象主管机构等行政主体在防雷装置设计审核和竣工验收后，行政相对人基于对气象主管机构行为的信赖而实施的行为所产生的正当利益应当予以保护，行政机关不得擅自撤销、变更已生效的设计审核和竣工验收行政行为，确需撤销或变更的，对无过错的行政相对人应给予合理的赔偿或补偿；第四、行政行为的废止限制，针对合法的审核和验收行为，鉴于客观情况的变化，原行政行为不能适应新的情况，气象主管机构等有权决定终止该行为往后的效力，但应充分考虑保护行政相对人的利益。

3.防雷装置竣工验收应当提交哪些材料？并应符合哪些条件？

依据《防雷装置设计审核和竣工验收规定》的规定，我国实行防雷装置实行竣工验收制度。

首先，建设单位应当向气象主管机构提出申请，填写《防雷装置竣工验收申请表》。除此之外，还应当提交设计单位的资质证复印件、雷电防护装置设计说明书、设计中所采用的防雷产品相关说明。

其次，防雷装置竣工验收，有关建设单位应当向气象主管机构提交以下材料：第一，《防雷装置竣工验收申请表》；第二，施工单位的资质证复印件；第三，雷电防护装置竣工图纸等技术资料；第四，防雷产品出厂合格证和安装记录。

作为审核单位的气象主管机构，接受防雷装置竣工验收申请时，符合以下条件的，应当受理：第一，防雷装置设计取得当地气象主管机构核发的《防雷装置设计核准意见书》；第二，施工单位取得国家规定的资质和资格；第三，申请单位提交的申请材料齐全且符合法定形式。防雷装置竣工验收申请材料不齐全或者不符合法定形式的，气象主管机构应当在收到申请材料之日起五个工作日内一次告知申请单位需要补正的全部内容，并出具《防雷装置竣工验收资料补正通知》。逾期不告知的，收到申请材料之日起即视为受理。气象主管机构应当在收到全部申请材料之日起五个工作日内，按照《中华人民共和国行政许可法》第三十二条的规定，作出受理或者不予受理的书面决定，并对决定受理的申请出具《防雷装置竣工验收受理回执》。对不予受理的，应当书面说明理由。

另外，气象主管机构在防雷装置竣工验收时应当验收以下容：第一，申请材料的合法性；第二，安装的防雷装置是否符合国家有关标准和国务院气象主管机构规定的使用要求；第三，安装的防雷装置是否按照核准的施工图施工完成。气象主管机构应当在受理之日起十个工作日内作出竣工验收结论。防雷装置经验收符合要求的，气象主管机构应当办结有关验收手续，出具《防雷装置验收意见书》，防雷装置验收不符合要求的，气象主管机构应当出具《防雷装置整改意见书》。整改完成后，气象主管部门应按照原程序重新申请验收。

案例四：E县某加油站防雷安全隐患案

【案情简介】2015年2月6日，E县气象局检测所检测人员和执法人员在定期检测时发现E县某加油站接闪带有腐蚀、脱落现象，引下线数量不足，配电房接地电阻无数据，存在防雷安全隐患。

【处理结果】2015年2月7日，E县气象局下发《E县防雷装置整改通知书》。该站站长态度良好，及时上报公司整改，积极联系E县气象局，并联系技术人员立即着手整改。2015年10月27日气象局检测所对该加油站进行复查，防雷安全隐患得到有效解决。

【法条链接及法理分析】

在雷电防护装置的相关案例问题中，除了防雷装置设计审核和竣工验收出现问题，许多建(构)筑物、设施和场所，会因为防雷装置建设年代久远而发生老化、脱落现象，不利于雷电灾害防护。以下将针对本案中所涉及的问题，从防雷检测制度和雷电风险评估管理两个方面进行分析。

一、防雷装置检测制度

防雷装置检测是指对接闪器、引下线、接地装置、电涌保护器及其连接导体等构成的，用以防御雷电灾害的设施或者系统进行检测的活动。根据《雷电防护装置检测资质管理办法》规定，国务院气象主管机构负责全国防雷装置检测资质的监督管理工作。省、自治区、直辖市气象主管机构负责本行政区域内防雷装置检测资质的管理和认定工作。因此，防雷装置检测资质的监督管理和认定工作的管理职责根据行政区域的分配，我国防雷装置检测规定资质单位等级申请制度，分为甲级和乙级。在法律上有明确的规定。防雷装置资质认定作为行政许可的范围，其认定坚持的原则也与行政许可一致，要求负责认定的气象主管机构公开、公平和公正，认定工作应坚持便民、高效和信赖保护的原则。申请防雷装置检测资质的单位，应当向法人所在地的省、自治区、直辖市气象主管机构提出申请，且应当提交以下书面材料：《防雷装置检测资质申请表》；事业单位法人证书或企业法人营业执照的正、副本的原件及复印件；《专业技术人员简表》，取得《防雷装置检测资格证》的专业技术人员的技术职称证书、身份证明、劳动合同、社会保险关系证明和《防雷装置检测资格证》的原件及复印件；防雷装置检测质量管理手册；经营场所产权证明或租赁合同的原件及复印件；仪器、设备及相关设施清单；安全生产管理制度复印件。省、自治区、直辖市气象主管机构应当在收到全部申请材料之日起五个工作日内作出是否受理的决定，并出具加盖本行政机关专用印章和注明日期的书面凭证。省、自治区、直辖市气象主管机构受理后，可以根据工作需要指派两名以上工作人员到申请单位进行现场核查。省、自治区、直辖市气象主管机构应当自受理行政许可申请之日起二十个工作日内作出认定，专家评审所需时间不计入许可审查时限，但应当在作出受理决定时书面告知申请单位。通过认定的，认定机构颁发《防雷装置检测资质证》，并在作出认定后三十个工作日内报国务院气象主管机构备案。未通过认定的，认定机构在十个工作日内书面告知申请单位，并说明理由。同时，依据《雷电防护装置检测资质管理办法》规定，防雷装置检测资质管理实行年度报告制度。防雷装置检测单位应当从取得资质证后次年起，在每年的第二季度向资质认定机构报送年度报告。年度报告应当包括持续符合资质认定条件和要求、遵守技术标准和规范情况、检测项目表以及统计数据等内容。

对防雷装置检测，《雷电防护装置检测资质管理办法》也规定了相应的处罚方式，即防雷装置检测单位有下列行为之一的，由县级以上气象主管机构按照权限责令限期改正，拒不改正的给予警告，《防雷装置检测资质证》到期后不予延续；处罚结果纳入全国防雷装置检测单位信用信息系统并向社会公示。第一，伪造、涂改、出租、出借、挂靠、转让防雷装置检测资质证的；第二，向监督检查机构隐瞒有关情况、提供虚假材料或者拒绝提供反映其活动情况的真实材料的；第三，转包或者违法分包防雷装置检测项目的；第四，与检测项目的设计、施工单位以及所使用的防雷产品生产、销售单位有隶属关系或者其他利害关系的；第五，使用不符合条件的防雷装置检测人员的。

二、雷电风险评估管理

雷击风险评估是根据项目所在地雷电活动时空分布特征及其灾害特征，结合现场情况进行分析，对雷电可能导致的人员伤亡、财产损失程度与危害范围等方面的综合风险计算，从而为项目选址、功能分区布局、防雷类别（等级）与防雷措施确定、雷灾事故应急方案等提出建设性意见的一种评价方法。

《气象法》第三十一条规定："各级气象主管机构应当加强对雷电灾害防御工作的组织管理，并会同有关部门指导对可能遭受雷击的建筑物、构筑物和其他设施安装的雷电灾害防护装置的检测工作。安装的雷电灾害防护装置应符合国务院气象主管机构规定的使用要求"。第三十四条规定："各级气象主管机构应当组织对城市规划、国家重点建设工程、重大区域性经济开发项目和大型太阳能、风能等气候资源开发利用项目进行气候可行性论证。"根据《气象法》规定要求，中国气象局出台了《防雷减灾管理办法》，其中第二十七条规定："大型建设工程、重点工程、爆炸和火灾危险环境、人员密集场所等项目应当进行雷电灾害风险评估，以确保公共安全。各级地方气象主管机构按照有关规定组织进行本行政区域内的雷电灾害评估工作。"另外，依据《防雷装置设计审核和竣工验收规定》的规定，需要进行雷电灾害评估的项目，提交雷电灾害评估报告才能通过审核手续。其中大型建设工程是指：25 层以上（含，下同）的房屋建筑工程;高度 100 米以上的构筑物或建筑物;单体建筑面积 3 万平方米以上的房屋建筑工程;单跨跨度 30 米以上的房屋建筑工程;建筑面积 10 万平方米以上的住宅小区或建筑群体;单项建安合同额 1 亿元以上的房屋建筑工程。

由此可见,由县以上气象主管机构负责本辖区内雷电灾害风险评估的组织管理工作。2015 年 5 月底以后,雷灾害风险评估不再作为行政审批事项,但仍保留这项技术服务。各建设和设计单位应主动配合气象主管机构做好雷电灾害风险评估工作,自觉接受县以上气象主管机构的监督检查。新建、扩建和改建建设工程项目属于规范范畴的,建设单位(项目业主)应当按照有关规定进行雷电灾害风险评估工作。需要进行雷电灾害风险评估的项目,设计单位应当按照雷电灾害风险评估的结论等进行项目设计或修改项目设计,或者应当在申请防雷装置设计审核时提交雷电灾害风险评估报告。雷电灾害风险评估所需的气象资料,应当由县以上气象主管机构所属的气象台站直接提供;使用其他组织或个人提供的气象资料,必须经过气象主管机构审查。雷电灾害风险评估机构必须严格执行国家或者行业、地方规定的标准、规范和规程,保证雷电灾害风险评估报告的真实性、科学性,并对评估结论负责。

本案中,E 县气象局检测所检测人员和执法人员发现雷电防护装置接闪带有腐蚀、脱落现象,引下线数量不足,配电房接地电阻无数据,存在防雷安全隐患的场所为防雷重点场所——加油站,出现此类防雷装置腐蚀、脱落等现象,可以认定该加油站的防雷检测不及时。防雷装置所有人或受托人应当指定专人负责,做好防雷装置的日常维护工作。发现防雷装置存在隐患时,应当及时采取措施进行处理。已安装防雷装置的单位或者个人应当主动委托有相应资质的防雷装置检测机构进行定期检测,并接受当地气象主管机构和当地人民政府安全生产管理部门的管理和监督检查。该加油站防雷装置存在安全隐患的原因是有关部门或该站不作为行为造成,没有指定专人负责,做好防雷装置的日常维护工作。在发现安全隐患后,E 县气象局检测所下发《E 县防雷装置整改通知书》,符合《防雷减灾管理办法》第二十一条的规定,即“防雷装置检测机构对防雷装置检测后,应当出具检测报告。不合格的,提出整改意见。被检测单位拒不整改或者整改不合格的,防雷装置检测机构应当报告当地气象主管机构,由当地气象主管机构依法作出处理。防雷装置检测机构应当执行国家有关标准和规范,出具的防雷装置检测报告必须真实可靠。”据此,可以依据《防雷减灾管理办法》的规定,由 E 县气象主管机构按照权限责令改正,给予警告,可以处 1 万元以上 3 万元以下罚款;给他人造成损失的,依法承担赔偿责任。构成犯罪的,依法追究刑事责任。但因为该站站长态度良好,及时上报公司整改,积极联系 E 县气象局,并联系技术人员立即着手整改,使得防雷安全隐患得到有效解决,因此在给予警告后,作出不予处罚的行政决定。

【问题】

1. 结合本案分析,防雷防护装置设备检测的制度是什么?

依据《气象法》《气象灾害防御条例》《雷电防护装置检测资质管理办法》《防雷减灾管理办法(修订)》《防雷装置设计审核和竣工验收规定》等规定,防雷防护装置设备检测的制度主要有雷电防护装置检测资质制度、防雷装置设计审核制度和防雷装置竣工验收等制度规定。《气象法》规定各级气象主管机构应当加强对雷电灾害防御工作的组织管理,并会同有关部门指导对可能遭受雷击的建筑物、构筑物和其他设施安装的雷电灾害防护装置的检测工作。安装的雷电灾害防护装置应当符合国务院气象主管机构规定的使用要求。《气象灾害防御条例》规定各类建(构)筑物、场所和设施安装雷电防护装置应当符合国家有关防雷标准的规定。新建、改建、扩建建(构)筑物、场所和设施的雷电防护装置应当与主体工程同时设计、同时施工、同时投入使用。新建、改建、扩建建设工程雷电防护装置的设计、施工,可以由取得相应建设、公路、水路、铁路、民航、水利、电力、核电、通信等专业工程设计、施工资质的单位承担。从事雷电防护装置检测的单位应当具备基本条件,取得国务院气象主管机构或者省、自治区、直辖市气象主管机构颁发的资质证。《雷电防护装置检测资质管理办法》规定了雷电防护装置检测资质制度。《防雷装置设计审核和竣工验收规定》规定了防雷装置设计审核制度和防雷装置竣工验收制度。

本案中,E县气象局检测所检测人员和执法人员发现E县某加油站雷电防护装置接闪带有腐蚀、脱落现象,引下线数量不足,配电房接地电阻无数据,存在防雷安全隐患。出现此类问题,由该加油站防雷装置存在安全隐患的原因是有关部门或该站不作为行为造成,没有指定专人负责,做好防雷装置的日常维护工作而造成。防雷防护装置设备检测的制度主要指对已经建设完备的雷电防护装置进行复查,对年代久远的雷电防护装置进行整改的相应制度规定,根据《防雷减灾管理办法》的规定,投入使用后的防雷装置实行定期检测制度。防雷装置应当每年检测一次,对爆炸和火灾危险环境场所的防雷装置应当每半年检测一次。防雷装置检测机构对防雷装置检测后,应当出具检测报告。不合格的,提出整改意见。被检测单位拒不整改或者整改不合格的,防雷装置检测机构应当报告当地气象主管机构,由当地气象主管机构依法作出处理决定。防雷装置检测机构应当执行国家有关标准和规范,出具的防雷装置检测报告必须真实可靠。防雷装置所有人或受托人应当指定专人负责,做好防雷装置的日常维护工作。发现防雷装置存在隐患时,应当及时采取措施进行处理。已安装防雷装置的单位或者个人应当主动委托有相应资质的防雷装置检测机构进行定期检测,并接受当地气象主管机构和当地人民政府安全生产管理部门的管理和监督检查。

2. 气象部门应如何开展雷电灾害风险评估？

雷电灾害风险评估，是指为降低雷电灾害风险，运用科学的原理、方法和手段，对评估对象遭受雷击的概率以及可能产生的后果等进行分析、计算与综合度量，并从安全和经济合理性出发，提出相应对策措施的过程。雷电灾害风险评估分为预评估、方案评估与现状评估。

气象主管机构负责本辖区的雷电灾害风险评估管理工作。县(市)气象主管机构在上级气象主管机构和同级人民政府的领导下，负责本行政区域内的雷电灾害风险评估管理工作。其主要职责是：

(1)负责组织本行政区域内的闪电定位监测和资料整理、雷电灾情收集、雷电灾害风险区划。

(2)负责对承担雷电灾害风险评估机构的监督管理；

(3)负责组织对雷电灾风险评估机构出具的雷电灾害风险评估报告进行审定；

(4)负责对建设项目单位及防雷设计单位执行雷电灾害风险评估情况的监督检查；

(5)负责对违反雷电灾害风险评估法律法规的单位和个人进行依法查处。

各级气象主管机构应当会同发改委、住建、规划、安监、消防、工信等有关部门，建立雷电灾害风险评估管理工作机制。以下新建、改建和扩建工程项目应当进行雷电灾害风险评估。

(1)各类化工厂、石油企业、烟花爆竹企业、易燃易爆仓储、输送贮存油气等易燃易爆场所；

(2)供水、供电、供气、供热、道路桥梁、城市轨道交通、通信、广播电视、医疗卫生、金融证券以及信息系统等涉及公共安全或者环境安全的建设项目；

(3)各类发射塔、高耸观光塔、省级及以上重点文物保护建筑等特殊工程；大型博览和展览建筑物；体育场馆、影剧院、大型商场超市、宾馆、医院、学校以及车站、码头等人员密集场所；

(4)各专业大、中型工程建设项目(参照建设部《工程设计资质标准》中规定的各行业建设项目设计规模划分标准执行)或重大区域性经济开发项目等重点工程项目；

(5)《建筑物防雷设计规范》规定的第一、第二类防雷建(构)筑物；

(6)高度≥50米的高层建筑物；总建筑面积≥10万平方米的新建住宅小区；单体建筑面积≥2万平方米的建筑物；项目投资额≥3000万元的建设项目；

(7)按照有关技术规范，应当开展雷电灾害风险评估的其它场所。

雷电灾害风险评估应当由省(自治区、直辖市)气象主管机构确认的具备相应评估业务能力的机构(以下称评估机构)负责实施。雷电灾害风险评估报告应当包括下列内容：

(1)项目概况；

(2)基础资料来源极其代表性、可靠性说明。通过现场勘察、测试所取得的资料，还应当对测试仪器、测试方法和测试环境进行说明；

(3)雷电灾害风险评估所依据的技术标准和规程；

(4)项目所在区域的气候环境、电磁环境以及雷击损害风险分析与评估；

(5)评估结论和适用性说明；

(6)防御或者减轻雷电灾害影响的对策和建议；

(7)法规、标准规定的其他内容。

根据法律规定,评估机构进行雷电灾害风险评估业务应与委托方签订评估协议，明确双方权利义务。评估活动应当遵守现行国家或者有关行业、地方制定的标准、规范和规程,保证评估报告的真实性、科学性,并对评估结论负责。

评估机构进行雷电灾害风险评估,应当使用气象主管机构所属气象台站直接提供的气象资料或者经过当地气象主管机构审查的气象资料。

(1)雷暴天气卫星云图；

(2)雷暴天气大气环流形势；

(3)雷暴天气雷达回波；

(4)闪电定位观测；

(5)大气电场观测；

(6)历史气象资料；

(7)其他有关气象资料。

现有气象资料不能满足雷电灾害风险评估需要的,应当开展现场监测,并遵守有关法规、标准要求。

雷电灾害风险评估报告实行审查确认制度。评估机构编制的雷电灾害风险评估报告应当由市级以上气象主管机构组织包括委托方专家、气象专家和第三方专家组成专家组,对报告进行书面评审或会议评审。专家评审通过之后,气象主管机构予以确认。辖区项目和重点大型项目的雷电灾害风险评估报告由气象主管机构组织专家进行审查确定。经气象主管机构审查确认的雷电灾害风险评估报告不得随意更改。建设单位在提交防雷装置设计审核材料时,应包含雷电灾害风险评估报告和专家评审论证意见。气象主管机构在审核应当进行雷电灾害风险评估的建设项目防雷装置设计方案时,应将雷电灾害风险评估报告作为重要技术依据之一。需要进行雷电灾害风险评估的项目,未做雷电灾害风险评估的,按照防雷装置设计审核申请材料不齐全的相关规定处理。实施雷电灾害风险评估的服务费用,由委托方与被委托的雷电灾害风险评估机构协商议定。

在雷电灾害风险评估活动中禁止下列行为:第一,伪造气象资料或者其他原始资料;第二,不遵守相关标准、规范和规程;第三,出具虚假评估报告;第四,涂改、伪造经气象主管机构审查确认的雷电灾害风险评估报告。在行政审批制度改革以后,雷电灾害风险评估不再作为行政审批事项,各项相关制度均进行调整,并不断完善。

第五章　施放气球管理

气象行业领域内的气球，又名无推进装置浮力航空器，可作为节庆现场装饰、广告宣传等多种用途。但是，在施放气球的同时，也给社会带来较大的安全隐患。为加强对施放气球活动的管理，保障航空飞行和人民群众生命财产安全，国家制定和出台了多个法律法规，地方也颁布多部规制气球施放活动的管理办法，加强对施放气球活动的管理，施放气球必须依法取得《施放气球资质证》，严禁无证从事施放系留气球活动。利用气球开展各种活动的单位和个人，不得使用无《施放气球资质证》的单位施放气球。

案例一：R市某文化传媒有限公司违法施放气球案

【案情简介】2014年1月1日，R市气象局接到群众匿名举报称某公司在R市某花园酒店前的广场施放气球16个，该施放气球活动未经R市气象主管机构审批。其行为违反了《通用航空飞行管制条例》（以下简称《管制条例》）第三十三条和《施放气球管理办法》（以下简称《管理办法》）第十三条的规定。

2014年1月1日，气象局执法人员立即对该公司进行了立案调查。经调查此违法行为确实是该文化传媒有限公司所为。

【处理结果】2014年1月5日，R市气象局根据《管制条例》第四十三条第一项和《施放气球管理办法》第二十八条第一项的规定对该公司作出了行政处罚决定：第一，责令施放单位立即停止违法行为，拆除已施放气球；第二，给予警告；第三，罚款叁万元。该公司接受了气象局的行政处罚。

此案是一起违反《管制条例》和《管理办法》相关规定的具有代表性典型性的违法施放气球案件，经气象局启动执法程序并在执法人员讲解相关法律、法规和教育下，当事人认识到未经许可擅自施放气球的危害性，积极配合调查，接受相应的处罚。

【法条链接及法理分析】

随着气球的大量施放极易导致高空作业、航空危险以及影响高压供电。为加强对施放气球活动的管理，保障航空飞行和人民群众生命财产安全，国家制定和出台了多个法律法规，地方也颁布多部规制气球施放活动的管理办法。

《气象法》第九条规定:“国务院气象主管机构应当组织有关部门编制气象探测设施、气象信息专用传输设施、大型气象专用技术装备等重要气象设施的建设规划,报国务院批准后实施。气象设施建设规划的调整、修改,必须报国务院批准。”第十三条规定:“气象专用技术装备应当符合国务院气象主管机构规定的技术要求,并经国务院气象主管机构审查合格;未经审查或者审查不合格的,不得在气象业务中使用。”气球的种类除了用作广告宣传、节庆装饰的商用气球,其中还有一个重要的用途就是作为气象专用技术装备和气象计量器具的气象气球,用于探测和收集气象信息。气象专用技术装备是专门用于气象探测、通信传输、预报、服务等设备、仪器、仪表及消耗器材,是构成气象设施的主要部分。气象计量器具是用以直接或间接测出被测气象对象量值的装置、仪器仪表、量具和用于统一量值的标准物质。气象气球作为一种升空器具,是目前高空观测中使用的主要工具,与其他升空器具(气机、火箭、卫星等)相比,具有不需要动力、花费少、使用方便的特点。气象气球可分为探空气球、系留气球、定高气球和平流层气球等四类。

探空气球

为携带仪器上升进行高空气象要素测量,或为测定高空风而装备电子设备,或两者兼有的自由气球。为了在空中,特别是在大气较高层,使温度感应器不受太阳辐射的影响,除应用温度表防辐射罩外,还应使它充分通风,为此探空气球的起始上升速度须达 5～6 米/秒。探空气球所能达到的最大高度,即球皮破裂时的临界高度,基本上取决于橡胶球皮的质量。在其他条件和升速均相同的情况下,球皮愈厚,则气球所能达到的高度愈高。日常使用的重量 1 公斤左右的探空气球,85%以上可达 30 公里左右的高度。

系留气球

用缆绳拴在地面绞车上的气象气球。随着水平风速的增大,系留气球升高的倾斜度加大,因此,大风天难以进行观测。为了使系留气球在气流中具有良好的稳定性,气球形状有时做成流线型。仪器设备或直接由气球携带,在升空过程中进行观测,或吊挂在缆绳的不同高度上进行观测。它可以在一段较长的时间(几小时至几十小时)内连续测量各选定高度上气象要素的变化,而探空气球只能一次性测量,且其测值只代表某大气层内的平均值。系留气球探测特别适用于大气污染监测和研究大气边界层等。

定高气球

在大气中保持在等密度面上平稳地随气流飘移的自由气球。定高气球的寿命取决于气球的材料和气球工作的高度。为使球皮耐压性强和保气性好,常用聚乙烯薄膜和聚脂薄膜,或由多层塑料薄膜压制而成复合膜。复合膜球皮可以减小球内气体向外逸散的速率，经受少量的超压（球内压力超过环境大气压），延长气球的寿命。也可采用在气球下部开排气口的方法，使球皮保持零压状态（球内外气压相等），以防止气球的破裂。漂移在数公里高度的定高气球易受结冰和山脉影响而下沉破裂，而10～20公里高度以上的高空定高气球，可工作数月到2年以上。气球的充气量由需达到的平衡高度以及气球和装备的总重量来确定。目前大型定高气球能携带300个下投探空仪，根据来自气象卫星的指令在指定地区下投，测量资料由定高气球收集后再通过卫星转发至地面站。这种与卫星结合的定高气球称为母子定高气球系统。定高气球在测量气团属性变化和大气电学特性等方面已广泛应用。70年代全球大气研究计划第一次全球试验中，曾大量应用定高气球在赤道和低纬度地区以及南半球上空进行环球水平大气探测，用的是名为戈斯特（GHOST）气球。

平流层气球

升至平流层高度进行探测的大型气象气球。它采用现代定位跟踪遥控遥测等技术，不同于常规的无线电探空气球和定高气球。它所携带的仪器能够在指定地区下投回收。平流层气球可观测气象要素、大气成分、大气电、大气臭氧、太阳辐射，验证压-高公式（见大气运动的平衡状态）等。

平流层气球具有10万～30万立方米或更大的容积，充氢气后可以负载100～150公斤的仪器。目前已具有负载达1000公斤以上的大型气球。平流层气球是一种能完成20～40公里或更高的高空探测的观测平台。施放气球一般要选择适合的季节和天气条件，结合各高度上的风向、风速情况加以控制，例如气球的水平位置利用高、低层风定位：低层为偏西风使气球东移，待升至平流层时又利用高层的偏东风向西移动，以便在完成全过程探测后尽可能在接近施放场地加以回收；气球的升降由地面遥控的排气阀和平衡器进行排气或抛压舱物来控制。目前平流层气球探测主要用于科学试验研究，它不仅用于大气成分、臭氧、太阳常数、辐射量等探测，而且还用于高能物理、天文、空间物理等多学科的探测。

虽然本案中的气球施放仅仅是作为民间宣传用途，但是气球作为气象专用技术装备和气象计量器具的一类也应当注意。对于违法使用不符合技术要求的气象气球技术装备，造成危害的，《气象法》也明确的规定，即违反本法规定，使用不符合技术要求的气象专用技术装备，造成危害的，由有关气象主管机构按照权限责令改正，给予警告，可以并处五万元以下的罚款。

《气象法》作为气象基本法，进行纲领性的规定，是制定其他气象行政法规和规章的法律渊源，详细规定气球作为普通用途进行施放的，主要由《管制条例》和《管理办法》来规范。本案中，该文化传媒有限公司违反了这些相关法律规定，受到相应的气象行政处罚。

根据《管制条例》的规定，升放无人驾驶自由气球或者系留气球，不得影响飞行安全。说明气球施放的管理主要分为两类气球，即无人驾驶自由气球和系留气球。无人驾驶自由气球，是指无动力驱动、无人操纵、轻于空气、总质量大于4千克自由飘移的充气物体。系留气球，是指系留于地面物体上、直径大于1.8米或者体积容量大于3.22立方米、轻于空气的充气物体。根据《管制条例》规定，进行升放无人驾驶自由气球或者系留气球活动，必须经设区的市级以上气象主管机构会同有关部门批准。我国对无人驾驶自由气球和系留气球的升放进行了规制管理，施放单位或个人需向设区的市级以上气象主管机构提出升放申请，经设区的市级以上气象主管机构批准，才能进行气球升放。同时规定，升放无人驾驶自由气球的需要经过申请，申请的内容应当包括升放的单位、个人和联系方法；气球的类型、数量、用途和识别标志；升放地点和计划回收区；预计升放和回收（结束）的时间；预计飘移方向、上升的速度和最大高度。此外，申请气球施放需提交包含以上五项内容外，还应及时向有关飞行管制部门报告升放动态。取消升放时，也应当及时报告有关飞行管制部门。如果存在未经批准擅自升放的、未按照批准的申请升放的、未按照规定设置识别标志的、未及时报告升放动态或者系留气球意外脱离时未按照规定及时报告的、在规定的禁止区域内升放等的情形，由气象主管机构或者有关部门按照职责分工责令改正，给予警告；情节严重的，处1万元以上5万元以下罚款；造成重大事故或者严重后果的，依照刑法关于重大责任事故罪或者其他罪的规定，依法追究刑事责任

《管理办法》作为主要规范气球施放的部门规章，对施放气球进行了详细的规定。

第一，施放气球实行管理制度。

国务院气象主管机构及飞行管制等部门按照职责分工，负责管理和指导全国的施放气球活动。地方各级气象主管机构及飞行管制等部门按照职责分工，在当地人民政府的指导和协调下，负责管理本行政区域内的施放气球活动。气球施放的管理按照行政区划，由国务院以及地方各级气象主管机构及飞行管制等部门，按照职责分工，负责管理。

第二，施放气球实行认证制度。

对施放气球单位实行资质认定制度。未按规定取得《施放气球资质证》的单位不得从事施放气球活动。依照《管理办法》的规定气球施放属于气象行政许可的范畴，从而减少非法施放气球产生危害社会的行为。

第三，施放气球申请单位应具备相应条件。

申请施放气球的单位应当具备下列条件：一是有独立的法人资格；二是有固定的工作场所，危险气体的运输、使用和存放必须符合国家有关规定；三是有4名以上经省级或者设区的市级气象学会考试合格并取得《施放气球资格证》的作业人员，其中

至少有 1 名具有相关专业中级以上技术职称的人员；四是有必需的器材和设备；五是有健全的安全保障制度和措施。

第四，申请施放气球必须提供法律规定的材料。

从事施放气球活动的单位，应当向所在地的设区的市级或者省、自治区、直辖市气象主管机构提出书面申请，并提供下列申请材料：《施放气球资质证申请表》；法人资格证原件及复印件；人员登记表、有关人员资格证原件及复印件；施放气球的器材和设备清单；安全保障责任制度和措施；法律、法规规定的其他材料。并且所递交申请施放气球的材料需证明施放气球单位应具备相应资质。

第五，施放气球实行气象行政许可制度。

依据《气象行政许可实施办法》的规定，升放无人驾驶自由气球或者系留气球单位资质认定，升放无人驾驶自由气球或者系留气球活动审批等气象行政许可项目的审批权限，由省、自治区、直辖市气象主管机构确定。

同时根据《中华人民共和国行政许可法》规定，直接涉及国家安全、公共安全、经济宏观调控、生态环境保护以及直接关系人身健康、生命财产安全等特定活动、需要按照法定条件予以批准的事项。因此，气球的施放要通过行政许可规定加以规范，将其纳入国家管控范围，保障公民人身健康、生命财产安全。

第六，施放气球要符合安全要求。

施放气球必须符合下列安全要求：一是储运气体及充灌、回收气球必须严格遵守消防、危险化学品安全使用管理等有关规定；二是施放气球的地点应当与高大建筑物、树木、架空电线、通信线和其他障碍物保持安全的距离，避免碰撞、摩擦和缠绕等；三是在施放气球的球体或者附属物上必须设置识别标志；四是施放气球必须符合适宜的气象条件；五是系留气球升放的高度不得高于地面 150 米，但是低于距其水平距离 50 米范围内建筑物顶部的除外；六是施放系留气球必须确保系留牢固；七是施放系留气球必须加装快速放气装置。

第七，对非法施放气球按法律规定进行处罚。

违反相关法律规定，有下列行为之一的，由气象主管机构或者有关部门按照职责分工责令改正，给予警告；情节严重的，处 1 万元以上 5 万元以下罚款；造成重大事故或者严重后果的，依照刑法关于重大责任事故罪或者其他罪的规定，依法追究刑事责任：一是未经批准擅自施放的；二是未按照批准的申请施放的；三是未按照规定设置识别标志的；四是未及时报告异常施放动态或者系留气球意外脱离时未按照规定及时报告的；五是在规定的禁止区域内施放的。我国规定施放气球是行政许可行为，是依申请才可为的行为，如果未经申请许可，或者未按照安全要求申请施放的，未及时报告安全异常动态的，都属于行政违法行为；若造成重大事故和严重后果的，将追究刑事责任。

本案中，R市某公司在R市某花园酒店前面广场施放气球16个，且未经R市气象主管机构审批。气球的大量施放极其容易导致高空作业、航空危险以及影响高压供电。为加强对施放气球活动的管理，保障航空飞行和人民生命财产安全，国家制定相关法律法规进行规范，地方也颁布了规制气球施放活动的管理办法。因此，施放气球必须是具有相应资质的个人或单位，且施放气球需经过当地气象主管部门的许可批准。所以，从本案的案情分析，该文化传媒有限公司既无《施放气球资质证》，也未就进行气球施放活动向有关气象主管部门申请，其行为违反了《管制条例》和《管理办法》。气象局执法人员立案调查后，根据上述条例和管理办法，又依据相关《行政处罚法》的原则，作出适当的行政处罚决定，符合相关法律法规的要求。

【问题】

1. 为什么法律要对施放气球进行规范管理？

气球，作为无推进装置浮力航空器，在气象学术研究里用作计量探测器具。至于日常生活，气球以其多种形态种类，不仅可以用作玩具，还可作为运输工具、装饰品，来进行节庆现场装饰、广告宣传等多种用途，受到许多人的青睐，许多活动的宣传甚至往往会带来气球的大量施放。如果不加管制，随意施放，极其容易导致各类安全隐患。因此，为加强对施放气球活动的管理，保障航空飞行和人民生命财产安全，国家制定相应的法律法规，对施放气球进行规范管理。

2. 施放气球行为具体由哪级气象部门管理？

依据《管理办法》的规定，国务院气象主管机构及飞行管制等部门按照职责分工，负责管理和指导全国的施放气球活动。地方各级气象主管机构及飞行管制等部门按照职责分工，在当地人民政府的指导和协调下，负责管理本行政区域内的施放气球活动。县级以上气象主管机构负责对本行政区域内施放气球活动的监督管理。个人与单位施放气球所应具备资质和申请气球施放的许可，由省级或者设区的市级气象学会负责本行政区域内施放气球作业人员的从业资格认定工作和许可批准。省级或者设区的市级气象主管机构应当对本级气象学会开展施放气球作业人员的从业资格认定工作进行指导和监督。

3. 违法施放气球的行为会造成哪些危害？

第一，污染环境，破坏生态平衡。

据研究证明氦气球可以升到距地面8千米的高度，但无论是哪种种类的气球，当升至高空，气压稀薄，都会发生爆炸而降落。美国鱼类和野生动物管理局的数据显示，陆地、海洋和空中的动物都很容易把泄气的气球或爆炸的气球碎片误认为是食物，更严重的是，它们都有可能被气球上的丝带缠住并勒死。诚然，乳胶气球在技术上是可生物降解的。但是它们也需要长达 6 个月到 4 年的时间才能完全分解，而且它们在海水中的降解速度比在陆地上要慢很多。还有一种迈拉气球是由尼龙制成的，不能生物降解，因此它们会一直存在于自然界中，造成严重的环境污染，破坏生态环境。

第二，影响正常高空生产作业。

气球上升的高度，由于其内部气压不同，难以计算，也都在数十米上空。对于当下国内各类高空作业——临边作业、洞口作业、攀登作业、悬空作业和交叉作业，会造成极大的安全隐患。例如遮掩高空作业工人的视线，导致人员摔伤坠楼。而气球与气球、气球与建筑物的摩擦，如果气球内违规充氢气等易燃易爆气体，极其容易导致爆炸事故的发生。另外，气球也会十分容易附着在高空电线上，导致供电受阻。

第三，影响航空飞行安全。

对于气球施放，安全隐患最大的是影响航空飞行的安全。无论是降落在机场的气球，还是升至空中的气球，对于飞机的飞行有着极大的威胁。首先，气球与飞机近距离接触将可能使气球被吸入航空器发动机或堵塞空速管等，造成发动机故障、空中停车或仪表指示故障引起爆炸，会造成机毁人亡的惨祸。其次，如果捆绑大体积大数量的气球可能导致撞击飞机机翼，其系留绳或广告布条也可能缠挂在航空器的各种操作舵面上，致使航空器操作困难。最后，与高速飞行的航空器相撞时，会损坏航空器外部结构，将会使飞机无法正常起降，造成飞行事故。

案例二：M 县某广告有限公司违规施放气球案

【案情简介】2014 年 4 月 3 日，M 县气象局接到举报称 M 县某公司在 M 县某乡节日活动现场施放 12 个氢气球，此次施放氢气球未经县气象局许可。县气象局接到举报后立即组织行政执法人员赶赴现场。经查，M 县某乡政府当日举行节日活动，聘请该公司在活动现场施放氢气球 12 个，违反了《通用航空飞行管制条例》（以下简称《管制条例》）和《施放气球管理办法》（以下简称《管理办法》）的相关规定。

【处理结果】2014 年 4 月 3 日，M 县气象局行政执法人员到达现场后，对该公司进行了调查立案，并现场下达了责令停止违法行为通知书。该公司对自己违法行为认识态度较好，当即拆除了所有氢气球。经气象局行政执法人员核实，予以结案。

【法条链接及法理分析】

本案中 M 县某公司未经气象主管机构的批准，在 M 县施放氢气球来进行酒店宣传，违反了相关法律规定。

《气象法》的规定，气象专用技术装备应当符合国务院气象主管机构规定的技术要求，并经国务院气象主管机构审查合格；未经审查或者审查不合格的，不得在气象业务中使用。气球的种类除了用作广告宣传、节庆装饰的商用气球，其中还有一个重要的用途就是作为气象专用技术装备和气象计量器具的气象气球，探测气象信息。气象气球作为一种升空器具，是目前高空观测中使用的主要工具、与其他升空器具(气机、火箭、卫星等)相比，具有不需要动力、花费少、使用方便的特点。

本案中的气球施放是作为节日庆祝宣传用途，其中该公司是违反了《管制条例》和《管理办法》的规定，应受到相应的气象行政处罚。

根据《管制条例》的规定，首先，升放无人驾驶自由气球或者系留气球，不得影响飞行安全。其次，进行升放无人驾驶自由气球或者系留气球活动，必须经设区的市级以上气象主管机构会同有关部门批准。因此，我国对无人驾驶自由气球和系留气球的升放进行规制管理，施放单位或个人需向设区的市级以上气象主管机构提出升放申请，经设区的市级以上气象主管机构批准，才能进行气球升放。最后，施放气球必须申请，申请内容主要包括：升放的单位、个人和联系方法；气球的类型、数量、用途和识别标志；升放地点和计划回收区；预计升放和回收(结束)的时间；预计飘移方向、上升的速度和最大高度。而且，在气球施放过程中，及时向有关飞行管制部门报告升放动态；取消升放时，应当及时报告有关飞行管制部门。如果出现未经批准擅自升放的、未按照批准的申请升放的、未按照规定设置识别标志的、未及时报告升放动态或者系留气球意外脱离时未按照规定及时报告的、在规定的禁止区域内升放等情形，由气象主管机构或者有关部门按照职责分工责令改正，给予警告；情节严重的，处 1 万元以上 5 万元以下罚款；造成重大事故或者严重后果的，依照刑法关于重大责任事故罪或者其他罪的规定，依法追究刑事责任。

另外，《管理办法》作为主要规范气球施放的部门规章，对施放气球进行了详细的规定。明确规定施放气球活动实行许可制度。施放气球单位施放无人驾驶自由气球至少提前 5 天，施放系留气球至少提前 3 天向施放所在地的设区的市级气象主管机构或者其委托的县级气象主管机构(以下简称许可机构)提出申请，并按要求如实填写《施放气球作业申报表》，提供《施放气球资质证》原件及复印件等材料。据某市气象局统计，每年气球的施放数量，平均每月施放一千多只气球，一年施放二万多只气球。每逢节日，一天将平均施放六七百只气球。某市施放气球管理办公室记录在案的，每年还有十几只气球脱飞，二百多个不按规定施放的气球。气球的大量施放造成遮掩高空作业人员的视线，影响航空飞机安全，附着高压电线导致供电，以及因其不能生物降解形成污染环境，破坏生态平衡。气球的随意施放，导致各类安全隐患的发生。因此将气球的施放纳入到行政许可的范畴，使其纳入国家法律的管控范围，以保障公民人身健康、生命财产安全。对违反气球施放管理规定的，由气象主管机构或者有关部门按照职责分工责令改正，给予警告；情节严重的，处 1 万元以上 5 万元以下罚款；造成重大事故或者严重后果的，依照刑法关于重大责任事故罪或者其他罪的规定，依法追究刑事责任。

本案中，该公司在 M 县节庆活动现场施放氢气球 12 个，且未经 M 县气象主管机构审批。其行为违反了《管制条例》和《管理办法》。气象局执法人员立案调查后，根据相关法律规定，责令停止违法行为，符合法律规定的程序。该公司对自己违法行为认识态度较好，当即拆除所有氢气球。根据《气象行政处罚办法》规定，气象行政处罚程序分为两种，简易程序和一般程序。结合本案的具体情形，本案适用简易程序。气象执法人员到达执法现场出示执法身份，开展现场调查，制作现场笔录等其他材料，向当事人告知违法事实、处罚理由、依据并听取当事人陈述和申辩，最后作出气象行政处罚决定，交付当事人，并告知其相应的权利符合相关法律的规定。

【问题】

1. 施放气球需要申请吗？

依据《管制条例》和《管理办法》的相关规定，施放气球需要进行申请，气象主管机构对申请施放气球的单位和个人资质进行认定后，方可施放气球。

《管制条例》规定，进行升放无人驾驶自由气球或者系留气球活动，必须经设区的市级以上气象主管机构会同有关部门批准。《管理办法》规定，对施放气球单位实行资质认定制度。未按规定取得《施放气球资质证》的单位不得从事施放气球活动。

2. 施放气球的监督管理主体，法律有哪些规定？

《气象法》规定，国务院气象主管机构负责全国的气象工作。地方各级气象主管机构在上级气象主管机构和本级人民政府的领导下，负责本行政区域内的气象工作。国务院其他有关部门和省、自治区、直辖市人民政府其他有关部门所属的气象台站，应当接受同级气象主管机构对其气象工作的指导、监督和行业管理。施放气球也当然受到国务院气象主管机构和地方各级主管机构的垂直管理。

根据《管制条例》规定，进行升放无人驾驶自由气球或者系留气球活动，必须经设区的市级以上气象主管机构会同有关部门批准。具体办法由国务院气象主管机构制定。升放无人驾驶自由气球，应当在拟升放 2 天前持相关批准文件向当地飞行管制部门提出升放申请；飞行管制部门应当在拟升放 1 天前作出批准或者不予批准的决定，并通知申请人。说明施放气球的监督管理主体，还包括飞行管制部门。

根据《管理办法》规定，县级以上气象主管机构负责对本行政区域内施放气球活动的监督管理。施放气球单位应当主动接受气象主管机构的监督管理与安全检查，并按照要求做好有关工作。利用气球开展各种活动的单位和个人，不得使用无《施放气球资质证》的单位施放气球。省级或者设区的市级气象学会负责本行政区域内施放气球作业人员的从业资格认定工作。省级或者设区的市级气象主管机构应当对本级气象学会开展施放气球作业人员的从业资格认定工作进行指导和监督。县级以上气象主管机构可以对施放气球场所进行实地检查。检查时,检查人员可以查阅或者要求被检查单位报送有关材料;被检查单位应当如实提供有关情况和材料。

3.结合本案分析,该广告有限公司违规施放气球,应该如何处理?

首先,本案某公司违规施放气球,违反了《管制条例》《管理办法》和《气象行政处罚办法》等的规定。根据《气象行政处罚办法》实施气象行政处罚必须遵循公正、公开的原则,坚持处罚与教育相结合的原则。并且考虑当事人的过错程度、违法行为造成的危害后果、当事人改正违法行为的态度和采取的改正措施、其他依法应当考虑的具体情节,依照《管制条例》《管理办法》和《气象行政处罚办法》的规定,对该广告公司进行警告,责令停止违法行为的处罚。

具体的处罚程序是:第一,审查主体。对该公司施放气球的行为进行审查,并在7日内决定是否立案。在现场检查过程中,发现涉嫌违法行为的,可以先行收集证据。需要立案办理的案件,承办人员应当填写气象行政执法立案审批表,并报经本级气象主管机构负责人批准后立案。第二,调查取证。气象主管机构对立案的气象违法案件,必须指定专人负责,及时组织调查取证。气象行政执法人员调查取证时,应当向当事人或者有关人员出示行政执法证件。调查取证时,执法人员不得少于两人。气象行政执法人员在调查过程中,有权进入现场进行调查和取证,查阅或者复制有关记录和其他有关资料。气象行政执法人员与当事人有直接利害关系的,应当回避。第三,制作笔录。询问或者调查时,应当制作笔录。承办人员进行询问调查时,应当允许当事人作辩解陈述,并将情况记入调查笔录,经当事人认可后,签名或者押印。第四,证据保全。气象行政执法人员在收集证据时,可以采取抽样取证的方法。在证据可能灭失或者以后难以取得的情况下,经气象主管机构负责人批准,可以先行登记保存,填写登记保存(封存)通知书,并在7日内及时作出处理决定。第五,下达责令停止违法行为通知书。气象局执法人员赶赴现场,调查立案后,现场下达责令停止违法行为通知书。

该公司,其施放氢气球未经过县气象局的许可。因此适用《管理办法》第二十八条:"违反本办法规定,有下列行为之一的,由气象主管机构或者有关部门按照职责分工责令改正,给予警告;情节严重的,处1万元以上5万元以下罚款;造成重大事故或者严重后果的,依照刑法关于重大责任事故罪或者其他罪的规定,依法追究刑事责任。"该公司违反了《管理办法》规定的"未经批准擅自施放"的规定。另外,还违反了《管制条例》第三十三条的规定,即"进行升放无人驾驶自由气球或者系留气球活动,必须经设区的市级以上气象主管机构会同有关部门批准。具体办法由国务院气象主管机构制定。”基于以上分析，气象行政执法人员根据《气象行政处罚办法》的规定，对于已审查终结的案件，应当由气象法制机构或者气象主管机构负责人应当根据不同情况，分别提出以下处理意见：第一，违法事实不能成立的，应当撤销案件；第二，违法行为轻微的，可以免予行政处罚；第三，违法事实成立的，决定给予行政处罚；第四，法律、法规和规章规定由县级以上人民政府有关部门实施处罚的，应当将案件移送有关部门处理；第五，气象违法行为涉嫌构成犯罪的，应当将案件移送司法机关处理。

结合本案，考虑到该公司对违法认识态度良好，当即拆除所有氢气球，符合处罚办法第二十八条的第二款情形，即违法行为轻微的，可以免予行政处罚，经气象局行政执法人员核实，结合本案具体情形，对 M 县某广告有限公司可以免于气象行政处罚。

案例三：H 县某建筑公司非法施放氢气球案

【案情简介】2014 年 5 月 3 日 H 县气象局接到举报，在 H 县某建筑公司开工奠基庆典活动中，施放了 60 多个气球。因无人看护遭群众哄抢。H 县气象局立即启动应急预案，联合安监局执法人员赶赴现场取证，发现空中有气球，立即向机场报告，请求做好航空飞行保障措施，同时收缴被周围群众哄抢的气球，保护好现场和安全。经调查，该公司未向 H 县气象局申报办理气球施放审批手续。该行为违反了《施放气球管理办法》（以下简称《管理办法》）规定和《通用航空飞行管制条例》（以下简称《管制条例》）的相关规定。

【处理结果】该公司施放的气球造成的安全隐患和影响相当恶劣，违反了施放气球相关规定施放气球，加之因管理不善，施放过程中致使气球遗漏放飞，给航空飞行造成了重大安全隐患。事后，该开发商承认违法行为。经 H 县气象局行政执法，考虑到该公司是招商引资项目，承认错误的态度较好，决定给予其罚款二千元的气象行政处罚决定。

【法条链接及法理分析】

《气象法》中没有对气球施放进行直接规定的法律条文，但是有相关气象专用技术装备和气象计量器具的规定，因此，气球施放的管理规定可纳入到气象专用技术装备的范畴中。《气象法》第三十六条规定：“违反本法规定，使用不符合技术要求的气象专用技术装备，造成危害的，由有关气象主管机构按照权限责令改正，给予警告，可以并处五万元以下的罚款。”根据本条规定，确定了违法行为人的行政处罚责任。追究违法行为人的违法责任，由有关气象主管机构按照权限依法追究。相关气象主管部门在执法过程中根据违法行为的轻重和造成后果等实际情形，依法作出下列行政处罚决定：第一，警告，即由有关气象主管机构按照权限对违反本条规定的违法行为人给予一种较轻的行政处罚，其目的主要是对违法行为人给予批判教育，敦促其改正违法行为。违法行为人接到警告后，应当立即采取措施予以改正。警告一般采用书面形式。第二，罚款，所谓罚款是指有关气象主管机构按照权限对违反本法规定，使用不符合使用要求的气象专用技术装备造成危害的单位给予一定的经济制裁，以补偿其造成的损失或者加强惩戒作用。罚款是一种并罚的行政处罚措施，即它在本条中不能单独使用，而是由有关气象主管机构按照权限根据违法行为的性质、情节和造成的后果等具体情况，在作出的警告处罚决定的同时，决定是否给予罚款的处罚。气象主管机构应当根据违法行为的轻重及所造成的危害等情况依法行使，不得滥用，在气象行政执法中应严格遵循合理性原则。

在《管制条例》中也有关于施放气球的相关规定。其第四十三条规定："违反本条例规定，升放无人驾驶自由气球或者系留气球，有下列情形之一的，由气象主管机构或者有关部门按照职责分工责令改正，给予警告；情节严重的，处 1 万元以上 5 万元以下罚款；造成重大事故或者严重后果的，依照刑法关于重大责任事故罪或者其他罪的规定，依法追究刑事责任：(一)未经批准擅自升放的；(二)未按照批准的申请升放的；(三)未按照规定设置识别标志的；(四)未及时报告升放动态或者系留气球意外脱离时未按照规定及时报告的；(五)在规定的禁止区域内升放的。"

一、施放气球行为主体的法律限制

(一)申请单位不得隐瞒有关情况和提供虚假材料

根据《管理办法》的规定，申请单位隐瞒有关情况、提供虚假材料申请资质认定或者施放活动许可的，认定机构或者许可机构不予受理或者不予许可，并给予警告。申请单位在一年内不得再次申请资质认定或者施放活动许可。

(二)施放气球的单位不得实施欺骗、贿赂等行为

被许可单位以欺骗、贿赂等不正当手段取得资质或者施放活动许可的，认定机构或者许可机构按照权限给予警告，可以处 3 万元以下罚款；已取得资质或者施放活动许可的，撤销其《施放气球资质证》或者施放活动许可决定；构成犯罪的，依法追究刑事责任。

(三)气球施放单位及个人不得涂改、伪造、倒卖《施放气球资质证》等行为

违反规定，有下列行为之一的，由县级以上气象主管机构按照权限责令改正，给予警告，可以处 3 万元以下罚款；给他人造成损失的，依法承担赔偿责任；构成犯罪

的，依法追究刑事责任：第一，涂改、伪造、倒卖、出租、出借《施放气球资质证》《施放气球资格证》或者许可文件的；第二，向负责监督检查的机构隐瞒有关情况、提供虚假材料或者拒绝提供反映其活动情况的真实材料的。

（四）施放气球必须取得施放气球资质，并按规定施放气球

我国对施放气球单位实行资质认定制度。只有按规定取得《施放气球资质证》的单位才能从事施放气球活动。因此，申请施放气球的单位应当具备独立的法人资格、有固定的工作场所，危险气体的运输、使用和存放必须符合国家有关规定、有4名以上经省级或者设区的市级气象学会考试合格并取得《施放气球资格证》的作业人员，其中至少有1名具有相关专业中级以上技术职称的人员、有必需的器材和设备、有健全的安全保障制度和措施这五个条件，向所在地的设区的市级或者省、自治区、直辖市气象主管机构提出书面申请，并提供相应申请材料，才可以进行气球施放。

（五）施放气球违反法律规定，要受到相应的行政处罚

根据《管理办法》的规定，第一，年检不合格的施放气球单位在整改期间施放气球的；第二，违反施放气球技术规范和标准的；第三，未指定专人值守的；第四，施放系留气球未加装快速放气装置的；第五，利用气球开展各种活动的单位和个人，使用无《施放气球资质证》的单位施放气球的；第六，在安全事故发生后隐瞒不报、谎报、故意迟延不报、故意破坏现场，或者拒绝接受调查以及拒绝提供有关情况和资料的；第七，违反施放气球安全要求的其他行为；实施以上违法行为的，由县级以上气象主管机构按照权限责令改正，给予警告，可以处1万元以下罚款；情节严重的，处1万元以上3万元以下罚款；造成重大事故或者严重后果的，依照刑法关于重大责任事故罪或者其他罪的规定，依法追究刑事责任。

二、气象主管机构及其工作人员的相关法律规定

（一）气象主管机构及其工作人员必须遵循法律原则进行行政处罚

气象主管机构及其工作人员实施气象行政处罚必须遵循公正、公开的原则，坚持处罚与教育相结合。在对气象违法行为实施处罚时，应当在法定的处罚种类和幅度范围内，综合考虑当事人的过错程度、违法行为造成的危害后果、当事人改正违法行为的态度和采取的改正措施以及其他依法应当考虑的情节而进行行政执法，严格遵守合法性原则和合理性原则。

（二）气象主管机构及其工作人员不得实施违法行为，严格执法

根据《管理办法》的相关规定，气象主管机构的工作人员弄虚作假、玩忽职守、滥用职权、徇私舞弊，尚不构成犯罪的，由所在单位给予行政处分；构成犯罪的，依法追

究刑事责任。在审批施放气球的资质证和许可的申请中，气象主管机构的工作人员存在弄虚作假、玩忽职守、滥用职权、徇私舞弊等情形的，尚不构成犯罪的，由所在单位给予行政处分；若存在构成犯罪情形的，依据刑法规定，可追究受贿罪、滥用职权罪、玩忽职守罪等刑事责任。

本案中，H县某开发商开工奠基庆典活动，施放了60多个气球，施放的气球无人看护遭群众哄抢。H气象局赶赴现场调查取证，发现该公司未向H县气象局申报办理气球施放审批手续，给航空飞行造成了重大安全隐患。根据《管制条例》第三十三条的规定："进行升放无人驾驶自由气球或者系留气球活动，必须经设区的市级以上气象主管机构会同有关部门批准。"根据《管制条例》的规定，升放无人驾驶自由气球或者系留气球，不得影响飞行安全。同时规定未经批准擅自升放的、未按照批准的申请升放的、未按照规定设置识别标志的、未及时报告升放动态或者系留气球意外脱离时未按照规定及时报告的、在规定的禁止区域内升放的。由气象主管机构或者有关部门按照职责分工责令改正，给予警告；情节严重的，处1万元以上5万元以下罚款；造成重大事故或者严重后果的，依照刑法关于重大责任事故罪或者其他罪的规定，应给予该开发公司责令改正、给予警告；情节严重的，处1万元以上5万元以下罚款。在气象主管机构的查处过程中，该开发商承认违法行为和错误，气象主管机构考虑到该开发商是招商引资项目，根据处罚与教育相结合的原则，按照《行政处罚法》在对气象违法行为实施处罚时，应当在法定的处罚种类和幅度范围内，综合考虑该开发公司的具体违法情节以及当事人的过错程度、违法行为造成的危害后果、当事人改正违法行为的态度和采取的改正措施，H县气象局决定给予其罚款2000元的处罚符合相关法律规定。

【问题】

1. 申请无人驾驶气球一般应包括哪些内容？

依据《管理办法》的规定，申请无人驾驶气球一般包括以下内容。

从事施放气球活动的单位，应当向所在地的设区的市级或者省、自治区、直辖市气象主管机构提出书面申请，并提供下列申请材料：第一，《施放气球资质证申请表》；第二，法人资格证原件及复印件；第三，人员登记表、有关人员资格证原件及复印件；第四，施放气球的器材和设备清单；第五，安全保障责任制度和措施；第六，法律、法规规定的其他材料。

第六章　气象行政执法

气象行政执法是国家行政执法活动的一个组成部分，这是气象部门依照法定权限和法定程序享有和承担气象法律规范中规定的权利义务，实施气象行政执法行为，把法律规定的抽象行政行为转化成为气象法主体的具体权利义务的过程。气象行政执法行为是以法定程序执行气象法律、法规的活动。所以，气象行政执法必须是具有行政执法权的气象部门，执行气象法律、法规，并依照法定职权及权限，对特定的具体事项及特定的公民、法人或其他组织作出的直接或间接影响其权利义务的气象行政执法行为。

案例一:J 县气象局行政执法案

【案情简介】2011 年 12 月 28 日，S 市气象局收到 J 县气象局《关于恳求市局执法大队到我局开展气象执法的申请》，在该申请材料中，J 县局举报某当事人在该县城某小区第 217 号地段(气象观测场东北方)所建房屋第三层已经超高，将对该县气象探测环境造成影响。此前，J 县气象局于 2011 年 12 月 13 日向该当事人送达了《房屋限高通知书》，该当事人不予理会，继续施工。J 县气象局于 2011 年 12 月 26 日，又制作了《责令停止违法行为通知书》(当事人拒绝签字)，该当事人仍不理会，仍在继续施工。

鉴于某当事人涉嫌违反了《气象法》第二十条和《气象探测环境和设施保护办法》(以下简称《保护办法》)第二十三条的有关规定，S 市气象局于 2011 年 12 月 29 日对某当事人进行了立案调查。

2011 年 12 月 30 日，执法人员进行了实地调查，发现当事人所建房屋第三层的构造柱已经树起来了。若继续施工，将影响该县探测环境。S 市气象局于当天给当事人下达了《气象行政执法责令停止违法行为通知书》，要求当事人：1. 立即停止施工；2. 把 8.0 米以上的超高建筑物自行拆除，恢复原状，于 2012 年 1 月 7 日前予以改正。执法人员找当事人做思想工作，告知其继续实施违法行为的严重性及承担的法律后果。之后，当事人停建。

2012 年 3 月 12 日，S 市气象局接到 J 县气象局的反映，当事人又在进行施工。3 月 14 日，执法人员再次到现场，发现当事人正在安装第三层楼面模板。S 市气象局又给当事人再次下达了《气象行政执法责令停止违法行为通知书》,要求当事人:1.立即停止施工;2.把8.0米以上的超高建筑物自行拆除,恢复原状;于2012年3月21日前予以改正。但是,直到3月29日,执法人员到达案发现场,证实当事人不但未改正,而且还在继续施工。鉴于S市气象局下达了二次《气象行政执法责令停止违法行为通知书》,当事人仍拒不改正,2012年4月5日S市气象局执法人员对案件进行了讨论,一致认为,当事人违法事实清楚,依据《气象法》第三十五条第一款第(二)项、《行政处罚法》第三条和《Z省气象行政处罚自由裁量权细化标准(试行)》第一章细化标准(二)中第4项的相关规定,将给予以下行政处罚:1.自行拆除8.0米以上的超高建筑物,恢复原状;2.并处罚款人民币叁万元整。

2012年4月10日,S市气象局给当事人送达了《气象行政执法行政处罚告知书》,告知他们对即将作出的行政处罚决定有陈述、申辩的权利,可以在收到本通知之日起三日内,提出听证要求。2012年4月12日,S市气象局收到了当事人递交的《关于对市气象局行政处罚告知的申辩》的听证要求。2012年5月3日,S市气象局给当事人送达了举行听证通知书,决定于2012年5月11日举行听证。5月9日,S市气象局接到当事人递交的要求延期听证的申请,理由是"本人身体原因,治疗时好时坏,医生建议手术治疗,近期不便参加听证"。经过领导批准同意,给予了当事人延期一个月听证时间的请求。2012年6月15日,S市气象局再次给当事人送达了"定于2012年6月27日下午在S市气象局举行听证"的通知。2012年6月27日,在申请人无故缺席的情况下,听证会如期举行,S市气象局还在听证会之前再次给申请人打了电话,申请人说不参加了,放弃听证。

【处理结果】2012年6月28日,S市气象局对某当事人作出了行政处罚决定:1.自行拆除8.0米以上的超高建筑物,恢复原状;2.并处罚款人民币叁万元整。并于2012年7月3日通过当地居委会,公证送达到了当事人。当事人向Z省气象局提出了行政复议,11月29日Z省气象局作出复议决定:维持S市气象局的行政处罚决定,并提请法院强制执行。

该案从接案到立案,从下达《气象行政执法责令停止违法行为通知书》到《气象行政执法行政处罚告知书》,从要求听证到行政复议,S市气象局严格依照法律规定的程序进行了气象行政处罚,S市气象局制作了书面《行政复议答辩书》。该案违法事实清楚,证据确凿,适用法律依据正确,程序合法,处罚适当。

该案涉及当事人违法建筑,属于不动产,查处难度较大。当事人对于S市气象局直接送达所有气象行政执法文书拒绝签收,给市气象局执法文书送达造成困难,市气象局采用留置送达,并聘请当地公证处公证员到现场,做了证据保全公证。

【法条链接及法理分析】

本案例的主要焦点在于气象行政执法的过程。在此过程中，主要涉及有《气象法》《保护办法》《行政处罚法》《气象行政处罚办法》（以下简称《处罚办法》）《行政复议法》《气象行政复议办法》（以下简称《复议办法》）等相关法律及规章。

一、关于气象设施保护的相关法律规定

在气象设施的保护方面主要依据的是《气象法》和《保护办法》的有关条文规定。《气象法》是为了发展气象事业，规范气象工作，准确、及时地发布气象预报，防御气象灾害，合理开发利用和保护气候资源而制定的法律。根据《气象法》的规定，国家依法保护气象设施，任何组织或者个人不得侵占、损毁或者擅自移动气象设施。2004年10月中国气象局颁布的《保护办法》是专门性的气象设施管理规章，依据《保护办法》规定禁止下列危害气象探测环境和设施的行为：第一，侵占、损毁和擅自移动气象台站建筑、设备和传输设施；第二，在气象探测环境保护范围内设置障碍物；第三，在气象探测环境保护范围内进行爆破、采砂（石）、取土、焚烧、放牧等行为；第四，在气象探测环境保护范围内种植影响气象探测环境和设施的作物、树木；第五，设置影响气象探测设施工作效能的高频电磁辐射装置；第六，进入气象台站实施影响气象探测工作的活动；第七，其他危害气象探测环境和设施的行为。气象设施是气象业务活动的基础设施，属于国有公共资产。《气象法》规定了相关国家机关、组织和个人都有保护气象设施的义务。保护气象设施，对于保证气象设施正常、稳定、可靠地运行，确保准确、及时地获取气象探测信息具有非常重要的意义。气象设施的安装与设置必须符合相应的技术要求并保持长期稳定。近年来，随着社会经济的发展和城镇规模的不断扩大，气象探测环境受到影响和破坏的现象日趋突出。明确哪些是危害气象探测环境和设施的行为有助于切实保护好气象设施，防止和制止人为破坏和不可抗力破坏气象设施给气象工作带来的不可弥补的损失。

二、关于气象行政处罚的相关法律规定

在气象行政执法过程中，气象行政处罚所涉及主要是《行政处罚法》和《处罚办法》。《行政处罚法》是为了保障和监督行政机关有效实施行政管理，维持公共利益和社会秩序，保护行政管理相对人的合法权益的法律规范。根据《行政处罚法》的规定，公民、法人或者其他组织违反行政管理秩序的行为，应当给予行政处罚的，并由行政机关依照《行政处罚法》规定的程序实施。但是没有法定依据或者不遵守法定程序的，行政处罚无效。《处罚办法》是为了规范气象行政处罚行为，保障和监督气象主管

机构有效地实施行政管理，维护气象工作秩序，保护公民、法人或者其他组织的合法权益。依照《处罚办法》的规定，气象行政执法必须严格遵守法律程序。

（一）立案调查。《处罚办法》规定气象主管机构在检查中发现或者接到举报、控告的气象违法行为或者移送的气象违法案件，应当予以审查，并在7日内决定是否立案。在现场检查过程中，发现涉嫌违法行为的，可以先行收集证据。需要立案调查的案件，承办人员应当填写《气象行政执法立案审批表》，并报经本级气象主管机构负责人批准后立案。

（二）听证。气象行政执法过程中，依照气象法律、法规、规章作出吊销许可证（资质证、资格证）或者较大数额罚款等重大行政处罚决定的，依行政相对人的申请，可以举行听证。听证程序主要按照下列程序进行：第一，当事人申请听证的，应当在气象主管机构告知后3日内提出；第二，气象主管机构应当在听证的7日前，通知当事人举行听证的时间、地点；第三，除涉及国家秘密、商业秘密或者个人隐私外，听证公开进行；第四，听证主持人由气象法制机构的非本案调查人员主持，无气象法制机构的，由气象主管机构指定的非本案调查人员主持；第五，当事人可以亲自听证，也可以委托1至2人代理参加听证；第六，当事人认为主持人与本案有直接利害关系的，有权申请回避，由主持人报气象主管机构负责人决定是否接受；第七，听证由当事人、调查人员、证人以及与本案处理结果有直接利害关系的第三人参加；第八，举行听证时，调查人员提出当事人违法的事实、证据、处罚依据以及行政处罚建议；第九，当事人就案件的事实进行陈述和申辩，提出有关证据，对调查人员提出的证据进行质证；第十，在听证过程中，主持人可以向调查人员、当事人、证人或者第三人发问，有关人员应当如实回答；第十一，听证必须制作听证笔录，笔录应当交当事人审核无误后，由当事人签字或者押印。

（三）气象行政处罚决定。气象行政处罚决定依法作出后，当事人应当在处罚决定书确定的期限内，履行处罚决定。申请行政复议或者提起行政诉讼的，不停止行政处罚决定的执行。气象主管机构对当事人逾期不履行行政处罚决定的，可以申请人民法院强制执行。

气象部门依照法定权限和法定程序享有和承担气象法律、规范中规定的权利、义务，实施气象行政执法行为。将法律规定的抽象行政行为改变成为气象法主体的具体权利义务的过程，事实上是气象部门实施气象行政法律、法规规范的执法过程，即把气象法律法规适用于具体气象法主体的过程。气象行政执法就是气象管理部门，依法行使的气象行政行为，是以法定程序执行气象法律、法规的活动。所以，气象行政执法必须是具有行政执法权的气象部门，执行气象法律，法规，并依照法定职权及权限，对特定的具体事项及特定的公民、法人或其他组织实施的直接或间接影响其权利义务的气象行政执法行为。

三、关于气象行政复议的相关法律规定

《行政复议法》是为了防止和纠正违法的或者不当的具体行政行为，保护公民、法人和其他组织的合法权益，保障和监督行政机关依法行使职权而制定的。行政复议是一种经申请而启动的制度化程序。行政复议机关作出行政复议决定，必须基于公民、法人或者其他组织的申请。相对人之所以提出这种申请，是对行政机关实施的具体行政行为不服，认为具体行政行为违法或不当，请求行政复议机关依法审查和纠正。公民、法人或者其他组织认为具体行政行为侵犯其合法权益，向行政机关提出行政复议申请，行政机关受理行政复议申请、作出行政复议决定。依照《行政复议法》的相关原则以及规定，中国气象局制定了《复议办法》，《复议办法》是为了防止和纠正违法或者不当的具体行政行为，保护公民、法人和其他组织的合法权益，保障和监督气象主管机构依法行使职权。

根据《复议办法》的规定，气象主管机构实施的以下具体行政行为，公民、法人或者其他组织不服的，可以申请行政复议。

第一，对气象主管机构作出的警告、罚款、暂扣或者吊销许可证（资质证、资格证）等行政处罚决定不服的；

第二，认为符合法定条件，申请气象主管机构办理的许可证（资质证、资格证）等行政许可手续，气象主管机构拒绝办理或者在法定期限内没有依法办理的；

第三，对气象主管机构作出的有关许可证（资质证、资格证）等变更、中止、取消的决定不服的；

第四，认为符合法定条件，申请气象主管机构审批、审核、登记等有关事项，气象主管机构没有依法办理的；

第五，认为气象主管机构实施的其他具体行政行为侵犯其合法权益的。

在本办法中明确规定了气象行政复议的具体范围，其可复议的范围主要是两类：一是具体气象行政行为。二是气象部门的抽象行政行为，在一定程度上可以说是气象部门的立法行为。公民、法人或者其他组织认为气象主管机构的具体行政行为所依据的除法律、法规、规章和其他规范性文件不合法、不适当的，在对具体行政行为向气象行政复议机构提出行政复议申请时，可以一并申请对该规范性文件的审查。

结合本案例可以看出，S 市气象局接到 J 县气象局举报某当事人于气象观测场东北方所建房屋，将对该县气象探测环境造成影响，并经实地取证已查实。因此 S 市气象局于 2011 年 12 月 29 日对该当事人进行了立案调查，并于立案后先后两次下达

《气象行政执法责令停止违法行为通知书》，但当事人并未停止施工，经过S市气象局集体讨论决定对其进行行政处罚。2012年4月12日，某局收到了当事人递交的《关于对市气象局行政处罚告知的申辩》的听证要求。2012年5月3日，S市气象局给当事人送达了举行听证通知书，决定于2012年5月11日举行听证。后又因当事人身体原因决定延期举行听证会。2012年6月27日，在申请人无故缺席的情况下，听证会如期举行。2012年6月28日，S市气象局对当事人作出了行政处罚决定，当事人向省气象局提出了行政复议。2012年11月29日省气象局作出复议决定，维持市气象局的原行政处罚决定。但当事人拒不执行S市气象局作出的气象行政处罚决定。S市气象局将该案申请法院强制执行。该案从气象执法机构立案审查、听证、作出气象行政处罚决定、气象行政复议到申请人民法院强制执行，S市气象局的气象行政执法规范，符合法律规定，严格遵守法律程序，事实清楚，证据确凿，适用的法律规定正确，坚持了合法性原则，对某当事人的违法事实作出了行政处罚决定。期间针对不动产一类查处难度较大的事件，为避免执法文书送达困难，S市气象局采用留置送达方式，并聘请当地公证处公证员到现场，做了证据保全公证，对于以后的类似案件的处理有着一定的借鉴作用。

【问题】

1.什么是行政执法？什么是气象行政执法？

行政执法，是行政机关及其他行政主体（包括委托和授权的行政主体）执行法律的行为（其中抽象行政行为及具体行政行为）。

行政执法是国家行政机构管理和服务社会的主要手段，是行政管理的重要方式。是行政主体的主要公务活动，都属于行政执法活动。其特征主要有以下几个方面。

（1）行政执法具有强制性

行政执法是法定的行政机关实施、适用行政法律规范的行为，是贯彻、执行国家意志的手段，必然具有相应的拘束力和法律规范的强制执行力。在行政执法过程中，如果行政管理相对人违反行政法律规范或不履行行政法律规范中所规定的义务时，就会受到行政处罚或行政强制措施。

（2）行政执法是具体行政行为

行政执法是对行政特定人、特定事项采取的行政措施。行政执法在一般情况下，没有普遍的约束力，不是针对一般人和一般的事务，而是特定人和特定事务。行政执法的相对人是确定的。与行政立法的抽象性相比较，行政执法具有具体性和个案性的特征。尽管行政执法涉及内容非常广泛，它覆盖了国家行政管理各个领域，但从其性质上说，行政执法属于一种具体行政行为。

(3)行政执法是行政行为主动性的结果

国家行政管理法律法规的设立和公布，形成国家规范的行政法律性文件。只有国家行政机关主动积极的依照法律法规实施行政行为，才能形成行政机关与行政相对人之间的法律关系。这种依法行政的主动性，也体现了为民行政的积极性。行政执法是为了实现国家行政管理职能的一种活动，它必须依职权积极自觉地采取行动，主动地而不是被动地进行行政执法。行政执法不同于行政司法，行政司法行为是一种事后的裁决或救济行为，没有当事人的主动申请，行政机关不得主动为之。

(4)行政执法具有效率性

效率是用于衡量工作效果的常用方式，决定效率的主要因素是在单位时间内，消耗的能量与获得效果的比率。在二者条件不变的情况下，二者成正比关系。因此在单位时间内，有效的速度是提高效率的主要方法。准确、迅速、快捷、简便是执法效率的保障。坚持以民为本，执法为民的基本方针；坚持文明执法，及时做好前置性的法律服务，是提高行政执法效率的重要原则。由此可见，行政效率直接关系社会效率和社会秩序。所以，效率是行政执法的基本属性和特点。

(5)行政执法受社会经济发展的影响

行政执法的根本目的是维护社会公共利益，促进社会经济的发展。随着社会主义市场经济的发展，市场的自我调节机能逐渐完善，对行政干预的需求逐渐减少。实践证明，改革开放以来，行政执法的内容和项目正在逐渐减少。足以证明，行政执法受经济发展的影响。

气象行政执法就是指气象管理部门，依法行使的气象行政行为，是以法定程序执行气象法律、法规的活动。所以，气象行政执法必须是具有行政执法权的气象部门，执行气象法律、法规，并依照法定职权及权限，对特定的具体事项及特定的公民、法人或其他组织实施的直接或间接影响其权利义务的气象行政行为。气象行政执法的主要特征有以下几个方面。

(1)气象行政执法具有专业性与法律性结合的特征

气象行政执法除了具备最基础的法律特征之外，由于气象法的科学技术性，气象执法手段与方式也具有很高的技术性要求。所以，气象行政执法人员，应具备相应的气象专业科技知识。

(2)气象行政执法具有较强的公益性

气象行政执法是以促进和维护公共气象事业的发展，促进和维护社会公共利益，维护公共秩序和服务于社会为目的。气象事业是经济建设、国防建设、社会发展和人民生活的基础性公益事业，气象工作应当把公益性气象服务放在首位。气象事关人民群众的衣食住行、身体健康、生活质量和生命财产安全。由此可见气象具有很强的公益性。为此，作为气象工作重要内容的气象行政执法也具有很强的公益性。气象行政执法的公益性主要体现在三个方面。第一，气象行政执法按照国家赋予的职能，依法执法和依法行政，维护气象工作秩序。第二，开展气象灾害预警告示制度的制定和实施，积极配合各级政府做好防御气象灾害预案的制定和实施，为广大社会公众提供气象服务。第三，规范和管理雷电灾害的防御、施放气球等相关领域的社会和市场行为，科学地引导全社会用好气象资源，趋利避害。

(3)气象行政执法以气象行政管理和气象行政指导相结合的方式进行

《气象法》第五条规定："国务院其他有关部门和省、自治区、直辖市人民政府其他有关部门所属的气象台站，应当接受同级气象主管机构对其气象工作的指导、监督和行业管理。"这就是通常所说的气象行业指导。为此气象行政执法的指导性主要体现在三个方面：一是指导气象行业的国内布局。围绕国家目标从国家层面上统筹规划气象事业布局，推进体制创新和机制创新，建立全行业及多部门的合作机制，形成有利于中国气象事业整体推进和资源优化配置的体制框架，加强气象资源、信息、设施和科技成果的共享，避免重复建设和浪费。二是指导气象行业布局的优化。指导气象行业发展的整体设计，促进农业气象、海洋气象、水文气象、民航气象、交通气象、军事气象、空间气象等与全行业气象的协调发展，形成具有中国特色的行业气象新格局。三是指导气象行业的区域布局。统筹规划国家和地方气象业务、科研和科技队伍的建设，同时指导地方气象事业发展。指导区域气象发展，根据区域经济和社会发展的需求突出重点，开展各具特色的气象业务、科研工作，形成东、中、西部气象工作新格局。四是气象管理过程中的具体业务及专门指导。在气象部门的管理过程中，针对特定的行政相对人就气象业务专业知识以及法律规定所做的指导。其主要目的是为了协调，预防，引导以及抑制行政相对人的行为。

(4)气象行政执法具有预防性和超前性

气象行政执法在多数情况下是违法行为发生之前，通过气象行政管理和服务、指导或制裁等方式，以防止危害后果的产生；随着公共气象空间的进步，现代经济发展，人民物质文明和精神文明生活的提高，对公共气象的要求也日益提高，气象行为的一个特质在于其行为的前置性，这种前置性的原因在于其效力作用的预防性，因此，这种预防性与超前性是气象行政执法与其他行政执法的不同之处。

(5)气象行政执法具有促进发展公共气象科技事业的特殊作用

随着公共气象科技的进步，现代经济的发展，人民物质文明和精神文明生活的提高，对公共气象的科技要求日益增加，公共气象的行政管理职能和服务体系，必将与时俱进。

(6)气象行政执法具有具体性

与行政立法的抽象性和普遍性相比较,气象行政执法具有具体性和个别性的特点。气象行政执法是气象主管机构依据相关气象法律、法规和规章的有关规定实施,对相对人的权利义务产生直接影响的具体行政行为,它遵循"一事一理"的原则,不能反复实施,且只能对已经发生的事项产生法律效力。

(7)气象行政执法具有可诉性

气象行政执法会对行政相对人带来人身财产的影响。气象行政执法要求气象行政执法具有合法性和适当性。执法后给行政相对人造成不利影响,主要表现在两个方面即人身和财产方面。气象行政具有可诉性,这也是赋予行政相对人的相关权利。对气象行政执法的结果,行政相对人可以提起行政诉讼,以保障其合法权利,同时也是对行政相对人的限制和违法行为的纠正。

2.气象行政执法应遵循哪些原则?

气象行政执法的原则是气象行政执法主体及其工作人员在气象行政执法过程中应当遵守的基本准则。气象行政执法主体及其工作人员在气象行政执法过程中应当遵循以下原则。

(1)合法性原则

第一,气象行政执法权的来源和设定须合法。气象行政职权都必须基于法律的授予才能存在,无法律即无行政,即法律没有授权,气象行政主体无权执法。

第二,气象行政权的运用和行使须合法。行使气象行政执法权的主体必须是依法成立的组织,气象行政执法权必须在气象法律的范围内行使而不得与气象法律相抵触;气象行政执法权非以法律为依据,不得科以相对人以义务或损害其权益,也不得擅自免除特定人的法定义务或为特定人设定权利。

第三,气象行政执法权的委托须合法。当气象行政主体需要将其职权的部分或全部委托给其它的社会组织行使时,必须符合法律规定的条件。

因此,任何气象行政法律关系主体不得享有法外特权,一切气象行政违法主体都应承担法律责任。

(2)合理性原则

合理性原则是指气象行政法律关系当事人的行为,特别是气象行政机关的行为,不仅要合法而且要合理适当,也就是气象行政机关的自由裁量行为要做到合情、合理、恰当和适度。气象行政机关就被赋予了一定的自由裁量权,使其视具体情况做出相应的行政行为。但仅以气象行政合法性原则限制自由裁量权是不够的,必须以气象行政合理性原则限制。一般认为,气象行政合理性要求气象行政执法行为必须符合法律的目的、气象行政执法行为必须有合理的动机、气象行政执法行为应考虑相关的因素，而不考虑无关的因素。行政合理性原则的具体要求包括以下三方面：

第一，气象行政执法行为的动因应符合法律目的。凡有悖于法律目的的执法行为都是不合理的行为。

第二，气象行政执法行为应建立在正当性的基础上。气象行政执法行为不得违背社会公平观念或法律精神，不得存在法律动机以外的目的。气象行政机关在实施气象行政活动时必须出于公心，平等地对待气象行政相对方。

第三，气象行政执法行为的内容应合乎情理。即应符合事情的常规或规律。

(3)权责原则

即职能分离原则，气象行政执法，遵守法定程序与法定方式。实现权力制衡与职权分离，保证执法过程的公正性与执法人员的廉洁性。

(4)效率原则

在行政管理学上，行政效率就是在行政目标正确和行政质量规范的前提下，单位行政消耗所完成的行政数量。但行政法的制定、执行是通过行政主体的行政行为来实现的，所以，行政法的效率也要通过行政主体行政活动的效率来体现。行政活动的最终目的是保护与促进行政相对人权益的实现，行政法的目标是否能够实现最终还要看行政相对人权益的实现程度，因此，行政法上的效率是行政效率与行政相对人行为效率的统一，即行政法对行政管理效率的促进和行政相对人效率的促进。气象行政执法效率原则是指气象行政执法主体，在执法过程中应当讲求效率，以尽量短的时间、尽可能少的人员，办理更多的事务。

(5)平等原则

法律面前人人平等是我国宪法规定的基本原则，也是气象行政执法的基本原则。在气象行政主体对气象行政相对人的气象行政执法活动中包含了以下三个内容。

第一，地位平等，它要求行政主体在对不同相对人进行行政活动时处于平等地位，不能区别对待。

第二，在处理行政事务、作出气象行政执法决定的过程中，要同种情况同等考虑，不能偏私和任意行使裁量权，做到同等情况平等对待。

第三，除非必要或特殊情况和法律规定，遵循行政惯例和行政先例。

气象行政执法主体，在执法过程中尊重任何单位和个人所依法享有的气象权利，设立履行义务的统一标准，依法平等处理气象违法行为。

(6)便民原则

气象主管机构在进行气象行政执法时，应当遵守法定时限，积极履行法定职责，提高办事效率，提供优质服务，遵循方便公民、法人和其他组织的原则进行气象行政执法。

3.本案当事人可以通过什么方式来维护自己的权益?

如果S市气象局进行气象行政执法行为损害了当事人的合法权益,依据执行法律的规定,当事人可以通过两种方式维护自己的合法权益,一是行政复议,二是行政诉讼。

(1)行政复议

气象行政复议指与气象行政行为具有法律上利害关系的人即气象行政相对人认为气象局所作出的气象行政行为侵犯其合法权益,依法向具有法定权限的气象行政机关申请复议,由复议机关依法对被申请气象行政行为合法性和合理性进行审查并作出决定的制度。

(2)行政诉讼

气象行政诉讼是指公民、法人或者其他组织认为气象主管机构和组织及其工作人员所实施的气象行政行为,侵犯了其合法权利,依法向人民法院起诉,人民法院在当事人及其他诉讼参与人的参加下,依法对被诉气象行政行为进行审查并做出裁判,从而解决行政争议的制度。当事人可以直接向人民法院提起行政诉讼,而不申请行政复议。在S市气象局所在地法院提起行政诉讼。如果申请了行政复议,省气象局维持S市气象局作出的行政诉讼处罚决定,就以S市气象局为被告在其所在地法院提起行政诉讼。如果省气象局变更了S市气象局作出的行政处罚决定,那么就以省气象局为被告在其所在地人民法院提起行政诉讼。

案例二:Z县某投资有限公司开发的楼盘项目不履行防雷装置设计审核和竣工验收案

【案情简介】2015年6月16日,Y市气象局执法支队对Z县有关单位进行防雷安全检查,执法人员在检查Z县某投资有限公司开发的楼盘项目时,发现该有限公司开发的楼盘未履行防雷装置设计审核和竣工验收手续。存在安全隐患,违反了《气象法》和《防雷减灾管理办法》(以下简称《管理办法》)有关规定。

【处理结果】执法人员当场向该有限公司负责人进行了相关法律法规、规章和防雷知识的宣传,指出其行为的违法性,并依法下达了《Y市防雷安全整改通知书》,要求在七个工作日内整改。2015年6月25日执法支队人员再次到该单位进行防雷安全检查,发现该单位在规定的整改期限内仍未整改,执法人员对他们又进行了耐心的法律法规宣传教育。经过气象局执法人员的耐心教育,该有限公司主动承认错误,补办了防雷装置设计审核和竣工验收手续。考虑到该有限公司已经改正违法行为,达到了宣传和教育的目的,经市气象局研究决定,对该有限公司的违法行为不予行政处罚。

【法条链接及法理分析】

我国尚未针对行政执法出台专门法律法规，主要的执法依据为《行政处罚法》《气象行政处罚办法》(以下简称《处罚办法》)等相关法律法规和规章规定。根据《行政处罚法》规定，第一，要求行政机关进行行政处罚时要遵循公正、公开的原则；设定和实施行政处罚必须以事实为依据，与违法行为的事实、性质、情节以及社会危害程度相当；对违法行为给予行政处罚的规定必须公布；未经公布的，不得作为行政处罚的依据。第二，实施行政处罚，纠正违法行为，应当坚持处罚与教育相结合，教育公民、法人或者其他组织自觉守法。第三，行政执法要在法定范围内实施；行政处罚由具有行政处罚权的行政机关在法定职权范围内实施；法律、法规授权的具有管理公共事务职能的组织可以在法定授权范围内实施行政处罚；委托行政机关对受委托的组织实施行政处罚的行为应当负责监督，并对该行为的后果承担法律责任。受委托组织在委托范围内，以委托行政机关名义实施行政处罚；不得再委托其他任何组织或者个人实施行政处罚。第四，行政执法应符合管辖要求。行政处罚由违法行为发生地的县级以上地方人民政府具有行政处罚权的行政机关管辖；对管辖发生争议的，报请共同的上一级行政机关指定管辖；违法行为构成犯罪的，行政机关必须将案件移送司法机关，依法追究刑事责任；行政机关实施行政处罚时，应当责令当事人改正或者限期改正违法行为；对当事人的同一个违法行为，不得给予两次以上罚款的行政处罚。第五，行政执法的决定要依法依规。公民、法人或者其他组织违反行政管理秩序的行为，依法应当给予行政处罚的，行政机关必须查明事实；违法事实不清的，不得给予行政处罚。行政机关在作出行政处罚决定之前，应当告知当事人作出行政处罚决定的事实、理由及依据，并告知当事人依法享有的权利。当事人有权进行陈述和申辩。行政机关必须充分听取当事人的意见，对当事人提出的事实、理由和证据，应当进行复核；当事人提出的事实、理由或者证据成立的，行政机关应当采纳。第六，行政执法要符合法定程序。作出罚款决定的行政机关应当与收缴罚款的机构分离。除法律规定当场收缴的罚款外，作出行政处罚决定的行政机关及其执法人员不得自行收缴罚款。当事人应当自收到行政处罚决定书之日起十五日内，到指定的银行缴纳罚款。银行应当收受罚款，并将罚款直接上缴国库。

行政机关及其执法人员当场收缴罚款的，必须向当事人出具省、自治区、直辖市财政部门统一制发的罚款收据；不出具财政部门统一制发的罚款收据的，当事人有权拒绝缴纳罚款。执法人员当场收缴的罚款，应当自收缴罚款之日起二日内，交至行政机关；在水上当场收缴的罚款，应当自抵岸之日起二日内交至行政机关；行政机关应当在二日内将罚款缴付指定的银行。

当事人逾期不履行行政处罚决定的，作出行政处罚决定的行政机关可以采取下列措施：一是到期不缴纳罚款的，每日按罚款数额的百分之三加处罚款；二是根据法律规定，将查封、扣押的财物拍卖或者将冻结的存款划拨抵缴罚款；三是申请人民法院强制执行。

根据《处罚办法》的相关规定，各级气象主管机构实施气象行政处罚，应当以法律、法规和规章为依据，并依照法定的程序实施。各级气象主管机构应当加强对气象行政执法人员的管理和培训，以提高气象行政执法水平。实施气象行政处罚必须遵循公正、公开的原则，坚持处罚与教育相结合。各级气象主管机构对气象违法行为查证属实后，应当责令当事人停止违法行为，改正、限期恢复原状或者采取其他补救措施等，并依法给予行政处罚。气象行政处罚决定依法作出后，当事人应当在处罚决定书确定的期限内，履行处罚决定。申请行政复议或者提起行政诉讼的，不停止行政处罚决定的执行。气象主管机构对当事人逾期不履行行政处罚决定的，可以申请人民法院强制执行。罚没款按照收支两条线的规定全部上缴国库。气象主管机构或者个人不得以任何方式截留、私分或者变相私分。气象主管机构通过接受当事人的申诉和检举，或者通过备案审查等途径，发现下级气象主管机构作出的行政处罚违法或者显失公正的，可以责令改正。气象主管机构经过行政复议，发现下级气象主管机构作出的行政处罚违法或者显失公正的，可以依法撤销或者变更。

根据《气象法》的相关规定，各级气象主管机构应当加强对雷电灾害防御工作的监督管理，并会同有关部门指导对可能遭受雷击的建筑物、构筑物和其他设施安装的雷电灾害防护装置的检测工作。安装的雷电灾害防护装置应当符合国务院气象主管机构规定的使用要求，重要气象设施建设应按照气象基本建设管理工作原则进行。气象基本建设工作的原则是在国家统一计划的安排下，从提高经济效益的立足点出发，作好综合平衡，严格遵守基本建设审批程序，加强监督管理，促进气象事业现代化建设的健康发展。其主要任务包括项目审核、批准、下达、执行、施工、交付使用以及基本建设财务管理等，其中，项目审核是气象设施建设前期工作的重点。

本案中该有限公司开发的楼盘未履行防雷装置设计审核和竣工验收手续，存在安全隐患，违反了防雷装置的有关法律规定。依照《防雷装置设计审核和竣工验收规定》的规定，防雷装置的设计实行审核制度。为了加强雷电灾害防御工作，保护国家利益和人民生命财产安全，维护公共安全，促进经济建设和社会发展，中国气象局依据《气象法》《行政许可法》等法律、法规的有关规定，制定了《防雷减灾管理办法》《防雷装置设计审核和竣工验收规定》《防雷工程专业资质管理办法》等部门规章，对防雷减灾的法律原则、主管机构、雷电监测与预警、防雷工程、防雷检测、雷电灾害调查、鉴定和评估、防雷产品、罚则等作出了明确规定。根据《防雷装置设计审核和竣工验收规定》的规定，雷电防护装置的设计审核与竣工验收必须严格按照法律规定执行。防雷减灾工作，实行安全第一、预防为主、防治结合的原则。以最大的程度预防雷电灾害，提高雷电灾害防御能力和水平，保护国家利益和人民生命财产安全，维护公共安全，促进经济建设和社会发展。国务院气象主管机构负责组织管理和指导全国防雷减灾工作。地方各级气象主管机构在上级气象主管机构和本级人民政府的领导下，负责组织管理本行政区域内的防雷减灾工作。国务院其他有关部门和地方各级人民政府其他有关部门应当按照职责做好本部门和本单位的防雷减灾工作，并接受同级气象主管机构的监督管理。

防雷装置的设计实行审核制度。县级以上地方气象主管机构负责本行政区域内的防雷装置的设计审核。符合要求的，由负责审核的气象主管机构出具核准文件；不符合要求的，负责审核的气象主管机构提出整改要求，退回申请单位修改后重新申请设计审核。未经审核或者未取得核准文件的设计方案，不得交付施工。防雷工程的施工单位应当按照审核同意的设计方案进行施工，并接受当地气象主管机构监督管理。在施工中变更和修改设计方案的，应当按照原申请程序重新申请审核。

防雷装置竣工验收制度。负责验收的气象主管机构接到申请后，应当根据具有相应资质的防雷装置检测机构出具的检测报告进行核实。符合要求的，由气象主管机构出具验收文件。不符合要求的，负责验收的气象主管机构提出整改要求，申请单位整改后重新申请竣工验收。未取得验收合格文件的防雷装置，不得投入使用。县级以上地方气象主管机构负责本行政区域内防雷装置的设计审核和竣工验收工作。未设气象主管机构的县(市)，由上一级气象主管机构负责防雷装置的设计审核和竣工验收工作。防雷装置的设计审核和竣工验收工作应当遵循公开、公平、公正以及便民、高效和信赖保护的原则。因此，依据这些原则要求防雷装置设计审核和竣工验收的程序、文书等应当依法予以公示；设计审核和竣工验收气象主管机构必须在法定期限内完成；气象主管机构进行防雷装置设计审核和竣工验收的监督检查时，不得妨碍正常的生产经营活动，不得索取或者收受任何财物和谋取其他利益。本案中Z县某投资有限公司开发的楼盘项目属于以上四类规定，防雷装置应当经过相应的有关气象主管部门的设计审核和竣工验收才能交付施工和投入使用。

根据《防雷减灾管理办法》的规定，有下列行为之一的应当由县级以上气象主管机构按照权限处以责令改正，给予警告，或者可以处1万元以上3万元以下罚款；给他人造成损失的，依法承担赔偿责任；构成犯罪的，依法追究刑事责任：第一，应当安装防雷装置而拒不安装的；第二，使用不符合使用要求的防雷装置或者产品的；第三，已有防雷装置，拒绝进行检测或者经检测不合格又拒不整改的；第四，对重大雷电灾害事故隐瞒不报的。

违反《气象法》规定，安装不符合使用要求的雷电灾害防护装置的，由有关气象主管机构责令改正，给予警告。各级气象主管机构应当加强对雷电灾害防御工作的组织管理，并会同有关部门指导对可能遭受雷击的建筑物、构筑物和其他设施安装的雷电灾害防护装置的检测工作。安装的雷电灾害防护装置应当符合国务院气象主管机构规定的使用要求和标准。同时，有关气象主管机构可以按照权限对违法行为提出责令改正要求。根据《防雷装置设计审核和竣工验收规定》的处罚规定，存在下列行为：涂改、伪造防雷装置设计审核和竣工验收有关材料或者文件的；向监督检查机构隐瞒有关情况、提供虚假材料或者拒绝提供反映其活动情况的真实材料的；防雷装置设计未经有关气象主管机构核准，擅自施工的；防雷装置竣工未经有关气象主管机构验收合格，擅自投入使用的，由县级以上气象主管机构按照权限责令改正，给予警告，可以处5万元以上10万元以下罚款；给他人造成损失的，依法承担赔偿责任；构成犯罪的，依法追究刑事责任。根据《防雷减灾管理办法》的规定，存在不具备防雷装置检测、防雷工程专业设计或者施工资质，擅自从事相关活动的；超出防雷装置检测、防雷工程专业设计或者施工资质等级从事相关活动的；防雷装置设计未经当地气象主管机构审核或者审核未通过，擅自施工的；防雷装置未经当地气象主管机构验收或者未取得验收文件，擅自投入使用等情况的，由县级以上气象主管机构按照权限责令改正，给予警告，可以处5万元以上10万元以下罚款；给他人造成损失的，依法承担赔偿责任。

【问题】

1. 气象行政执法的程序是什么?

气象行政执法是指气象主管机构依照行政执法程序及有关法律、法规的规定，对具体气象事件进行处理并直接影响相对人权利与义务的具体行政法律行为，是国家气象行政主管机构等行政机关在执行气象法律、法规时所采取的具体办法和步骤，是为了保证气象行政法规的有效执行，而对特定的气象行政人和特定的气象行政事件所做的具体的行政行为。气象行政执法程序是为规范气象行政执法行为，避免行政相对人的权利因气象执法主体的随意性而受到侵害而必须遵循的在时间上、空间上严格限制的法定表现形式。

依照《处罚办法》的规定，气象行政执法必须严格遵守法律程序。依据法律规定，气象行政执法程序包括两类，一是简易程序，即当场处罚程序，是指根据《处罚办法》规定，由法定的气象主管机构对符合法定条件的处罚气象事项当场进行处罚所应遵循的程序。气象主管机构对违法事实确凿、情节轻微并有法定依据，对公民处以50元以下、对法人或者其他组织处以1000元以下罚款或者警告的行政处罚，可以当场作出气象行政处罚决定。

当场作出气象行政处罚决定时，气象行政执法人员不得少于两人，并应当遵守下列程序：第一，气象行政执法人员应当向当事人出示行政执法证件；第二，现场查清当事人的违法事实，并制作现场检查或者调查笔录；第三，向当事人说明违法的事实、气象行政处罚的理由和依据，并告知当事人依法享有的权利；第四，听取当事人的陈述和申辩，对当事人提出的事实、理由和证据成立的，应当采纳；第五，气象行政执法人员在进行现场处罚时，必须使用统一的、有预定格式、编有号码的现场处罚决定书，载明当事人的违法行为、行政处罚依据、罚款数额、时间、地点以及气象主管机构的名称，并由气象行政执法人员签名或者盖章后，当场交给当事人；第六，告知当事人如对当场作出的行政处罚决定不服，可以依法申请行政复议或者提起行政诉讼。

气象行政执法人员当场作出的行政处罚决定，必须在决定之日起 3 日内报所属气象主管机构备案。气象行政执法人员现场作出行政处罚决定，有下列情形之一的，可以当场收缴罚款：第一，依法给予 20 元以下罚款；第二，不当场收缴事后难以执行的；第三，在边远、水上、交通不便地区，气象行政执法人员依照本办法作出处罚决定后，当事人向指定银行缴纳罚款有困难而提出当场缴纳罚款的。气象行政执法人员当场收缴的罚款，必须向当事人出具省、自治区、直辖市财政部门统一制发的罚款收据，并将罚款自收缴之日起 2 日内，上缴本级气象主管机构。气象主管机构应当在 2 日内，将罚款缴付指定的银行。现场处罚执行完毕的案件，应当及时整理案卷、归档，并报所属气象主管机构备案。

二是一般程序，这是行政机关进行行政处罚的基本程序，适用于处罚较重或情节复杂的案件以及当事人对执法人员给予当场处罚的事实认定有分歧而无法当场作出行政处罚决定的案件。除《气象行政处罚办法》规定可以适用简易程序当场作出决定的行政处罚外，气象主管机构实施的其他行政处罚均应当遵守本办法规定的一般程序。

气象主管机构在检查中发现或者接到举报、控告的气象违法行为或者移送的气象违法案件，应当予以审查，并在 7 日内决定是否立案。在现场检查过程中，发现涉嫌违法行为的，可以先行收集证据。需要立案办理的案件，承办人员应当填写《气象行政执法立案审批表》，并报经本级气象主管机构负责人批准后立案。

气象主管机构对立案的气象违法案件，必须指定专人负责，及时组织调查取证。调查取证时，执法人员不得少于两人。气象行政执法人员与当事人有直接利害关系的，应当回避。气象行政执法人员调查取证时，应当向当事人或者有关人员出示行政执法证件。询问或者调查时，应当制作笔录。承办人员进行询问调查时，应当允许当事人辩解陈述，并将情况记入调查笔录，经当事人认可后，签名或者押印。

气象行政执法人员在调查过程中，有权进入现场进行调查和取证，查阅或者复制有关记录和其他有关资料。气象行政执法人员在收集证据时，可以采取抽样取证的方法。在证据可能灭失或者以后难以取得的情况下，经气象主管机构负责人批准，可以先行登记保存，填写登记保存（封存）通知书，并在七日内及时作出处理决定。同时气象行政执法人员应当为被调查单位或者个人保守有关技术秘密、业务秘密和商业秘密。现场勘验检查，由执法人员、法定检验（鉴定）机构的人员进行，也可以邀请有关技术人员参加。执法人员应当通知当事人到场，无正当理由拒不到场的，承办人员在笔录中记明情况，不影响勘验检查的进行。勘验检查的情况记入现场勘验检查笔录，当事人应当签名或者押印。调查终结后，案件承办人员应当在听取当事人陈述申辩并制作笔录后，提出已查明违法行为的事实和证据以及依法给予行政处罚的初步意见，送本级气象法制机构审查。如果无气象法制机构的，由气象主管机构负责人审查。

气象法制机构或者气象主管机构负责人应当对案件的相关内容进行审查：第一，违法事实是否清楚；第二，证据是否确凿；第三，调查取证是否符合法定程序；第四，适用法律是否正确；第五，处罚种类和幅度是否适当；第六，当事人陈述和申辩的理由是否成立。经审查发现违法事实不清、证据不足或者调查取证不符合法定程序时，应当通知承办人员补充调查取证或者依法重新调查取证。审查终结，气象法制机构或者气象主管机构负责人应当根据不同情况，分别提出以下处理意见：第一，违法事实不能成立的，应当撤销案件；第二，违法行为轻微的，可以免予行政处罚；第三，违法事实成立的，决定给予行政处罚；第四，法律、法规和规章规定由县级以上人民政府有关部门实施处罚的，应当将案件移送有关部门处理；第五，气象违法行为涉嫌构成犯罪的，应当将案件移送司法机关处理。气象主管机构在作出行政处罚决定之前，应当填写行政处罚告知书，书面告知当事人作出行政处罚的事实、理由、依据以及当事人依法享有的权利。当事人收到行政处罚告知书之日起三日内可以提出书面陈述、申辩意见。逾期未提出的，气象主管机构可以依法作出气象行政处罚决定。对于依法决定给予气象行政处罚的案件，承办人员负责制作气象行政处罚决定书，并报气象主管机构负责人批准后送达当事人。

气象行政处罚决定书，应当载明法律规定的以下事项：第一，当事人姓名（名称）、住址（地址）；第二，违法事实和证据；第三，行政处罚的依据和内容；第四，行政处罚的履行方式和期限；第五，不服行政处罚决定，申请行政复议或者提起行政诉讼的途径和期限；第六，加盖气象主管机构的印章，并写明制作日期。气象行政处罚案件自立案之日起，应当在六个月内作出处理决定。特殊情况需要延长时间的，应当报上级气象主管机构批准并书面告知案件当事人。作出行政处罚决定的气象主管机构应当在作出处罚决定之日起七日内,将气象行政处罚决定书送达当事人,并根据需要将副本抄送与案件有关的单位。受送达人应当在送达回执上记明收到日期,并签名或者盖章。受送达人在送达回执上的签收日期即为送达日期。受送达人拒绝签收的,送达人应当邀请有关基层组织或者受送达人所在单位人员到场见证,说明情况,并在送达回执上记明拒收理由和日期,由送达人、见证人签名或者盖章,把处罚决定书留置受送达人处,即视为送达。受送达人不在,可由其所在单位的领导或者成年家属代为签收。邮寄送达以挂号回执上注明的日期为送达日期。受送达人下落不明,或者用其他方式无法送达的,可以公告送达。自发布公告之日起,经过六十日,即视为送达。公告送达,应当在案卷中注明原因和经过。

气象行政执法具有很强的过程性,在这个过程中,程序除了能够提供有序的决定过程外,重要的是在该过程中实现执法的公正。程序的完整和合法是实现气象行政法治的重要保障。行政程序就是法律程序,法律程序是法律在实施过程中,充分体现法律的公平与正义的保障措施。依法行政不仅是只依行政实体法,而且还必须要依行政程序法。这是关于正确实施行政行为的过程、方式、方法、步骤、顺序、时限、空间及形式等的法定规范。具体包括行政立法程序(制定行政法规,规章等),行政指导,行政规划,行政征用,行政处罚,行政许可等等,均应当遵循行政程序法的原则。所以,行政程序法是保证行政主体在行使权力的过程中,能够承担相应的义务与责任的保证,是对行政权力主体的制约和对其相对人权利的保障。这些程序性的义务,既是其享有行政权力的前提,也是对其行使权力的事先或事中的监督。

气象行政执法程序是指气象行政执法主体的执法行为在时间和空间上的表现形式,即气象行政执法过程中应遵循的方式、步骤、顺序以及时限的总和。其主要特点有以下几个方面。

(1)气象行政执法程序是针对气象行政执法主体而言的。

行政主体具有多样性,在现代社会中,行政权的实施已体现在社会的各个方面,使得行政行为多种多样。不同的行政行为除了需要一般的程序,还需要适用自身的特殊行政程序,气象行政执法程序是针对气象行政执法主体而确立的法定程序,即要求气象行政主体在执法中必须严格遵守法定程序,不得违背相关的法律原则。

(2)气象行政执法程序具有法定性。

行政程序是国家行政权的运转方式,由法律法规进行规范,体现了国家意志,有别于其他社会组织及个人的行为程序。气象行政执法也不例外,其程序呈现法定性。也就决定了气象行政执法主体和行政相对人在进行法律活动时必须严格遵守法定程序,其行为的步骤、方法受到法定程序的制约,违反这些法定程序就会造成不利的法律后果。尤其就气象行政执法主体而言,依法行政是其基本原则,不仅要求气象行政主体在执法时具有实体法上的依据，而且要符合法定程序。

2.气象行政执法监督的概念及作用是什么？

气象行政执法监督指的是负有监督职责的国务院和各级气象主管机构等行政机关对气象行政执法主体实施的气象行政执法行为，是否符合气象行政法律规范进行监察与督促，并且对违法行为予以纠正的活动。

气象行政执法监督的作用主要表现在以下几个方面：

第一，保障作用。气象行政执法监督能够保证国家法律、法规和政策在气象行政活动中得以贯彻执行。

第二，预防作用。根据监督对象的气象执法活动的特点和内容，及时进行事前检查。对于容易出现问题的执法活动可事前向监督的气象行政执法主体提出要求和告诫，以引起监督的气象行政执法主体的注意，从而起到预防作用。

第三，纠正作用。发现监督的气象行政执法主体正在实施的决策和决定，以及执法行为有不符合国家气象法律、法规和政策以及不合理的问题时，能及时使其停止执行或责令其立即撤销或修正。对由于监督的气象行政执法主体错误的决策和决定，以及执法行为而造成不良影响的，能责令其自行更正挽回影响；对由于监督的气象行政执法主体的不当执法而给单位或个人造成损失的，能责令其赔偿损失。因此具有纠正作用。

第四，惩戒作用。监督检查发现气象行政执法主体严重的以权谋私、贪污受贿、腐化堕落、官僚主义、失职渎职等违法违纪行为，以及其他违反国家有关法律、法规和政策的行为，可依据有关法律、法规和规定给以相应的纪律处分，或移交相关部门处理。

第五，教育作用。通过对监督的气象行政执法主体进行具有针对性的教育，能够有效地使气象行政执法主体树立正确的执法意识，提高其廉洁执法、依法执法的自觉性。

第六，评价作用。对监督的气象行政执法主体的执法活动进行监督检查后，可就检查情况作出结论。

第七，完善作用。一方面通过提出相应的修改意见，使各级气象主管部门等行政机关的决策、决定更具有科学性、合理性。另一方面，通过检查监督的气象行政执法主体内部监督机制和有关规章制度的建设情况，可以帮助气象行政执法主体找出制度上的漏洞，并协助其搞好内部监督机制和有关规章制度的建设，使其内部监督机制更加完善。

第八，预测作用。通过开展执法检查，能够及时发现监督的气象行政执法主体在执法活动中存在的潜在性问题，在此基础上进行调查研究和科学的分析，进而有针对性的提出有价值的预见。

3.气象行政执法监督的种类及制度是什么？

根据不同的标准，可将气象行政执法监督分为以下几种不同的种类。

(1)国家监督。这是根据气象行政监督主体享有监督权的属性不同进行的分类。国家监督以国家强制力为后盾，是一种有效的监督方式。

(2)社会监督。社会监督又称非国家机关的监督，通常是指政党、社会团体和社会组织、新闻舆论媒体、人民群众等对气象主管机构等行政机关及其工作人员的气象行政执法行为实施的监督。其主要的特点是，监督权不具有“国家权力”的属性，只是一种具有法律影响力的活动。

(3)权力机关的监督。即由各级人民代表大会及其常委会通过听取和审议政府工作报告，调查、质询、询问、视察和检查等手段对气象主管机构等行政机关及其工作人员实施的全方位监督。

(4)气象主管机构内部监督。是由气象主管机构行政系统内的各级及其所属的各个工作部门之间对气象行政执法行为的实施所进行的监察和督促。包括层级监督和专门监督。

第七章　涉气象类民事纠纷

气象部门在其气象管理活动过程中，往往与相关的社会组织以及个人发生一定的法律关系，这些法律关系不单是管理与被管理的行政关系，也存在着其他方面的法律关系。其中民事法律关系占有一定的比例，例如相邻权关系、知识产权关系、土地使用权关系等。在这些法律关系中也存在着侵权的具体情形，通过以下相关案例分析，诠释相关法律规定及法律精神，更好的开展气象法律活动，避免纠纷，协调气象部门与其他社会组织及个人的关系，促进和谐社会发展。

案例一：某当事人与N市气象服务中心著作权权属纠纷案

【案情简介】原告某当事人系国家高级摄影师，经过艰苦的拍摄以及后期电脑制作，创作出一幅摄影作品。2014年9月，原告发现被告N市气象服务中心未经其许可和授权，擅自把其摄影作品经裁切篡改及变色后放置在被告网站主页上，并把标语、网址、图案等添加在摄影作品上，使摄影作品广为传播，且网站每个页面打开都有此长幅摄影作品作为片头背景，侵权情形明显，使摄影作品商业价值大为降低。更严重的是在摄影画面上既未给作者署名，也未给予使用费，未得到原作者的同意，却为被告获得了较大的商业利益和社会效益。

原告认为被告的行为侵犯了其作品的署名、修改、复制、保护作品完整、获得报酬和信息网络传播等多项著作权权利，使得原告的该幅作品大幅贬值，给原告造成严重的物质损失和精神损失。

被告N市气象服务中心辩称：第一，被告在自己的网站上使用图片的做法是不妥的，对此表示歉意；第二，被告使用本案涉案图片是在履行自己的法定职责，是基于社会公益目的，绝无商业意义的使用。涉案作品原告提出侵权后已经及时撤下，其影响范围也得到控制，影响是非常小的；第三，被告是从网络中通过检索获取涉案图片的，照片上也没有著作权人的身份和联系方式，客观上也无法联系。

【处理结果】

N市法院认为：根据《最高人民法院关于审理著作权民事纠纷案件适用法律若干问题的解释》（以下简称《解释》）第七条规定，原告提供了涉案摄影作品的底片，可以作为其取得著作权的证据。原告某当事人拍摄的涉案摄影作品，其制作包含了构思、取景、筛选、拍摄、设计、拼接等大量创造性劳动，属于具有独创性并能以有形形式复制的智力创作成果，依法应当受到法律保护。被告N市气象服务中心未经许可，擅自使用原告的摄影作品作为其主办网站的背景图片，未表明作者身份，并对部分作品进行了剪辑，其行为侵犯了原告对涉案摄影作品的署名权、修改权、复制权、信息网络传播权、保护作品完整权和获得报酬的权利。被告N市气象服务中心抗辩其系履行法定职责，出于公益目的，未用于商业目的，也未造成较大影响，且无证据证实给著作权人造成经济损失，不应承担登报致歉、赔偿损失的侵权责任。本院认为，被告N市气象服务中心系全额财政补助事业单位法人，其宗旨和业务范围主要为国家建设和社会生活提供专业气象服务，其制作和发布的气象信息网页面亦为履行上述范围内的法定职责行为，系出于公益目的，但被告在使用原告摄影作品过程中并未标注作者名称，且使用涉案摄影作品并非被告履行法定职责所必需，故该行为不属于合理使用范围，构成侵权。被告的行为虽已构成侵权，但因其对涉案摄影作品的使用系出于公益目的，且在原告起诉后已及时停止使用，并未给原告的声誉和社会评价带来较大负面影响，也不存在严重损害权利人精神利益的情形，故对原告要求被告在报纸上刊登致歉声明并支付精神损害费的诉讼请求本院不予支持。因被诉侵权的背景图片已经撤下，原告要求停止侵权已无必要，故对原告要求停止侵权的诉讼请求，法院不予支持。综上，被告的行为侵犯了原告摄影作品的著作权，应承担赔偿损失的民事责任。鉴于原告因被侵权所受到的损失难以确定，本院根据涉案作品的类型、作品的独创性、合理使用费、被告侵权行为的情节、性质、后果、原告为制止侵权行为所支付的合理费用等因素，酌情确定赔偿额7500元。依照《中华人民共和国著作权法》（以下简称《著作权法》）第十条第一款第（二）（三）（四）（五）（十二）项、第二款，第四十七条第（四）（七）（十一）项，第四十八条第（一）项、第四十九条，《解释》第七条、第一十五条第二款、第二十六条之规定，判决如下：一、被告N市气象服务中心于本判决生效之日起十日内赔偿原告某当事人经济损7500元，（含为制止侵权而支出的合理费用）；二、驳回原告某当事人的其他诉讼请求。如果未按本判决指定的期间履行给付金钱义务，应当依照《中华人民共和国民事诉讼法》（以下简称《民事诉讼法》）第二百五十三条及相关司法解释之规定，加倍支付延迟履行期间的债务利息（加倍部分债务利息＝债务人尚未清偿的生效法律文书确定的除一般债务利息之外的金钱债务×日万分之一点七五×迟延履行期间）。案件受理费425元，由原告某当事人负担148元，被告N市气象服务中心负担277元。如不服本判决，可在判决书送达之日起十五日内，向本院递交上诉状，并按对方当事人的人数提出副本，上诉至N市中级人民法院。

【法条链接及法理分析】

本案是关于著作权侵权纠纷的案件，其中主要所涉及的著作权包括：署名权、修改权、保护作品完整权、复制权以及信息网络传播权。根据《著作权法》第十条规定，这些权利主要把包括以下内容。

第一，署名权，是指表明作者身份，在作品上署名的权利；作者署名，在一般情况下是为了表明作者身份。因此，表明作者身份的权利，是署名权的应有之义。有时作者不署名，或署根本无法表露身份的假名，其目的在于不表明作者身份。因此，不表明作者身份的权利，也是署名权的应有之义。在发生侵权的情况下，比如他人将作品冒充自己的作品，作者有权表明自己的作者身份。即使在作者发表作品时不愿表明作者身份而没有署名，或者署了根本无法表明自己作者身份的假名的情况下，作者也有权通过其他的证据来证明自己的作者身份。

第二，修改权，是指修改或者授权他人修改作品的权利。作品修改与否，怎么修改以及是否授权他人修改，都应根据作者的意愿，不应强制。修改作品与改编作品不同，是对作品内容作局部的变更以及文字、用语的修正。改编是指在不改变作品基本内容的情况下，将作品由一种类型改变成另一种类型，或者不改变原作品类型而改变其体裁。作品的修改之所以必要，一是因为要更好地反映作者的意志，二是随着客观事物的变化，人的思想、认识也在不断变化，作者也需要对某些作品作出符合实际的修改。作者不但享有作品产生的权益，也对作品产生的社会效果和责任负责。

第三，保护作品完整权，保护作品完整权是指作者保护其作品的内容、观点、形式等不受歪曲、篡改的权利。作者有权保护其作品不被他人丑化，不被他人作违背其思想的删除、增添或者其他损害性的变动。这项权利的意义在于保护作者的名誉、声望以及维护作品的完整性。

第四，复制权，是指以印刷、复印、拓印、录音、录像、翻录、翻拍等方式将作品制作一份或者多份的权利；复制权又称重制权，是著作权的财产使用权中最基本的权能。简单地讲，复制权就是将作品制成有形复制品的权利。

第五，信息网络传播权，是指以有线或者无线方式向公众提供作品，使公众可以在其个人选定的时间和地点获得作品的权利。信息网络传播权是著作权人通过互联网或其他有线或者无线的信息传输网络向公众提供作品的权利。与一般作品的播放不同的是，公众可以在个人选定的时间与地点获得作品。如公众在互联网中阅读作品、观看影片、电视片，或者通过电话通讯系统收听歌曲、故事等。

在本案中，被告N市气象服务中心未经作品著作权人许可和授权，擅自把摄影作品经裁切篡改及变色后放置在被告网站主页上，在摄影画面上并未给作者署名，相应地侵犯了原告某当事人的修改权、复制权、保护作品完整权以及署名权，网站每个页面打开都有此长幅摄影作品作为片头背景，使得原告某当事人的信息网络传播权也受到了侵犯，使其摄影作品商业价值降低。更严重的是，在未经过原告某当事人同意的情况下使用其作品，不仅侵害了其著作权，也使得其损失了一定的社会利益和商业利益，损害了原告获得报酬的权利。

在本案中，被告的行为主要涉及歪曲、篡改他人作品和使用他人作品，应当支付报酬而未支付。因此，被告行为已经侵犯了原告某当事人的著作权及其相关权利，应当承担停止侵害、消除影响、赔礼道歉、赔偿损失等民事责任。侵犯著作权和与著作权有关的权益是一种侵权行为，对权利人的人身权和财产权造成了损害，侵权行为人对其造成的损害后果应当承担法律责任。依照《侵权行为法》《民法总论》以及《著作权法》的规定，承担民事法律责任的方式有三种：一是停止侵害。这是侵权行为人正在实施侵害他人著作权和与著作权有关的权益时，权利人为了防止损害后果的扩大，有权制止正在实施的侵权行为，要求其停止侵害。例如，未经表演者许可，从现场直播其表演或者公开传送其现场表演，或者正在现场录制其表演时，表演者有权要求侵权行为人立即停止侵权行为。二是消除影响、赔礼道歉。这种方式主要适用于侵犯权利人人身权的行为所应承担的民事责任。适用时，原则上应当是侵权行为人在多大范围造成的影响，仍应在多大范围内消除影响，赔礼道歉。也可以以双方当事人约定的方式消除影响，赔礼道歉，例如，当面赔礼道歉，在一定的场合公开赔礼道歉，也可以在某一种报刊上刊登赔礼道歉的文函等。三是赔偿损失，是指侵权行为人造成著作权以及与著作权有关的权益的损失时，应当进行损害赔偿。赔偿损失是一种较为普遍适用的承担民事责任的方式，除适用侵权责任外，也适用于违约责任。例如，出版合同中约定了作者交付作品的时间和出版社出版发行的时间，如果一方迟延履行了义务，并给对方造成了经济上的损失，即应负赔偿损失的责任。

关于本案中原告的诉讼请求，其中的物质损失和精神损失的赔偿标准，应当参照《著作权法》第四十九条规定，即侵犯著作权或者与著作权有关的权利的，侵权人应当按照权利人的实际损失给予赔偿；实际损失难以计算的，可以按照侵权人的违法所得给予赔偿。赔偿数额还应当包括权利人为制止侵权行为所支付的合理开支。权利人的实际损失或者侵权人的违法所得不能确定的，由人民法院根据侵权行为的情节，判决给予五十万元以下的赔偿。《解释》第二十五条规定，权利人的实际损失或者侵权人的违法所得无法确定的，人民法院根据当事人的请求或者依职权适用《著作权法》第四十八条第二款的规定确定赔偿数额。人民法院在确定赔偿数额时，应当考虑作品类型、合理使用费、侵权行为性质、后果等情节综合确定。当事人按照本条第一款的规定就赔偿数额达成协议的，为制止侵权行为所支付的合理开支，包括权利人或者委托代理人对侵权行为进行调查、取证的合理费用。人民法院根据当事人的诉讼请求和具体案情，可以将符合国家有关部门规定的律师费用计算在赔偿范围内。依照规定做出相应的赔偿。

【问题】

1.被告的行为是否已构成侵权？为什么？

被告的行为已经构成侵权。根据《著作权法》第十一条规定："著作权属于作者，本法另有规定的除外。创作作品的公民是作者。由法人或者其他组织主持，代表法人或者其他组织意志创作，并由法人或者其他组织承担责任的作品，法人或者其他组织视为作者。如无相反证明，在作品上署名的公民、法人或者其他组织为作者。"第十二条规定："改编、翻译、注释、整理已有作品而产生的作品，其著作权由改编、翻译、注释、整理人享有，但行使著作权时不得侵犯原作品的著作权。"第四十七条规定："有下列侵权行为的，应当根据情况，承担停止侵害、消除影响、赔礼道歉、赔偿损失等民事责任：(一)未经著作权人许可，发表其作品的；(二)未经合作作者许可，将与他人合作创作的作品当作自己单独创作的作品发表的；(三)没有参加创作，为谋取个人名利，在他人作品上署名的；(四)歪曲、篡改他人作品的；(五)剽窃他人作品的；(六)未经著作权人许可，以展览、摄制电影和以类似摄制电影的方法使用作品，或者以改编、翻译、注释等方式使用作品的，本法另有规定的除外；(七)使用他人作品，应当支付报酬而未支付的；(八)未经电影作品和以类似摄制电影的方法创作的作品、计算机软件、录音录像制品的著作权人或者与著作权有关的权利人许可，出租其作品或者录音录像制品的，本法另有规定的除外；(九)未经出版者许可，使用其出版的图书、期刊的版式设计的；(十)未经表演者许可，从现场直播或者公开传送其现场表演，或者录制其表演的；(十一)其他侵犯著作权以及与著作权有关的权益的行为。"本案中，被告的行为属于篡改了原告的作品，并且在使用原告的作品时并没有支付相应的报酬，侵害了原告的著作权，应当承担相应的民事责任。

2.被告认为其行为并未以商业利润为目的，这种情况下是否构成侵权？

对于著作权的侵犯主要包括以下几点构成要件：违法性；损害事实；因果关系以及主观过错。在本案中，只要被告未经原告允许使用并篡改其作品的行为具有违法性，依照《著作权法》第四十八条的规定，未经著作权人许可，复制、发行、表演、放映、广播、汇编、通过信息网络向公众传播其作品的，应当根据情况，承担停止侵害、消除影响、赔礼道歉、赔偿损失等民事责任；同时损害公共利益的，可以由著作权行政管理部门责令停止侵权行为，没收违法所得，没收、销毁侵权复制品，并可处以罚款；情节严重的，著作权行政管理部门还可以没收主要用于制作侵权复制品的材料、工具、设备等；构成犯罪的，依法追究刑事责任。被告具有相应过错，不需要考虑被告的行为是否是以商业利润为目的，则可以认定被告侵犯了原告的著作权。

案例二:W市气象局与某当事人排除妨害纠纷案

【案情简介】2012年2月24日,D区人民政府就新建W市气象综合观测站有关事宜进行函复,并对该项目建设过程中的征地予以支持。W市人民政府于2012年12月6日批复原告在D区A镇新建气象综合观察站。2013年12月18日,W市人民政府向原告颁发该气象综合观测站土地使用权证书,原告依法取得了该宗土地使用权。

2013年9月,被告某当事人无视原告对该宗土地拥有合法使用权,在该站土地面积范围内兴建住宅,断断续续已建设至第二层。原告知道被告的违建行为后,多次组织人员对其做工作,希望被告能自行拆除违法建筑物,然而被告态度坚决,拒不拆除。在协商无效的情况下,原告向D区、A镇等各级政府机关、部门报告,要求被告排除妨害,拆除违法建筑,均因被告百般阻挠没有结果。鉴于此,原告特向人民法院提起诉讼,以维护其合法权益,请求判令:被告停止侵害、排除妨碍、立即拆除在W市D区A镇新建气象综合观测站土地面积范围内的违法建筑物。

被告某当事人辩称:1.原告在规划前,我已向其说明该土地是村、小组批给我的宅基地。2.因为此事村组已与气象局协商好从小组的土地另选一处置换我宅基地,所以我才开始兴建房屋。

原告W市气象局为支持其诉讼主张,向本院提交了如下证据:

证据一、W市气象局的组织机构代码证复印件。拟证明原告的诉讼主体资格。

证据二、被告某当事人的人口基本信息表。拟证明被告的诉讼主体资格。

证据三、W市气象局的土地使用权证、新建气象站的宗地图、W市人民政府关于新建气象综合观测站项目的批复、D区人民政府关于新建气象综合观测站有关事宜的复函、W市气象局综合观测站项目征地附着(属)物补偿明细表复印件。拟证明原告对该宗土地具有合法的土地使用权。

证据四、被告违章建筑图片。拟证明被告违章建筑的基本情况。

被告某当事人在举证期限内向法庭提交证据如下:

关于建房纠纷的报告。拟证明这块土地是在规划之前就划拨给其作为宅基地。

庭审质证时,被告对原告提交的证据一、二、四无异议,对原告提交的证据三中的征地附着(属)物补偿明细表有异议,认为领取14800元是因为村与气象局协商好置换土地事宜后才签字的,对证据三中的其它证据不予质证。

原告对被告提交的证据持异议,认为该证据不能证明被告已合法取得该宗土地的使用权,同时也印证了被告违规建房及政府人员执法情况。

经庭审质证,本院认为,因被告对原告提交的证据一、二、四无异议,本院予以确认;对原告提交的证据三中的征地附着(属)物补偿明细表是被告的签名且其当庭已承认,本院予以确认;证据三中的其它证据系行政机关新建气象综合观测站项目的公文文件,形式合法、内容客观真实,且与本案有关联性,本院亦予以确认。

对被告提交的证据,从构成要件上看虽客观存在,但其未提供其它证据证明已合法取得了该宗土地的使用权,土地使用权的取得应经规划和土地部门审批,故对其证明目的,本院不予支持。

本院根据上述证据及当事人的陈述,对本案的基本事实认定如下:

2012 年 2 月 24 日,W 市 D 区人民政府就原告新建气象综合观测站有关事宜进行函复,同意调整 30 亩(1 亩≈666.67 平方米)土地用于气象观测站建设。2012 年 12 月 6 日,W 市人民政府批复原告在 D 区 A 镇新建气象综合观察站。2013 年 3 月 14 日,经 H 省人民政府批准,同意 D 区 A 镇集体农用地 1.9034 公顷(1 公顷≈10000 平方米)转为建设用地并办理征地手续(被告某当事人的承包地在此范围)。2013 年 12 月 18 日,W 市人民政府向原告颁发该气象综合观测站土地使用权证书。2013 年 9 月,被告在原告土地面积范围内兴建住宅,断断续续已建设至第二层,原告多次向有关部门举报及与被告协商无果情况下,故诉至本院。

另查明,2012 年 11 月 8 日原告 W 市气象局向被告某当事人发放征地附属物补偿款 14800 元;2013 年 10 月 18 日,因被告某当事人擅自在诉争土地上建房,D 区 A 镇人民政府向其送达停止施工建设通知书,责令其立即停止施工建设,否则将由有关执法部门进行强制拆除并予处罚。

法院认为,物权是指权利人依法对特定的物享有直接支配和排他的权利。《物权法》第三十五条规定:“妨害物权或者可能妨害物权的,权利人可以请求排除妨害或消除危险”。本案中,原告 W 市气象局因用地需要,经有关政府部门审批,已通过合法手段取得了包括被告某当事人承包地在内的 D 区 A 镇 19033.5 平方米的这一特定物权即土地使用权属。《物权法》第四条规定“国家、集体、私人的物权和其他权利人的物权受法律保护,任何单位和个人不得侵犯”。因此原告所享有的物权依法受法律保护。根据《土地管理法》第六十二条规定:“农村村民住宅用地,经乡(镇)人民政府审批,由县级人民政府批准;其中涉及占用农用地的,依照本法第四十四条的规定办理审批手续”。本案中,原告于 2012 年 11 月 8 日领取了被告 W 市气象局关于该宗土地附属物补偿款,在诉讼中又以本案诉争土地系自己宅基地为由,在无相关审批手续、确权证书,又未能提交相关证据证实自己主张的情况下,在原告合法取得的土地上兴建房屋,其行为侵犯了原告对土地使用权这一特定物权的侵害,其行为已构成违法,应当停止侵害并排除妨害。依照《物权法》第四条、第九条、第三十五条;《侵权责任法》第三条、第十五条;《土地管理法》第四十四条、第六十二条;《民事诉讼法》第六十四条之规定,判决如下:被告某当事人在本判决生效之日起三十日内拆除建筑在原告W市气象局位于W市D区A镇地块上的房屋,停止侵权,排除妨害。本案受理费500元,由被告某当事人负担。

某当事人不服原审判决向本院提起上诉,请求依法撤销W市D区人民法院对该案的民事判决,驳回被上诉人的诉讼请求。本院认为,某当事人在W市气象局取得土地使用权证之前经过所在村组同意建房,房屋在建过程中当地行政机关曾组织相关部门对某当事人所建房屋进行强拆未果。该村组同意用0.7亩机动地与W市气象局进行置换某当事人所建房屋占用的土地,W市气象局在没有进行征地补偿和办理相关审批的情况下占用了0.7亩机动地,其实际使用面积已经超出批准使用的面积。故某当事人与W市气象局之间存在土地使用权争议。根据《土地管理法》第十六条规定:“土地所有权和使用权争议,由当事人协商解决;协商不成的,由人民政府处理。单位之间的争议,由县级以上人民政府处理;个人之间、个人与单位之间的争议,由乡级人民政府或者县级以上人民政府处理。当事人对有关人民政府的处理决定不服的,可以自接到处理决定通知之日起三十日内,向人民法院起诉。”本案存在土地使用权争议,依法不应由人民法院受理,原审法院受理本案并作出实体判决不妥。综上,依照《最高人民法院关于适用〈中华人民共和国民事诉讼法〉的解释》第三百三十条的规定,裁定如下:撤销W市D区人民法院对该案的民事判决;驳回被上诉人W市气象局的诉讼请求。

【法条链接及法理分析】

现实生活中,因气象局各类观测场、观测站等的搭建,都需要大面积的十地,但是当下土地资源紧张,气象局往往在向当地政府申请征用民用土地,由此经常会造成一定程度上气象局与被征用人的纠纷。

本案中,原被告双方涉及民事侵权,根据《侵权责任法》的规定,行为人因过错侵害他人民事权益,应当承担侵权责任。根据法律规定推定行为人有过错,行为人不能证明自己没有过错的,应当承担侵权责任。行为人损害他人民事权益,不论行为人有无过错,法律规定应当承担侵权责任的,依照其规定。民事侵权一般以过错责任为原则承担责任,而特殊的侵权责任——无过错责任,都以法律规定为限。承担侵权责任的方式主要有以下八类:停止侵害、排除妨碍、消除危险、返还财产、恢复原状、赔偿损失、赔礼道歉、消除影响、恢复名誉。这些承担侵权责任的方式,可以单独适用,也可以合并适用。本案中,一审法院主要适用的是停止侵害和排除妨碍。

本案中涉及了原被告双方进行举证、质证和二审法院认为一审法院管辖有误而撤销判决的程序。《民事诉讼法》规定,民事诉讼中,举证、质证环节不仅可以在原告向法院提交起诉书时进行举证，被告在答辩状中也可提出证据进行举证或者就原告提交的证据进行质证；在开庭审理时，双方当事人在法庭上可以提出新的证据。当事人经法庭许可，可以向证人、鉴定人、勘验人发问。当事人要求重新进行调查、鉴定或者勘验的，是否准许，由人民法院决定。当事人对自己提出的主张，有义务提供证据。当事人及其诉讼代理人因客观原因不能自行收集的证据，或者人民法院认为审理案件需要的证据，人民法院应当调查收集。人民法院应当按照法定程序，全面地、客观地审查核实证据。当事人对自己提出的主张应当及时提供证据。人民法院根据当事人的主张和案件审理情况，确定当事人应当提供的证据及其期限。当事人在该期限内提供证据确有困难的，可以向人民法院申请延长期限，人民法院根据当事人的申请适当延长。当事人逾期提供证据的，人民法院应当责令其说明理由；拒不说明理由或者理由不成立的，人民法院根据不同情形可以不予采纳该证据，或者采纳该证据但予以训诫、罚款。

《最高人民法院关于适用〈中华人民共和国民事诉讼法〉的解释》也对民事诉讼的证据进行详细规定说明，当事人对自己提出的诉讼请求所依据的事实或者反驳对方诉讼请求所依据的事实，应当提供证据加以证明，但法律另有规定的除外。在作出判决前，当事人未能提供证据或者证据不足以证明其事实主张的，由负有举证责任的当事人承担不利的后果。人民法院应当依照下列原则确定举证证明责任的承担，但法律另有规定的除外：第一，主张法律关系存在的当事人，应当对产生该法律关系的基本事实承担举证责任；第二，主张法律关系变更、消灭或者权利受到妨害的当事人，应当对该法律关系变更、消灭或者权利受到妨害的基本事实承担举证责任。一方当事人在法庭审理中，或者在起诉状、答辩状、代理词等书面材料中，对于己不利的事实明确表示承认的，另一方当事人无需举证证明。对于涉及身份关系、国家利益、社会公共利益等应当由人民法院依职权调查的事实，不适用前款自认的规定。自认的事实与查明的事实不符的，人民法院不予确认。下列事实，当事人无须举证证明：第一，自然规律以及定理、定律；第二，众所周知的事实；第三，根据法律规定推定的事实；第四，根据已知的事实和日常生活经验法则推定出的另一事实；第五，已为人民法院发生法律效力的裁判所确认的事实；第六，已为仲裁机构生效裁决所确认的事实；第七，已为有效公证文书所证明的事实。对负有举证证明责任的当事人提供的证据，人民法院经审查并结合相关事实，确信待证事实的存在具有高度可能性的，应当认定该事实存在。对一方当事人为反驳负有举证证明责任的当事人所主张事实而提供的证据，人民法院经审查并结合相关事实，认为待证事实真伪不明的，应当认定该事实不存在。法律对于待证事实所应达到的证明标准另有规定的，从其规定。

关于本案中原被告涉及的土地纠纷，《土地管理法》的规定，土地所有权和使用权争议，由当事人协商解决；协商不成的，由人民政府处理。单位之间的争议，由县级以上人民政府处理；个人之间、个人与单位之间的争议，由乡级人民政府或者县级以上人民政府处理。当事人对有关人民政府的处理决定不服的，可以自接到处理决定通知之日起三十日内，向人民法院起诉。在土地所有权和使用权争议解决前，任何一方不得改变土地利用现状。土地所有权和使用权争议，由当事人协商解决；协商不成的，由人民政府处理，当事人只有对有关人民政府的处理决定不服的，才可以自接到处理决定通知之日起三十日内向人民法院起诉，因此，二审法院才会认为本案存在土地使用权争议，依法不应由人民法院受理，原审法院受理本案并作出实体判决不妥，从而作出撤销一审法院判决的裁定。

农村村民一户只能拥有一处宅基地，其宅基地的面积不得超过省、自治区、直辖市规定的标准。农村村民建住宅，应当符合乡（镇）土地利用总体规划，并尽量使用原有的宅基地和村内空闲地。农村村民住宅用地，经乡（镇）人民政府审核，由县级人民政府批准；其中，涉及占用农用地的，依照《土地管理法》第四十四条的规定办理审批手续。农村村民出卖、出租住房后，再申请宅基地的，不予批准。《土地管理法》第四十四条规定，建设占用土地，涉及农用地转为建设用地的，应当办理农用地转用审批手续。省、自治区、直辖市人民政府批准的道路、管线工程和大型基础设施建设项目、国务院批准的建设项目占用土地，涉及农用地转为建设用地的，由国务院批准。在土地利用总体规划确定的城市和村庄、集镇建设用地规模范围内，为实施该规划而将农用地转为建设用地的，按土地利用年度计划分批次由原批准土地利用总体规划的机关批准。在已批准的农用地转用范围内，具体建设项目用地可以由市、县人民政府批准。其他以外的建设项目占用土地，涉及农用地转为建设用地的，由省、自治区、直辖市人民政府批准。本案中，W 市人民政府批复原告在 D 区 A 镇新建气象综合观测站。经 H 省人民政府批准，同意 D 区 A 镇集体农用地 1.9034 公顷转为建设用地并办理征地手续（被告某当事人的承包地在此范围）。W 市人民政府向原告颁发该气象综合观测站土地使用权证书。因此，原告已享有被告被征用宅基地，被告违法搭建房屋构成侵权。

不动产物权的设立、变更、转让和消灭，经依法登记，发生效力；未经登记，不发生效力，但法律另有规定的除外。依法属于国家所有的自然资源，所有权可以不登记。经 H 省人民政府批准，同意 D 区 A 镇集体农用地 1.9034 公顷转为建设用地并办理征地手续，因此，被告宅基地使用权经变更登记已归属于原告。妨害物权或者可能妨害物权的，权利人可以请求排除妨害或者消除危险，故被告非法搭建房屋侵害原告权利，原告有权请求被告排除妨害或消除危险。

【问题】

1.被告某当事人兴建的房屋可以认定是违建吗？为什么？

违章建筑即是违反国家法律法规规章的强制性规定建造的房屋。国家没有统一的定义，各地方政府则有明确的规定。一般是指未取得建设工程规划许可证或者违反建设工程规划许可证核定的相关内容建设的建筑。违章建筑主要包括：(1)未申请或申请未获得批准，未取得建设用地规划许可证和建设工程规划许可证而建成的建筑；(2)擅自改变建设工程规划许可证的规定建成的建筑；(3)擅自改变了使用性质建成的建筑；(4)临时建筑建设后超过有效期未拆除成为永久性建筑的建筑。

在本案中，被告某当事人兴建的房屋可以认定是违建，因为建筑人某当事人未取得土地使用权，虽然某当事人在W市气象局取得土地使用权证之前经过所在村组同意建房，但该土地的使用权实际是属于气象局的，故某当事人无法合法取得建筑许可证，其所搭建的房屋应当属于违章建筑。

2.根据相关法律规定，如果在存在土地使用权争议的情况下，应该如何处理？

关于土地纠纷问题的处理问题，根据《土地管理法》第十四条规定，土地所有权和使用权争议，由当事人协商解决；协商不成的，由人民政府处理。单位之间的争议，由县级以上人民政府处理；个人之间、个人与单位之间的争议，由乡级人民政府或者县级以上人民政府处理。当事人对有关人民政府的处理决定不服的，可以自接到处理决定通知之日起三十日内，向人民法院起诉。在土地所有权和使用权争议解决前，任何一方不得改变土地利用现状。基于此，土地所有权和使用权发生纠纷的，由地方人民政府处理，对地方人民政府处理不服的，才可以向人民法院起诉。

第八章 涉气象类犯罪

《气象法》规范中包括气象行政违法、涉气象类民事纠纷以及涉气象类犯罪。涉气象犯罪是环境犯罪的一个分支，但是涉气象类犯罪具有一般犯罪的典型特征，同时也具备典型的行业性特征。我国对涉气象类犯罪的概念并没有一个完整、明确的界定，在对其进行研究时，必须从应然性角度出发，对其涉及的法益性质进行阶层性分析，对该领域的研究进行适当的开拓。目前涉气象类犯罪主要涉及三个方面，一是针对气象设施破坏等方面的刑事犯罪；二是气象（天气）要素在刑事犯罪中的证据使用，对该类犯罪的定性和量刑的影响；三是关于气候（或者是天气）变化对犯罪的影响。本章主要是针对前两个方面的问题结合案例展开分析。

案例一：李某故意毁坏气象设施案

【案情简介】被告人李某因其土地被用于建造自动气象观测站，但一直未拿到补偿款而怀恨在心。2012 年 1 月的一天，被告人李某从家中拿了一把锄头，到 C 市 L 区太平乡某自动气象观测站，用锄头将气象站的围栏以及气象站内的太阳能板、空气温湿度传感器等设备砸坏。经鉴定，气象站被毁坏的围栏及设备共计价值人民币 25530 元。

【处理结果】法院认为：被告人李某故意毁坏他人财物，数额巨大，其行为已构成故意毁坏财物罪。被告人李某归案后如实供述自己的犯罪事实，当庭自愿认罪，依法从轻处罚。被告人李某的指定辩护人提出被告人李某有精神障碍，且因未拿到土地赔偿款而做出故意毁坏财物的行为，建议从轻处罚的辩护意见，法院予以采纳。依照《中华人民共和国刑法》（以下简称《刑法》）第二百七十五条、第六十七条第三款、第四十七条的规定，判决如下：

被告人李某犯故意毁坏财物罪，判处有期徒刑三年（刑期从判决执行之日起计算。判决执行以前先行羁押的，羁押一日折抵刑期一日，即自 2012 年 4 月 28 日起至 2015 年 4 月 27 日止）。

【法条链接及法理分析】

气象探测是气象业务服务和科学研究的基础，是更好地为天气预报、气候研究和其他相关工作提供科学数据支撑,提升我国气象防灾减灾和应对气候变化能力的重要保障,而气象探测信息对其进行采集收集的气象设施要求极高,气象设施一旦被破坏,气象探测信息的代表性和准确性则会大大降低,而气象设施遭受破坏,则直接影响一个地区气象探测数据,使其失去连续性和可比性。因此,可以说气象设施和气象探测环境保护是气象探测工作的生命线,气象探测又是一切气象工作的基础。

针对本案中李某故意毁坏气象设施财物的行为,《刑法》《气象法》《气象设施和气象探测环境保护条例》(以下简称《保护条例》)和《气象探测环境及设施保护办法》(以下简称《保护办法》)中都有相关规定。

国家依法保护气象设施,任何组织或者个人不得侵占、损毁或者擅自移动气象设施。依据《气象法》的规定,说明保护气象设施,对于保证气象设施正常、稳定、可靠地运行,确保准确、及时地获取气象探测信息具有非常重要的意义。气象设施的安置必须符合相应的技术要求并保持长期稳定。为了切实保护好气象设施,防止和制止人为破坏和不可抗力破坏气象设施给气象工作带来的不可弥补的损失。第一,国家对气象设施的保护以及组织和个人在保护气象设施方面的义务。气象事业属于基础性公益事业,气象设施是气象业务活动的基础设施,属于国有公共资产。气象设施尤其是气象探测设施,大部分都安置于室外的观测场内。近年来对气象设施破坏的问题频发,这不仅浪费了国家的大量资金,而且干扰了气象工作的正常进行,严重影响了气象探测资料序列的连续性,从而影响到气象监测、预报工作的进行和气象灾害的预防。第二,气象法明确对任何组织或者个人不得侵占、损毁或者擅自移动气象设施的禁止性规定这对保护气象设施将起到积极的作用。侵占、损毁或者未经批准擅自移动气象设施的,由有关气象主管机构按照权限责令停止违法行为,限期恢复原状或者采取其他补救措施,可以并处五万元以下的罚款;造成损失的,依法承担赔偿责任;构成犯罪的,依法追究刑事责任。

气象设施,是指气象探测设施、气象信息专用传输设施和大型气象专用技术装备等。根据《保护条例》的规定,气象设施作为基础性公共服务设施,任何单位和个人都有义务保护气象设施和气象探测环境,并有权对破坏气象设施和气象探测环境的行为进行举报。因此禁止实施侵占、损毁、擅自移动气象设施或者侵占气象设施用地的危害气象设施的行为。危害气象设施的,由气象主管机构责令停止违法行为,限期恢复原状或者采取其他补救措施;逾期拒不恢复原状或者采取其他补救措施的,由气象主管机构依法申请人民法院强制执行,并对违法单位处 1 万元以上 5 万元以下罚款,对违法个人处 100 元以上 1000 元以下罚款;造成损害的,依法承担赔偿责任;构成违反治安管理行为的,本案中由公安机关依法给予治安管理处罚;构成犯罪的,依法追究刑事责任。

本案中，李某因其没有拿到被占用土地的赔偿款而通过对气象站的围栏以及气象站内的太阳能板、空气温湿度传感器等设备进行损毁的方式，破坏了气象局的公有财物，共计价值人民币 25530 元。根据《刑法》规定，故意毁坏公私财物，数额较大或者有其他严重情节的，处三年以下有期徒刑、拘役或者罚金；数额巨大或者有其他特别严重情节的，处三年以上七年以下有期徒刑。故意毁坏公私财物，涉嫌下列情形之一的，应予立案追诉：一是造成公私财物损失五千元以上的；二是毁坏公私财物三次以上的；三是纠集三人以上公然毁坏公私财物的；四是其他情节严重的情形。李某的行为造成的公有财物损失已达 25530 元，属于应予立案追诉的数额较大的情形。故意毁坏财物罪，对其构成要件进行分析，第一，本罪侵犯的客体是公私财物的所有权。犯罪对象可以是各种形式的公私财物，包括生产资料、生活资料；动产、不动产等等。但是，如果行为人所故意毁坏的是本法另有规定的某些特定财物，危害其他客体要件的，应按本法有关规定处理。例如，破坏交通工具、交通设备、易燃易爆设备、广播电视、电信设施等危害公共安全的，按刑法分则第二章危害公共安全罪的有关罪名论处。第二，本罪在客观方面表现为毁灭或者损坏公私财物数额较大或者有其他严重情节的行为。毁灭，是指用焚烧、摔砸等方法使物品全部丧失其价值或使用价值；损坏，是指使物品部分丧失其价值或使用价值。如果行为人使用放火、决水、投毒、爆炸等危险方法破坏公私财物，危害公共安全的，应当以危害公共安全罪中的有关犯罪论处。故意毁坏公私财物行为，必须达到数额较大或有其他严重情节的才构成犯罪。所谓情节严重，是指毁坏重要物品损失严重的，毁坏手段特别恶劣的；毁坏急需物品引起严重后果的；动机卑鄙企图嫁祸于人的，等等。故意毁坏公私财物，情节较轻的，属于一般违反治安管理行为，应按照治安管理处罚法规定处罚。第三，本罪的主体是一般主体，凡达到刑事责任年龄且具备刑事责任能力的自然人均能构成本罪，即已满 16 岁的人犯本罪，应当负刑事责任。第四，本罪在主观方面表现为故意。犯罪目的不是非法获取财物而是将财物毁坏。这是侵犯财产罪中毁财型犯罪与其他贪利型犯罪的根本区别。犯罪动机各种各样。除本法特别规定的失火、过失决水、过失爆炸以及过失破坏交通工具、交通设备、易燃易爆设备、广播电视、电信设施等犯罪需按有关条文追究刑事责任外，过失毁坏公私财物的，不构成犯罪，属于民事赔偿问题。本案中李某归案后如实供述自己的犯罪事实，当庭自愿认罪的行为，依据《刑法》规定，犯罪以后自动投案，如实供述自己的罪行的，是自首。对于自首的犯罪分子，可以从轻或者减轻处罚。其中，犯罪较轻的，可以免除处罚。李某虽不具有前两款规定的自首情节，但是如实供述自己罪行的，属于坦白，可以从轻处罚；因其如实供述自己罪行，避免特别严重后果发生的，可以减轻处罚。对被告人李某的判决执行以前先行羁押的，羁押一日折抵刑期一日的刑期折抵也符合《刑法》的规定，有期徒刑的刑期，从判决执行之日起计算；判决执行以前先行羁押的，羁押一日折抵刑期一日。

在本案中，李某因其没有拿到被占用土地的赔偿款而对某地气象局进行报复，通过对气象站的围栏以及气象站内的太阳能板、空气温湿度传感器等设备进行损毁的方式，破坏了气象局的公有财物。经鉴定，气象站被毁坏的围栏及设备共计价值人民币 25530 元，已达到刑法中对于破坏财物罪的损毁财物数额较大的规定。气象犯罪是一种行业性较强的犯罪，但是气象犯罪的特点在于犯罪性质的行业性较强，但其影响却是具有广泛性与不可逆性。与普通案件相比，李某所破坏的气象设备而带来的危害性比破坏一般的公私财物具有更大的危害性。故对于气象犯罪进行一定惩罚是很有必要的。

【问题】

1. 李某是否构成犯罪？为什么？

李某已构成犯罪。根据《刑法》第十三条规定：一切危害国家主权、领土完整和安全，分裂国家、颠覆人民民主专政的政权和推翻社会主义制度，破坏社会秩序和经济秩序，侵犯国有财产或者劳动群众集体所有的财产，侵犯公民私人所有的财产，侵犯公民的人身权利、民主权利和其他权利，以及其他危害社会的行为，依照法律应当受刑罚处罚的，都是犯罪，但是情节显著轻微危害不大的，不认为是犯罪。在本案中，李某将气象站的围栏以及气象站内的太阳能板、空气温湿度传感器等设备砸坏的行为已经对气象站的财产构成了危害，并且情节较为严重，根据《刑法》第二百七十五条故意毁坏财物罪及条件。因此，李某的行为已经构成了犯罪。

2. 李某如果构成犯罪，构成什么罪？

李某构成故意毁坏财物罪。

根据《刑法》第二百七十五条规定，故意毁坏财物罪，是指故意毁灭或者损坏公私财物，数额较大或者有其他严重情节的行为。李某故意毁损气象站设施并造成巨额损失的行为已经违反了该条规定，故李某实际构成了故意毁坏财物罪。

案例二：A 放火罪案（本案为以气象资料作为证据使用的案件）

【案情简介】2013 年 3 月 14 日 6 时许，被告人 A 驾驶电动三轮车途经 W 市 H 区甲某家草莓大棚处时，因其与甲某之前有矛盾，遂产生报复甲某的想法。被告人 A 使用随身携带的打火机将甲某的草莓大棚点燃，致使该草莓大棚损毁，足以危害周边大棚的安全。经鉴定，大棚损失 19721 元。案发后，被告人 A 赔偿被害人损失 2 万元。对指控的上述事实，公诉机关当庭宣读并出示了被害人的陈述、证人证言、M 省气象服务中心出具的气象证明（根据 M 省气象服务中心出具的气象证明显示当天现场全天为偏南风，平均风速4.4米/秒、3级，最大风速为7.3米/秒、4级。)、W市公安消防支队H区大队出具的证明、涉案物品价格鉴定(认证)结论书，被告人A与被害人甲某达成的赔偿协议及谢某收到赔偿款后出具的收条、现场勘查笔录等证据。

其辩护人提出下列主要辩护意见：第一，被告人A以放火的方法故意毁坏他人财物，应构成故意毁坏财物罪而非公诉机关所指控的放火罪；第二，被告人A认罪态度较好，积极赔偿被害人的经济损失，请求对其从轻处罚并适用缓刑。

【处理结果】据此，人民法院依照《中华人民共和国刑法》(以下简称《刑法》)第一百一十四条、第六十七条第三款之规定，判决如下：被告人A犯放火罪，判处有期徒刑三年三个月(刑期从判决之日起计算。判决执行前先行羁押的，羁押一日折抵刑期一日)。

【法条链接及法理分析】

证据(evidence)是指依照诉讼规则认定案件事实的依据。证据对于当事人进行诉讼活动，维护自己的合法权益，对法院查明案件事实，依法正确裁判都具有十分重要的意义。证据问题是诉讼的核心问题，在任何一起案件的审判过程中，都需要通过证据和证据形成的证据链再现还原事件的本来面目，依据充足的证据而作出的裁判才有可能是公正的裁判。根据《刑事诉讼法》的规定，可以用于证明案件事实的材料，都是证据。证据必须经过查证属实，才能作为定案的根据。证据包括：物证；书证；证人证言；被害人陈述；犯罪嫌疑人、被告人供述和辩解；鉴定意见；勘验、检查、辨认、侦查实验等笔录；视听资料、电子数据。作为证据，必须具备证据的三性(客观性、关联性、合法性)，且必须经过查证属实，才能作为法庭判案根据。一般认为，所有证据都应当具有证明力和证据能力。证据证明力是指证据对于待证案件事实的证明作用。证据的证据能力，是指证据资料在法律上允许其作为证据的资格。这是证据的基本特征。我国刑事证据制度也基本反映了上述特征，具体表现为：第一，客观性。诉讼证据的客观性是指诉讼证据是客观存在的事实，而不是人们主观猜测和虚假的东西。第二，关联性。诉讼证据的关联性是指诉讼证据与案件的待证事实之间存在客观的联系。第三，合法性。证据的合法性，是指诉讼证据必须是按照法律的要求和法定程序而取得的事实材料。本案中，气象资料作为证据使用，在刑法中，其构成第三方因素介入是否影响结果加重量刑是需要进一步研究的问题。

根据《刑法》的相关规定，放火罪是危害公共安全罪的具体罪名之一，是指故意放火焚烧公私财物，危害公共安全的行为。放火罪是一种故意犯罪，其侵犯的客体是公共安全，即不特定的多数人的生命、健康或者重大公私财产的安全。放火危害公共安全，一般包括三种情况：一是危及不特定的多数人的生命、健康的安全；二是危及重大公私财产的安全；三是既危及不特定的多数人的生命、健康安全，同时又危及重大公私财产的安全。犯放火罪的，尚未造成严重后果的，处三年以上十年以下有期徒刑；致人重伤、死亡或使公私财产遭受重大损失的，处十年以上有期徒刑、无期徒刑或死刑。“尚未造成严重后果”包括两种情况：一是放火行为没有造成任何实际损害后果；二是放火行为造成了一定的实际损害后果，但并不严重。在这两种情况下，只能根据本条的法定刑处罚。当放火行为造成他人重伤、死亡或者使公私财产遭受重大损失时，才能根据本法第 115 条的法定刑处罚。

一、放火罪的犯罪构成

第一，客体要件。放火行为一经实施，就可能造成不特定多数人的伤亡或者使不特定的公私财产遭受难以预料的重大损失。这种犯罪后果的严重性和广泛性往往是难以预料的，甚至是行为人自己也难以控制的。这也是放火罪同以放火方法实施的故意杀人、故意毁坏公私财物罪的本质区别。因此，可以说，并非所有的用放火方法实施的犯罪行为都构成放火罪，关键是要看放火行为是否足以危害公共安全。如果行为人实施放火行为，而将火势有效地控制在较小的范围内，没有危害也不足以危害不特定多数人的生命、健康和重大公私财产的安全，就不构成放火罪，而应根据案件具体情节，定故意毁坏公私财物罪或故意杀人罪、故意伤害罪等。

本罪侵犯的对象，主要是公私建筑物或者是其他公私财物。实施的对象包括工厂、矿山、油田、港口、仓库、住宅、森林、农场、牧场、重要管道、公共建筑物或者其他公私财物。如果放火行为侵害的只是某一较小的财物，例如烧几件衣物、一件小家具、小农具等价值不大的公私财物，不构成放火罪。如果行为人放火烧毁自己或家庭所有的房屋或其他财物，足以引起火灾，危害公共安全的，也应以放火罪论处。但是，如果行为人放火焚毁自己的房屋或其他财物，确实不足以危害公共安全的，则不构成放火罪。

第二，客观要件。本罪在客观方面表现为实施放火焚烧公私财物，危害公共安全的行为。所谓放火，就是故意引起公私财物燃烧的行为。放火的行为方式，可以是作为，即用各种引火物，直接把公私财物点燃；也可以是不作为，即故意不履行自己防止火灾发生的义务，放任火灾的发生。例如，某电气维修工人，发现其负责维护的电气设备已经损坏，可能引起火灾，而他不加维修，放任火灾的发生。这就是以不作为的方式实施的放火行为。

以作为方式实施的放火行为，必须具备三个条件：一是要有火种；二是要有目的物，即要烧毁的财物；三是要让火种与目的物接触。在这三个条件已经具备的情况下，行为人使火种开始起火，就是放火行为的实行；目的物一旦着火，即使将火种撤离或者扑灭，目的物仍可独立继续燃烧，放火行为就被视为既遂。

以不作为的方式实施的放火罪，行为人必须负有防止火灾发生的特定义务，而且能够履行这种特定义务而不履行，以致发生火灾。其特点，一是行为人必须是负有特定作为义务的人；二是根据主客观条件，行为人有能力履行这种特定的作为义务；三是行为人客观上必须有不履行这种特定作为义务的事实。从义务的来源看，一是法律所规定的义务；二是职务或业务上所要求的义务，如油区防火员就负有消除火灾隐患，防止火灾发生的义务；三是法律行为所引发的义务，例如合同约定的义务；四是行为人的先前行为所引起的义务，如行为人随手把烟头丢在窗帘上，引起窗帘着火，行为人就负有扑灭窗帘着火燃烧的义务。

有些放火案件，从表面上看，是燃烧衣物、家具、农具等价值较小的财物，实际上是以衣服、家具、农具等作为引火物，意图通过燃烧衣物、家具、农具等引起上述重大公私财物的燃烧。这种情况应以放火罪论处。

如果虽然实施了放火行为，但从放火焚烧的对象、时间、地点、环境等方面考察，确实不足以危害公共安全、不存在危害公共安全的危险性，不构成放火罪。

第三，主体要件。本罪的主体为一般主体。由于放火罪社会危害性很大，所以本法第 17 条第 2 款规定，已满 14 周岁不满 16 周岁的人犯放火罪的，应当负刑事责任。

第四，主观要件本罪在主观方面表现为故意，即明知自己的放火行为会引起火灾，危害公共安全，并且希望或者放任这种结果发生的心理态度。如果不是出于故意，不构成放火罪。放火的动机是多种多样的，如因个人的某种利益得不到满足而放火，因对批评、处分不满而放火，因泄愤报复而放火，为湮灭罪证、嫁祸于人而放火，因恋爱关系破裂而放火，因家庭矛盾激化而放火，等等。不论出于何种动机，都不影响放火罪的成立。但是，查明放火的动机，对于正确判断行为人的主观心理态度，是定罪量刑的关键。

二、失火罪的犯罪构成

失火罪是由于行为人的过失而引起火灾，造成严重后果，属于危害公共安全的行为。本罪主要特征：一是主观上只能由过失而构成。可以是疏忽大意的过失，也可以是过于自信的过失。二是客观上实施了危害公共安全并造成严重后果的失火行为。

第一，客体要件。从实践来看，本罪对公共安全的危害通常表现为，危害重大公私财产的安全和既危害不特定多数人的生命、健康，又危害重大公私财产安全两种情况。由于火的燃烧须依附于财物，没有财物的燃烧，火势就难以危及不特定多数人的人身，因此单纯危害不特定多数人的生命、健康的情况是罕见的。

第二,客观要件。本罪在客观方面表现为行为人实施引起火灾,造成严重后果的危害公共安全行为。首先,行为人必须有引起火灾的行为。失火一般发生在日常生活中,如吸烟引起火灾,取暖做饭用火不慎引起火灾。做饭不照看炉火,安装炉灶、烟囱不合防火规则,在森林中烧荒,或者架柴做饭、取暖,不注意防火,以致酿成火灾,造成重大损失,就构成失火罪。如果在工作中严重不负责任或擅离职守;或者在生产中违章作业或强令他人违章作业而引起火灾,则分别构成玩忽职守罪或者重大责任事故罪。如果火灾不是由于行为人的失火行为引起的,而是由于自然原因引起的,不构成失火罪。其次,行为人的行为必须造成严重后果,即致人重伤、死亡或者使公私财产遭受重大损失。仅有失火行为,未引起危害后果;或者危害后果不严重,不构成失火罪,而属一般失火行为。最后,上述严重后果必须是失火行为所引起,即同失火行为有着直接的因果关系。这一特征是行为人负刑事责任的客观根据。

第三,主体要件。本罪主体为一般主体,凡达到法定刑事责任年龄、具有刑事责任能力的人均可成为本罪主体。国家工作人员或者具有从事某种业务身份的人员,在执行职务中或从事业务过程中过失引起火灾,需根据具体情况来认定构成何罪。

第四,主观要件。本罪在主观方面表现为过失。既可出于疏忽大意的过失,即行为人应当预见自己的行为可能引起火灾,因为疏忽大意而未预见,致使火灾发生;也可出于过于自信的过失,即行为人已经预见自己的行为可能引起火灾,由于轻信火灾能够避免,结果发生了火灾。这里疏忽大意、轻信能够避免,是指行为人对火灾危害结果的心理态度,而不是对导致火灾的行为的心理态度。实践中有的案件行为人对导致火灾的行为是明知故犯的,如明知在特定区域内禁止吸烟却禁而不止等,但对火灾危害结果既不希望,也不放任其发生。这种案件应定为失火罪。行为人对于火灾的发生,主观上具有犯罪的过失,是其负刑事责任的主观根据。如果查明火灾是由于人不可抗拒或不能预见的原因所引起,如雷击、地震等引起的火灾,则属于意外事故,不涉及犯罪问题。

三、失火罪与放火罪的区别

失火罪与放火罪在客观上都表现为与火灾有关的危害公共安全的行为,都侵害了社会公共安全。但两者有明显的区别:

第一,在客观方面,失火罪必须造成致人重伤、死亡或者使公私财产遭受重大损失的严重后果,才能构成。放火罪并不以发生上述严重后果作为法定要件,只要实施足以危害公共安全的放火行为,放火罪即能成立。

第二,放火罪有既遂、未遂之分。失火罪是过失犯罪,以发生严重后果作为法定要件,不存在犯罪未遂问题。

第三,主体要件处罚年龄不同。放火罪年满14周岁不满16周岁的人即可构成;失火罪年满16周岁的人才负刑事责任。

第四,主观罪过形式不同。放火罪由故意构成,失火罪则出于过失。这是两种犯罪性质的根本区别所在。

司法实践在认定这类案件中,有时会发生过失犯罪转化为故意犯罪的情况。例如,某人在仓库吸烟无意中将未熄灭的火柴头扔到草堆上,当即起火。这时行为人本应奋力灭火以避免火灾的发生,而他却扬长而去,漠不关心,任火势蔓延,致酿成灾。行为人开始只是无意中将火柴头扔进草堆,并非故意制造火灾,本应认定为失火行为,但由于其先前的失火行为已经造成火灾的危险,行为人负有灭火、消除危险的义务。在其能够履行义务的情况下,明知不灭火可能造成火灾,却不予履行,任其火灾发生。这时行为人主观罪过已转化为间接故意,因而构成以不作为形式实施的放火罪,不应以失火罪论处。

四、放火罪与以放火方式的故意杀人罪

根据《刑法》的相关规定,故意杀人,是指故意非法剥夺他人生命的行为。属于侵犯公民人身、民主权利罪的一种,是中国刑法中少数性质最恶劣的犯罪行为之一。故意杀人的,处死刑、无期徒刑或者十年以上有期徒刑;情节较轻的,处三年以上十年以下有期徒刑。故意杀人罪是行为犯,只要行为人实施了故意杀人的行为,就构成故意杀人罪。由于生命权利是公民人身权利中最基本、最重要的权利,因此,不管被害人是否实际被杀,不管杀人行为处于故意犯罪的预备、未遂、中止等哪个阶段,都构成犯罪,应当立案追究。

(一)故意杀人罪的构成要件

第一,客体要件。故意杀人罪侵犯的客体是他人的生命权。法律上的生命是指能够独立呼吸并能进行新陈代谢的活的有机体,是人赖以存在之前提。

第二,客观要件。首先必须有剥夺他人生命的行为,作为、不作为均可以构成。以不作为行为实施的杀人罪,只有那些对防止他人死亡结果发生负有特定义务的人才能构成。其次,剥夺他人生命的行为必须是非法的,即违反了国家的法律。执行死刑、正当防卫均不构成故意杀人罪。经受害人同意而剥夺其生命的行为,也构成故意杀人罪。对所谓的"安乐死",仍应以故意杀人罪论处,在量刑时可适用从轻或减轻的规定。

第三,主体要件。故意杀人罪的主体是一般主体,即我国刑法分则规定的达到法定刑事责任年龄、具备刑事责任能力的,具有一般身份的犯罪主体。

需要注意的是,《刑法》第十七条第二款规定,已满十四周岁不满十六周岁的人,

犯故意杀人罪的，应当负刑事责任。因此故意杀人罪的行为主体包括已满十四周岁的未成年人。

第四，主观要件。故意杀人罪在主观上须有非法剥夺他人生命的故意，包括直接故意和间接故意。即明知自己的行为会发生他人死亡的危害后果，并且希望或者放任这种结果的发生。

故意杀人的动机是多种多样和错综复杂的。动机可以反映杀人者主观恶性的不同程度，对正确量刑有重要意义。

（二）放火罪与以放火方式的故意杀人罪的区别

故意杀人罪在客观方面的行为表现形式多种多样，以放火、投放危险物质、爆炸等方法，亦可构成故意杀人罪。而放火罪是危害公共安全罪，往往伴随有致人死亡的危害结果。区分放火方式的故意杀人罪与放火罪的关键，在于放火在客观上是具有危害公共安全的性质，还是仅具有侵犯他人生命权利的性质。也就是说，两者的根本区别在于侵犯的客体的性质有所不同。但是，对于放火罪的客体性质如何，在刑法理论上是素有争论。正确理解这个问题，是区分放火方式的故意杀人罪与放火罪的前提。

放火罪的客体是公共安全。即不特定多数人的生命、健康或重大公私财产的安全。也就是说，放火行为一经实施，就可能造成不特定多数人的伤亡或者使不特定的公私财产遭受难以预料的重大损失。这种犯罪后果的严重性和广泛性往往是难以预料的，甚至是行为人自己也难以控制的。这也是放火罪与以放火方法实施的故意杀人、故意毁坏公私财物罪的本质区别。并非所有的用放火方法实施的犯罪行为都构成放火罪，关键是要看放火行为是否足以危害公共安全。如果行为人实施放火行为，而将火势有效地控制在较小的范围内，没有危害也不足以危害不特定多数人的生命、健康和重大公私财产的安全，就不构成放火罪，而应根据案件具体情节，定故意毁坏公私财物罪或故意杀人罪、故意伤害罪等。

放火罪是危害公共安全罪，其中的公共安全或公共危险，在国外刑法理论中有以下四种观点：第一种观点认为，公共危险是指对不特定人的生命、身体或者财产的危险；第二种观点认为，不论是特定不特定，只要是对多数人的生命、身体或财产的危险，就是公共危险；第三种观点认为，公共危险是指对不特定，并且多数人的生命、身体或财产的危险；第四种观点认为，公共危险是指对不特定或者多数人的生命、身体或者财产的危险。

我国通说观点则认为，公共安全是指不特定多数人生命、健康、重大公私财产以及公共生产、生活的安全。比较全面、准确地揭示了危害公共安全罪这类犯罪的本质特征，为我们认定这类犯罪、区分这类犯罪与其他犯罪的界限提供了科学的依据。根据危害公共安全罪的本质特征，司法实践中认定放火方式的故意杀人罪还是放火罪方式危害公共安全的犯罪，其标准就是看行为一经实施，是否在客观上造成或有可能造成不特定多数人的生命、健康、财产或公共生产、生活遭受损害。如果是，则为放火罪；如果不是，则定放火方式的故意杀人罪。需要注意的是，即使行为人实施放火行为在主观上具有明显的针对性，如目的在于杀死某一个或某几个特定的人，但只要其行为在客观上造成或有可能造成公共安全的危险，就应认定为放火罪。

这里需要指出，考察放火行为在客观上是否有可能危害不特定多数的生命、财产安全，不能简单地以是对单门独户还是在居民区等不特定多数人生产、生活的地方实施这些行为为标准，需要根据具体情况具体分析。对单门独户放火故意杀害某个特定的人的，也有可能危害公共安全，应定放火罪；而在居民区甚至一些公众场合针对特定的个人实施的放火行为，也可能由于其时间、空间以及工具的杀伤力等具体条件，而只对特定的人构成威胁，不足以危及公共安全，此时只能定放火方式的故意杀人罪。

根据以上分析，可得出，放火罪是典型的危险犯，行为人只要实施这些危险的行为，不要求必须造成严重后果，就可以构成犯罪既遂，如果造成了严重后果的，属于结果加重犯。由此，本案中 M 省气象服务中心所出具的气象证明作为第三方因素介入是否影响结果加重量刑具有一定的理论和实践价值。

在火灾现场，风速和风向则对火灾的蔓延速度和传播方向有着重大影响。即使在没有风的情况下起火，因对流也会起风，并且随着火势的不断扩大，风也会越来越大。火场上一般有四种风：一是自然风，即火灾前后当时自然天气固有的风。它的大小和方向，对火势发展蔓延往往起着决定性的作用。二是由于火场上的物质燃烧施放热量，造成具有温度差的空气环境，温度差为周围空间提供了动力，使空气对流形成风，它的方向总是由火场的中心高温区辐射指向火场周围的低温区。三是由于火场上的物质燃烧时消耗掉大量的氧气，形成氧气压力差，这种压力差总是在驱使周围的含氧量高的新鲜空气不断地向火场补充，使空气对流形成风。此种风由火场周围的高氧浓度区吹向火场中心的低氧浓度区。四是火场上的物质燃烧产生大量烟气，形成具有压力差的空气环境，压力差为周围空气膨胀提供动力，从而形成风。这种风的方向总是从火场中心辐射指向火场外围。在通常情况下，风致火灾蔓延扩散多见于建筑和森林火灾。因此，确定风在建筑、森林火灾中的活动经过，风致火灾的后果严重程度就显得至关重要。

在建筑物发生火灾时，当空气流过建筑物时，房屋的表面出现正负压力，使建筑物周围形成压力不同的旋风地带，而压力的大小和旋风地带，使燃烧产物在旋风地带内循环流动，这样就给旋风地带内的可燃物发生燃烧创造了条件。同时，旋风地带还会在建筑物内产生空气逆流，致使烟雾混入空气流中，造成下风向的燃烧强度增大。

而燃烧强度的增大和热气流对燃烧材料的机械作用，又使气流将燃烧较轻的物质带走，在附近的易燃屋面或堆垛上形成新的火源。建筑物越高，风速越大，在发生火灾时燃烧就越迅速。当高层建筑发生火灾时，如果外窗处于开启状态，强风能送入大量空气，使火势迅速扩大，并助长烟火向建筑物内部及上层蔓延。外窗如果关闭，则室温急速升高而气压迅速增大，当室内充满高热烟火时，金属窗框及玻璃很快就会遭到破坏，此时强大的风力仍能加速火势的扩散。

风对森林火灾也有很大影响，它不但能加速火灾扩展，已经扑灭的森林火，遇到强风时，还可能使余火复燃，把正在燃烧的枯枝落叶或树冠上带火的枝丫刮到其他地方，形成新的起火点。在发生森林火灾时，燃烧产生的热空气垂直上升，四周的空气立即补充，形成对流柱，同时产生旋风。着火物质卷成火团，在空中形成飞火，飞越公路、防火线，甚至在几公里以外的地方，造成另一片森林起火。

根据相关统计结果分析风速与火势蔓延速度的关系列表如下（表 8-1）。

8-1 风速与火势蔓延速度的关系

风速（米/秒）	风力（级）	蔓延速度（米/分）																	
		10 分			20 分			30 分			40 分			50 分			60 分		
		上分	侧风	下风	上分	侧风	下风	上分	侧风	下风	上分	侧风	下风	上分	侧风	下风	上分	侧风	下风
2	2	5	5	10	10	15	20	15	20	30	25	35	45	30	45	55	40	55	65
3	3	5	5	10	10	15	20	15	25	35	25	35	45	30	50	60	40	60	70
4		5	5	10	10	15	35	20	25	55	25	40	75	35	55	100	45	65	120
5		5	10	10	15	20	35	20	30	60	30	45	85	40	55	115	5	75	140
6	4	10	10	15	15	20	45	20	30	80	30	50	110	40	60	140	50	75	170
7		10	10	15	15	25	55	25	30	90	35	55	125	45	60	160	55	85	200
8	5	10	10	15	20	25	55	25	40	100	35	60	140	50	75	180	60	95	225
9		10	15	20	20	30	65	30	45	115	40	65	165	50	85	215	65	105	260
10		10	15	20	25	35	75	35	50	130	45	70	180	55	95	235	70	115	290
12	6	15	15	25	25	40	110	35	55	180	50	80	230	65	105	290	80	130	265

风速在 4 米每秒时的火势蔓延速度，相较于在 3 米每秒时，出现较大增幅，尤其时间过去 30 分钟之后。说明风速在助长火势上，4 米每秒成为一个明显的分界点。而本案中气象服务中心出具的气象证明，显示当天现场全天为偏南风，平均风速 4.4 米/秒、3 级，最大风速为 7.3 米/秒、4 级，说明气象资料对火势存在影响，会导致后果的严重程度不同，从而影响被告人陆某某的量刑轻重。

【问题】

1. 本案被告人 A 是否构成犯罪？为什么？

A 构成了犯罪。从犯罪的特征来看，应当具备以下三个特征。

第一，社会危害性。行为具有社会危害性，是犯罪的基本特征。犯罪的社会危害性是指犯罪对国家和人民利益所造成的危害。犯罪的本质特征在于它对国家和人民利益所造成的危害。如果某种行为根本不可能对社会造成危害，刑法就没有必要把它规定为犯罪；某种行为虽然具有一定的社会危害性，但是情节显著轻微危害不大的，也不认为是犯罪。由此可见，犯罪的社会危害性是质和量的统一。本案中被告人 A 点燃草莓大棚，导致被告人的财物受到较大的损害，同时对周围农村居民的公共安全造成一定的威胁，具有较大的社会危害性，符合犯罪的特征。

第二，刑事违法性。刑事违法性是指触犯刑律，即某一个人的行为符合刑法分则所规定的犯罪构成要件。刑事违法性是犯罪的法律特征，是对犯罪行为的否定的法律评价。在罪刑法定原则下，没有刑事违法性，也就没有犯罪。因此，刑事违法性是犯罪的基本特征。

第三，应受刑罚惩罚性。应受惩罚性是犯罪的重要特征，它表明国家对于具有刑事违法性和法益侵害性的行为的刑罚惩罚。犯罪是适用刑罚的前提，刑罚是犯罪的法律后果。

本案中，首先，A 实施了放火的行为；其次，他的主观方面是故意的；最后，其行为导致了严重的后果，影响了社会秩序与生命财产安全，符合放火罪的犯罪特征。被告人 A 应当对其犯罪行为承担相应的法律责任。

2. 被告人 A 如果构成犯罪，构成放火罪还是故意毁坏财物罪？放火罪与故意毁坏财物罪有什么区别？

被告人 A 构成放火罪。

故意毁坏财物罪，是指故意毁灭或者损坏公私财物，数额较大或者有其他严重情节的行为。故意毁坏财物罪中的犯罪行为通常是由某种现实原因造成的。行为人可能是出于对财物所有人的打击报复、或嫉妒心理或其他类似有针对性的心理态度，毁坏财物使所有人的财产受到损失就是其犯罪目的。

毁坏财物的方式是多种多样的，当然也包括纵火的方法。以放火等危险方法实施的危害公共安全罪，也往往会造成数额较大的公私财物的损失。但放火罪和故意毁坏财物罪是有着明显区别的。放火罪属于危害公共安全的犯罪，侵犯的客体是公共安全，而故意毁坏财物罪，属于侵犯财产的犯罪，其侵犯的客体是公私财产。放火罪和故意毁坏财物罪的区别之一，就在于行为人的放火行为客观上是否足以危及公共安全。如果行为人实施的放火的方法,本身没有危害公共安全,也不可能危及公共安全,就只能属于故意毁坏财物行为,反之,如果已危害或足以危及公共安全,就只能是放火罪。判断行为人的放火行为,是否足以危及公共安全,就要结合放火的地点以及放火时周围的具体环境等因素来分析。

3.公诉机关在向法院提交的证据中有关于气象部门的相关气象资料,这类证据属于什么证据?有何证明力?

本案中的这些有关于气象部门的相关气象资料,根据《刑事诉讼法》第五十条规定:"可以用于证明案件事实的材料,都是证据。证据包括:(一)物证;(二)书证;(三)证人证言;(四)被害人陈述;(五)犯罪嫌疑人、被告人供述和辩解;(六)鉴定意见;(七)勘验、检查、辨认、侦查实验等笔录;(八)视听资料、电子数据。证据必须经过查证属实,才能作为定案的根据。"应当属于勘验、检查、辨认、侦查实验等笔录证据。这类气象资料证明能够证明事发当天现场的风向风速,可以用来衡量犯罪嫌疑人的犯罪行为造成的损害结果的程度,用以定罪量刑。

案例三:B失火案(本案为以气象资料作为证据使用的案件)

【案情简介】2015年5月14日早上7时许,被告人B背着喷雾器去打除草剂。到了地里后,被告人某当事人用专门携带的打火机开始对地里的三堆菜籽壳进行焚烧。9时许,被告人B为了将林边的茶叶树烧死,就用打火机去点燃林边堆放的玉米杆,当第一桶除草剂打完时,回头看见刚点燃的玉米杆火势已经蔓延至荒地内,便立即将喷雾器放下,到荒地中抓了一把杂草对荒地内的明火进行扑打,四五分钟后明火被扑灭,打完除草剂后被告人B对炭火未作处理便直接回家。

13时左右,B进行除草的耕地发生了森林火灾,该起火灾过火面积2.467公顷(1公顷=10000平方米),经过现场勘验,起火点位于被告人B燃烧的玉米杆处。

气象资料证实,A省R县气象局提供的2015年5月14日R县的气象情况,当日平均气温25.2℃,日最高气温31.2℃出现在14时29分;相对湿度61%;日平均风速1.0米/秒,日最大风向XX,风速4.7米/秒;日照时数3.9小时;森林火险气象等级4级;当日无雷暴现象发生。

【处理结果】根据《中华人民共和国刑法》(以下简称《刑法》)第一百一十五条第二款、第六十七条第三款、第七十二条第一款之规定,人民法院判决如下:被告人B犯失火罪,判有期徒刑一年,缓刑两年。(缓刑考验期限,从判决确定之日起计算)

【法条链接及法理分析】

失火罪是由于行为人的过失而引起火灾,造成严重后果,危害公共安全的行为。

属于危害公共安全罪。本罪主要特征：一是主观上只能由过失而构成。可以是疏忽大意的过失，也可以是过于自信的过失。二是客观上实施了危害公共安全并造成严重后果的失火行为。

关于放火罪、失火罪的犯罪构成，以及失火罪与放火罪的区别在上一个案例中进行了阐述，在此不再赘述。

在本案中，气象资料的出具具有两层法律属性：第一，作为证据材料，气象资料的出具证明当天的森林火险气象等级4级，说明林区易燃程度高，同时火势易于蔓延，须加强火源管理。这份气象资料可以说明被告B燃烧玉米秸秆因而过失导致森林火灾具有一定的可能性，同时在资料中可以看出，当日无雷暴现象，故也可以证明当日森林火灾是由于人为原因造成，构成犯罪。第二，按照法律规定，失火行为是否造成严重后果，是区分失火罪与非罪的界限。首先要查明行为人的行为与失火事件的发生有没有刑法上的因果关系。其次，要查明损失的大小。失火罪作为结果犯，必须要以发生法定的有形的危害结果作为犯罪构成必要要件。司法实践中，在失火行为造成了严重后果，构成失火犯罪的情况下，一般在法定的基本量刑档次内给行为人裁量刑罚。失火行为造成了致人重伤、死亡或使公私财产遭受重大损失的严重后果，一般在三年以上七年以下有期徒刑这一量刑档次内裁量刑罚。当失火行为造成了严重后果的前提下，综合考察分析犯罪行为人主客观方面的情况，如果情节较轻的，在三年以下有期徒刑或者拘役这一量刑幅度内裁量刑罚。如果综合考察分析犯罪的主客观方面的情节，不属于情节较轻的，则只能在基本的量刑幅度内裁量刑罚。情节较轻应该综合分析主客观诸方面的情况，然后进行整体认定。这些情况主要包括：(1)行为人的刑事责任年龄和刑事责任能力，如是否属于已满16周岁未满18周岁的未成年人，是否属于限制刑事责任能力人等；(2)行为人的主观恶性程度，如行为人的一贯表现，犯罪后的态度等；(3)犯罪客观方面的情况，如犯罪造成的具体损害情况，犯罪的时间、地点，犯罪侵犯的对象等。所以，气象方面的状况作为第三方因素的介入若导致损失结果加大，会使得失火罪的量刑加重。

本案中，A省R县气象局提供的2015年5月14日R县的气象情况，当日平均气温25.2℃，日最高气温31.2℃出现在14时29分；相对湿度61%；日平均风速1.0米/秒，日最大风向XX，风速4.7米/秒；日照时数3.9小时；森林火险气象等级4级；当日无雷暴现象发生。说明气象资料中风速未对火势造成影响，无法认定其会对被告人B的量刑产生影响。只能认识到当日森林火险气象等级4级，森林火险气象等级高，林区须加强火源管理，该安全隐患，导致了B扑灭的明火复燃，其疏忽大意的过失行为引起火灾，造成过火面积2.467公顷森林火灾的严重后果。气象部门提供的气象资料，其中风速是相对于放火罪、失火罪的定性而言，风速相对于放火罪，风速越大，结果越严重，与量刑有关联性。相对于失火罪，侧重于定性，即更易构成失火罪。对此，放火罪与失火罪，结合气温、风速等气象资料表明，气象条件对放火罪的影响仅限于量刑，而对失火罪则可能直接定罪。

【问题】

1. 本案被告人B是否构成犯罪？为什么？

B构成犯罪，构成失火罪。根据《刑法》第一百一十五条中对于失火罪规定："放火、决水、爆炸以及投放毒害性、放射性、传染病病原体等物质或者以其他危险方法致人重伤、死亡或者使公私财产遭受重大损失的，处十年以上有期徒刑、无期徒刑或者死刑。过失犯前款罪的，处三年以上七年以下有期徒刑；情节较轻的，处三年以下有期徒刑或者拘役。"失火罪是由于行为人的过失而引起火灾，造成严重后果，危害公共安全的行为，按《刑法》规定属于危害公共安全罪之一。

在本案中，被告人某当事人由于疏忽大意的过失导致森林火灾，产生了危害公共安全的严重后果，因此构成失火罪。

2. 被告人某当事人是否可以适用缓刑？缓刑适用的条件是什么？

缓刑是指对触犯刑律，经法定程序确认已构成犯罪、应受刑罚处罚的行为人，先行宣告定罪，暂不执行所判处的刑罚。缓刑由特定的考察机构在一定的考验期限内对罪犯进行考察，并根据罪犯在考验期间内的表现，依法决定是否适用具体刑罚的一种制度。

缓刑的适用条件主要是：对于被判处拘役、三年以下有期徒刑的犯罪分子，同时符合下列条件的，可以宣告缓刑，对其中不满十八周岁的人、怀孕的妇女和已满七十五周岁的人，应当宣告缓刑：第一，犯罪情节较轻；第二，有悔罪表现；第三，没有再犯罪的危险；第四，宣告缓刑对所居住社区没有重大不良影响。宣告缓刑，可以根据犯罪情况，同时禁止犯罪分子在缓刑考验期限内从事特定活动，进入特定区域、场所，接触特定的人。被宣告缓刑的犯罪分子，如果被判处附加刑，附加刑仍须执行。对于累犯和犯罪集团的首要分子，不适用缓刑。

在本案中，某当事人的行为犯罪情节较轻，社会危害性不大，没有前科，属于过失犯罪，认罪态度较好，符合刑法规定的缓刑条件，因此，对某当事人可以适用缓刑。

第九章　涉气象类环境污染纠纷

《气象法》与《环境保护法》从法律体系角度进行分类，属于两个不同的法律部门。有学者认为《气象法》和《环境保护法》属于社会公益法范畴，也有学者认为《气象法》和《环境保护法》属于公法范畴。但是，无论归属于哪个法律体系范畴，它们对社会经济的发展、国家安全、生态环境保护、人民群众生活质量的提高等都起着重要的作用。本章择取相关案例从生态环境保护、公益诉讼等方面展开分析，以期实现对我国生态环境的全方位保护。

案例一：K市N区自然之友环境研究所、Y省绿家园环境友好中心诉甲某等四人破坏林地公益诉讼案

【案情简介】2008年7月29日，甲某等四人未经行政主管部门审批，擅自扩大采矿范围，采取从山顶往下剥山皮、将采矿产生的弃石往山下倾倒、在矿山塘口下方兴建工棚的方式，严重毁坏了28.33亩林地植被。2014年7月28日，甲某等人因犯非法占用农用地罪分别被判处刑罚。2015年1月1日，K市C区自然之友环境研究所（以下简称自然之友）、Y省绿家园环境友好中心（以下简称绿家园）提起诉讼，请求判令四被告承担在一定期限内恢复林地植被的责任，赔偿生态环境服务功能损失134万元；如不能在一定期限内恢复林地植被，则应赔偿生态环境修复费用110万余元；共同偿付原告为诉讼支出的评估费、律师费及其他合理费用。

【处理结果】Y省K市中级人民法院一审认为，甲某等四人为采矿占用林地，不仅严重破坏了28.33亩林地的原有植被，还造成了林地植被受损至恢复原状期间生态服务功能的损失，依法应共同承担恢复林地植被、赔偿生态功能损失的侵权责任。遂判令甲某等四人在判决生效之日起五个月内恢复被破坏的28.33亩林地功能，在该林地上补种林木并抚育管护三年，如不能在指定期限内恢复林地植被，则共同赔偿生态环境修复费用110万余元；共同赔偿生态环境服务功能损失127万元，用于原地或异地生态修复；共同支付原告支出的评估费、律师费、为诉讼支出的其他合理费用16.5万余元。Y省高级人民法院二审维持了一审判决。

本案涉及原告主体资格的审查、环境修复责任的承担以及生态环境服务功能损失的赔偿等问题。本案判决依照环境保护法第五十八条和《最高人民法院关于审理

环境民事公益诉讼案件适用法律若干问题的解释》的规定，确认了自然之友、绿家园作为公益诉讼原告的主体资格；以生态环境修复为着眼点，判令被告限期恢复被破坏林地功能，在该林地上补种林木并抚育管护三年，进而实现尽快恢复林地植被、修复生态环境的目的；首次通过判决明确支持了生态环境受到损害至恢复原状期间服务功能损失的赔偿请求，提高了破坏生态行为的违法成本，体现了保护生态环境的价值理念，判决具有良好的评价、指引和示范作用。

【法条链接及法理分析】

《中华人民共和国环境保护法》（以下简称《环保法》）规定了相关的生态保护制度，即生态保护红线制度、自然保护区制度、生物多样性保护制度和生态补偿制度。

一、生态保护制度

《环保法》规定了相关的生态保护制度，即生态保护红线制度、自然保护区制度、生物多样性保护制度和生态补偿制度。生态保护红线制度，是指国家在重点生态功能区、生态环境敏感区和脆弱区等区域划定生态保护红线，实行严格保护。生态保护红线制度在自然生态服务功能、环境质量安全、自然资源利用等方面，实行严格保护的空间边界与管理限值，以维护国家和区域生态安全及社会经济可持续发展，保障人类健康的法律规定，是国家层面的生命线。生态红线划定有着重大意义，是维护国家生态安全的需要，也是改善环境质量的重要措施，更有助于增强经济社会的可持续发展能力。自然保护区制度，是指对有代表性的自然生态系统、珍稀濒危野生动植物物种的天然集中分布区、有特殊意义的自然遗迹等保护对象所在的陆地、陆地水体或者海域，依法划出一定面积予以特殊保护和管理的区域。各级人民政府对具有代表性的各种类型的自然生态系统区域，珍稀、濒危的野生动植物自然分布区域，重要的水源涵养区域，具有重大科学文化价值的地质构造、著名溶洞和化石分布区、冰川、火山、温泉等自然遗迹，以及人文遗迹、古树名木，应当采取措施予以保护，严禁破坏。生物多样性制度，是指通过控制人类开发利用环境活动，遏制生物多样性减少可能造成的恶化人类生存环境、限制人类生存与发展机会的选择的制度规范的总和。开发利用自然资源，应当合理开发，保护生物多样性，保障生态安全，依法制定有关生态保护和恢复治理方案并予以实施。引进外来物种以及研究、开发和利用生物技术，应当采取措施，防止对生物多样性的破坏。生物多样性是生物及其与环境形成的生态复合体以及与此相关的各种生态过程的总和。生态补偿是一种使外部成本内部化的环境经济手段，最初源于自然生态补偿。狭义的生态补偿是对人类的社会经济活动给生态系统和自然资源造成的破坏及对环境造成的污染的补偿、恢复、综合治理等一系列活动的总称；广义的生态补偿还包括对因环境保护而丧失发展机会的区域内的居民进行资金、技术、实物上的补偿、政策上的优惠，以及为增进环境保护意识、提高环境保护水平而进行的科研、教育开支。现在，生态补偿更多的是指对生态环境保护者、建设者的财政转移、物质性惠益给付的补偿机制。国家建立、健全生态保护补偿制度。加大对生态保护地区的财政转移支付力度。有关地方人民政府应当落实生态保护补偿资金，确保其用于生态保护补偿。国家指导受益地区和生态保护地区人民政府通过协商或者按照市场规则进行生态保护补偿。

二、环境保护义务制度

对于破坏环境和资源的违法行为，根据《环保法》的规定，公民、法人和其他组织发现任何单位和个人有污染环境和破坏生态行为的，有义务向环境保护主管部门或者其他负有环境保护监督管理职责的部门举报。公民、法人和其他组织发现地方各级人民政府、县级以上人民政府环境保护主管部门和其他负有环境保护监督管理职责的部门不依法履行职责的，有权向其上级机关或者监察机关举报。接受举报的机关应当对举报人的相关信息予以保密，保护举报人的合法权益。符合依法在设区的市级以上人民政府民政部门登记和专门从事环境保护公益活动连续五年以上且无违法记录条件的社会组织可以对污染环境、破坏生态，损害社会公共利益的行为向人民法院提起诉讼，但是提起诉讼的社会组织不得通过诉讼牟取经济利益。案例中，Y省的绿家园环境友好中心就是这样的环境保护社会组织，有资格对某当事人等人的行为提起公益诉讼。

三、环境公益诉讼

在解释环境公益诉讼前，需要先了解公益诉讼。公益诉讼是与私益诉讼相对而言的概念，它是指特定的国家机关和相关的经国家机关登记认可的团体和个人，根据法律的授权，对侵犯国家利益、社会公共利益或不特定的多数人利益的行为，向人民法院起诉，由法院依法追究侵权相对人法律责任的诉讼活动。相对于私益诉讼，公益诉讼有其特征：第一，公益诉讼的原告是不特定多数人。一般仅指无利害关系的人；第二，原告起诉的目的是为了维护社会公共利益和不特定多数人的利益，而非个人一己私利；第三，公益诉讼涉及的案件范围宽泛，可以是民事侵权行为，也可以是行政违法行为，或者刑事犯罪行为；第四，公益诉讼具有补充性，其地位体现在对国家机关执法能力不足的补充与协助，而非取代国家机关进行执法活动。

环境公益诉讼是指为了保护社会公共的环境权利和其他相关权利而进行的诉讼

活动，也是针对保护个体环境权利及相关权利的“环境私益诉讼”而言的。环境公益诉讼，是保护环境的重要手段。环境公益诉讼具体来说，是指社会成员，包括公民、企事业单位、社会团体依据法律的特别规定，在环境受到或可能受到污染和破坏的情形下，为维护环境公共利益不受损害，针对有关民事主体的侵权行为或行政机关不作为或作为不当而向法院提起诉讼的制度。这项制度对于保护公共环境和公民环境权益起到非常重要的作用。与传统的、一般的民事诉讼、行政诉讼相比，环境公益诉讼有其特殊性：第一，环境公益诉讼的主体具有特殊性。环境公益诉讼的发起者不一定是与本案有直接利害关系的人。环境公益诉讼的发起者包括社会成员，如公民、企事业单位和社会团体。提起环境公益诉讼的社会成员，既可以是直接的受害人，也可以是无直接利害关系的人。环境公益诉讼的对象既包括一般的民事主体，也包括国家行政机关。一般的民事主体，如企事业单位和个人，当其行为对环境公共利益构成损害，而环境行政控制无力或不能干预时，即可成为环境公益诉讼的对象。国家行政机关未履行法定职责，构成了对环境公共利益损害的不当行政行为，也是环境公益诉讼的对象。第二，环境公益诉讼目的具有特殊性。环境公益诉讼的目的是维护环境公共利益。具体来说，是为了保护国家环境利益、社会环境利益以及不特定多数人的环境利益，追求社会公正、公平，保障社会可持续发展。第三，环境公益诉讼的功能具有特殊性。环境公益诉讼的提起及最终裁决并不要求一定有损害事实发生，只要能根据有关情况合理判断出可能使社会公益受到侵害，即可提起诉讼，由违法行为人承担相应的法律责任。这样可以有效地保护国家利益和社会秩序不受违法行为的侵害，把违法行为消灭在萌芽状态，具有预防功能。在环境公益诉讼中，这种预防功能尤为明显且显得更为重要，因为环境一旦遭受破坏就难以恢复原状，所以法律有必要在环境侵害尚未发生或尚未完全发生时就允许社会主体适用司法手段加以排除，从而避免环境公益遭受无法弥补的损失或危害。第四，环境公益诉讼对象具有特殊性。环境公益诉讼可以是针对民事主体，也可以是针对行政主体。一般民事主体是由于在社会生活经济活动中对环境造成破坏或损害从而成为环境公益诉讼的对象。就行政主体而言，行政机关作为公共利益的维护者，在个体利益的驱动下也往往未履行其法定职责，对环境造成严重的危害。从而成为环境公益诉讼的另一类对象。

近几年，我国在环境公益诉讼领域进行了许多有益的探索。例如，贵州省贵阳市中级人民法院设立了环境保护审判庭，贵阳市清镇市法院设立了环境保护法庭；江苏省无锡市两级法院相继成立环境保护审判庭和环境保护合议庭，无锡市中级人民法院和市检察院联合发布了《关于办理环境民事公益诉讼案件的试行规定》；云南省昆明市中级人民法院、市检察院、市公安局、市环保局联合发布了《关于建立环境保护执法协调机制的实施意见》，规定环境公益诉讼的案件由检察机关、环保部门和有关社会团体向法院提起诉讼。2015 年正式实施的新《环保法》对环境公益民事诉讼的主体资格也作出了明确规定即“依法在设区的市级以上人民政府民政部门登记”和“专门从事环境保护公益活动连续五年以上且无违法记录”的社会组织可以提起公益诉讼。

《最高人民法院关于审理环境民事公益诉讼案件适用法律若干问题的解释》(2014 年 12 月 8 日最高人民法院审判委员会第 1631 次会议通过,自 2015 年 1 月 7 日起施行)明确了环境民事公益诉讼案件的审理程序和相关内容,对可以提起公益诉讼的社会组织进行了明确的解释——依照法律、法规的规定,在设区的市级以上人民政府民政部门登记的社会团体、民办非企业单位以及基金会等社会组织;社会组织章程确定的宗旨和主要业务范围是维护社会公共利益,且从事环境保护公益活动的,可以认定为环境保护法第五十八条规定的“专门从事环境保护公益活动”。

我国在推动环境公益诉讼制度中还存在一系列障碍。主要包括:第一,根据现行《民事诉讼法》第五十五条的规定:“对污染环境、侵害众多消费者合法权益等损害社会公共利益的行为,法律规定的机关和有关组织可以向人民法院提起诉讼。”该条规定只把法律规定的有关机关与组织列为环境公益诉讼的原告主体,排除了个人,范围过于狭窄且具有很大的模糊性。因而在实践中很难使得环境公益诉讼具有应有的效果。第二,现行环境民事诉讼中的举证责任倒置应进一步明确。在环境民事诉讼中,污染者和侵害公益的违法者一般拥有着信息、资金和技术优势,而原告相对来说处于劣势地位,不易收集证据。第三,国务院发布的《诉讼费交纳办法》没有把公益性的诉讼案件明确纳入其中,这对大额索赔的环境公益诉讼案件的起诉和提高律师参与环境公益诉讼的积极性来说都是不利的。

针对违法行为的处罚,2015 年修改的《环保法》被称为史上最严环保法,规定了按日计罚的法律规定。根据《环保法》规定,企业事业单位和其他生产经营者违法排放污染物,受到罚款处罚,被责令改正,拒不改正的,依法作出处罚决定的行政机关可以自责令改正之日的次日起,按照原处罚数额按日连续处罚。企业事业单位和其他生产经营者超过污染物排放标准或者超过重点污染物排放总量控制指标排放污染物的,县级以上人民政府环境保护主管部门可以责令其采取限制生产、停产整治等措施;情节严重的,报经有批准权的人民政府批准,责令停业、关闭。建设单位未依法提交建设项目环境影响评价文件或者环境影响评价文件未经批准,擅自开工建设的,由负有环境保护监督管理职责的部门责令停止建设,处以罚款,并可以责令恢复原状。企业事业单位和其他生产经营者有下列行为:一是建设项目未依法进行环境影响评价,被责令停止建设,拒不执行的;二是违反法律规定,未取得排污许可证排放污染物,被责令停止排污,拒不执行的;三是通过暗管、渗井、渗坑、灌注或者篡改、伪造监测数据，或者不正常运行防治污染设施等逃避监管的方式违法排放污染物的；四是生产、使用国家明令禁止生产、使用的农药，被责令改正，拒不改正的。以上行为尚不构成犯罪的，除依照有关法律法规规定予以处罚外，由县级以上人民政府环境保护主管部门或者其他有关部门将案件移送公安机关，对其直接负责的主管人员和其他直接责任人员，处十日以上十五日以下拘留；情节较轻的，处五日以上十日以下拘留：提起环境损害赔偿诉讼的时效期间为三年，从当事人知道或者应当知道其受到损害时起计算。

针对环保部门内部管理，《环保法》规定，上级人民政府及其环境保护主管部门应当加强对下级人民政府及其有关部门环境保护工作的监督。发现有关工作人员有违法行为，依法应当给予处分的，应当向其任免机关或者监察机关提出处分建议。依法应当给予行政处罚，而有关环境保护主管部门不给予行政处罚的，上级人民政府环境保护主管部门可以直接作出行政处罚的决定。地方各级人民政府、县级以上人民政府环境保护主管部门和其他负有环境保护监督管理职责的部门有下列行为：一是不符合行政许可条件准予行政许可的；二是对环境违法行为进行包庇的；三是依法应当作出责令停业、关闭的决定而未作出的；四是对超标排放污染物、采用逃避监管的方式排放污染物、造成环境事故以及不落实生态保护措施造成生态破坏等行为，发现或者接到举报未及时查处的；五是违反本法规定，查封、扣押企业事业单位和其他生产经营者的设施、设备的；六是篡改、伪造或者指使篡改、伪造监测数据的；七是应当依法公开环境信息而未公开的；八是将征收的排污费截留、挤占或者挪作他用的；九是法律法规规定的其他违法行为，对直接负责的主管人员和其他直接责任人员给予记过、记大过或者降级处分；造成严重后果的，给予撤职或者开除处分，其主要负责人应当引咎辞职。

本案中，甲某等四人擅自扩大采矿范围，采取从山顶往下剥山皮、将采矿产生的弃石往山下倾倒、在矿山塘口下方兴建工棚的方式毁坏了 28.33 亩林地植被的行为违反了《环保法》中第三十条第一款规定："开发利用自然资源，应当合理开发，保护生物多样性，保障生态安全，依法制定有关生态保护和恢复治理方案并予以实施。"本案的相关判决依据《环保法》第五十八条规定，对污染环境、破坏生态，损害社会公共利益的行为，符合下列条件的社会组织可以向人民法院提起诉讼：第一，依法在设区的市级以上人民政府民政部门登记；第二，专门从事环境保护公益活动连续五年以上且无违法记录。符合前款规定的社会组织向人民法院提起诉讼，人民法院应当依法受理。提起诉讼的社会组织不得通过诉讼牟取经济利益。其次，《最高人民法院关于审理环境民事公益诉讼案件适用法律若干问题的解释》规定，社会组织章程确定的宗旨和主要业务范围是维护社会公共利益，且从事环境保护公益活动的，可以认定为《环保法》第五十八条规定的“专门从事环境保护公益活动”。社会组织提起的诉讼所涉及的社会公共利益,应与其宗旨和业务范围具有关联性。由此确定了自然之友、绿家园作为公益诉讼原告的主体资格。

本案中法院判决被告甲某等四人在判决生效之日起五个月内恢复被破坏的28.33 亩林地功能,在该林地上补种林木并抚育管护三年,如不能在指定期限内恢复林地植被,则共同赔偿生态环境修复费用 110 万余元;共同赔偿生态环境服务功能损失 127 万元,用于原地或异地生态修复。本案作为新《环保法》实施后全国首例环境民事公益诉讼,涉及环境修复责任的承担以及生态环境服务功能损失的赔偿的问题。根据《最高人民法院关于审理环境民事公益诉讼案件适用法律若干问题的解释》的规定,原告请求恢复原状的,人民法院可以依法判决被告将生态环境修复到损害发生之前的状态和功能。无法完全修复的,可以准许采用替代性修复方式。人民法院可以在判决被告修复生态环境的同时,确定被告不履行修复义务时应承担的生态环境修复费用;也可以直接判决被告承担生态环境修复费用。生态环境修复费用包括制定、实施修复方案的费用和监测、监管等费用。2019 年 6 月 5 日最新颁布的《最高人民法院关于审理生态环境损害赔偿案件的若干规定(试行)》第十二条规定,受损生态环境能够修复的,人民法院应当依法判决被告承担修复责任,并同时确定被告不履行修复义务时应承担的生态环境修复费用。由此本案法院判决以生态环境修复为着眼点,判令被告限期恢复被破坏林地功能,在该林地上补种林木并抚育管护三年,进而实现尽快恢复林地植被、修复生态环境的目的;首次通过判决明确支持了生态环境受到损害至恢复原状期间服务功能损失的赔偿请求,提高了破坏生态行为的违法成本,体现了保护生态环境的价值理念,判决具有良好的评价、指引和示范作用。

【问题】

1. 什么是环境?我国环境保护的原则是什么?

根据《环保法》的规定,环境是指影响人类生存和发展的各种天然的和经过人工改造的自然因素的总体,包括大气、水、海洋、土地、矿藏、森林、草原、湿地、野生生物、自然遗迹、人文遗迹、自然保护区、风景名胜区、城市和乡村等。

《环保法》的基本原则是指由《环保法》所确认并体现,贯穿于整个环境法体系,反映《环保法》的目的价值、基本特征及性质,对贯彻和实施环境法具有普遍指导作用的基本准则。根据《环保法》第五条规定,我国环境保护坚持保护优先、预防为主、综合治理、公众参与、损害担责的原则。可归纳为三个基本原则,即风险预防原则、环境公平原则和环境民主原则。

第一,风险预防原则

环境风险是指环境遭受损害的可能性,包括环境遭受风险的可能性以及风险所致损害的严重性。环境风险具有属于未知的风险危害、具有潜伏性和不可逆转性的特性。更多地表现为国家性、区域性甚至全球性的环境风险的特殊性要求对于其风险的处理不能局限于事后救济,而必须进行事前预防。

在我国,风险预防原则是"预防为主、防治结合、综合整治"原则的简称,是指国家在环境保护工作中采取各种预防措施,防止开发和建设活动中产生新的环境污染和破坏,而对已造成的环境污染和破坏要积极治理。风险预防原则是对环境法传统思维的转变。该原则是针对环境危害存在科学上的不确定性的情况下预防环境损害发生义务的指导思想,核心在于当科学知识对某一环境问题的认识未达成一致意见或存在冲突时,如果存在可能对环境造成严重或不可逆转损害的威胁,科学上的不确定性不能成为延迟或拒绝采取预防措施的理由,从而降低环境风险发生的可能性及风险损害程度。

第二,环境公平原则

环境公平的实质是改变环境损害结果承受的不公平状态,重新进行利益衡量,实现实质公平。环境公平原则是对环境问题所涉及的相关主体,如开发者、污染者、受益者以及主管者等,在使用环境资源或对环境资源造成污染和破坏时,应当按照环境正义精神,公平分配相关利益及其责任,以平衡各种利益关系,保护环境资源和维持生态平衡。

第三,环境民主原则

环境民主原则是指生态环境的保护和自然资源的合理开发利用必须依靠社会公众的广泛参与,公众有权参与解决生态问题的决策过程,参与环境管理并对环境管理部门以及单位、个人与生态环境有关的行为进行监督。

2.我国环境执法的主体是什么?环境执法应遵循哪些原则?

根据《环保法》和《环境行政处罚办法》的规定,环境执法的主体应为:县级以上环境保护主管部门在法定职权范围内实施环境行政处罚。经法律、行政法规、地方性法规授权的环境监察机构在授权范围内实施环境行政处罚,适用本办法关于环境保护主管部门的规定。

环境执法应遵循以下原则:

第一,合法性原则

即环境行政执法主体必须是依法组成的或依授权执法的环境行政机关或特定组织,其执法必须在法定权限内进行,执法内容与执法程序都必须合法。

第二,合理性原则

即环境行政执法主体的执法行为必须公允适当、具有合理性,只能根据违法行为的情节轻重、后果大小选择处罚的标准，合理使用自由裁量权。

第三，效率性原则

即环境行政执法主体的执法行为应讲求效率，在行使执法权时要以尽量短的时间、尽可能少的人员，办理尽可能多的事务。

第四，公正性原则

即环境行政执法主体必须对任何单位和个人所依法享有的环境权利给予同等的保护，同时对其环境违法行为也要平等地加以追究和制裁。

3.什么是公益诉讼？公益诉讼在我国的发展趋势是什么？

公益诉讼有广义和狭义之分。广义的公益诉讼泛指一切为维护公共利益而提起的诉讼，它既包括国家机关代表国家以自己的名义提起的为维护公共利益的诉讼；也包括公民、法人和一切非法人组织以自己的名义提起的为维护公共利益的诉讼。而狭义的公益诉讼则仅指国家机关以国家名义提起的为维护公共利益的诉讼。

随着社会主义法治国家建设进程的推进，我国诉权保护已经取得了较大的成绩。当前，在诉权保护方面，有关公益诉讼的讨论非常激烈，产生了一系列重大的理论和实践成果。在我国建立和完善公益诉讼不仅非常必要，而且具备相当的可行性。囿于法律的原则性规定，我国的公益诉讼制度还没有真正地建立起来，但法院已经开始受理和审理涉及公共利益保护的案件。通过这些案件的审理，法院的司法审查方式发生了巨大变化，已经逐步形成了一套不同于传统诉讼的"准公益诉讼"模式。主要表现在以下几个方面：

第一，原告资格标准由"直接利害关系"向"间接利害关系"转变。对于原告资格问题，诉讼法一般要求原告具有法律上的利害关系。在传统的诉讼模式下，原告资格一般被理解为须与诉讼标的之间具有直接的利害关系。在公益诉讼中，过度强调利害关系的直接性，就会将那些涉及到公民直接权益而主要是国家、社会公共间接利益的案件排斥在司法保护之外。近年来，法院逐步放宽了原告的标准，最高人民法院制定的司法解释一般将原告资格定位于"法律上的利害关系"，不论是直接的利害关系人还是间接的利害关系人，均可以提起诉讼。法院的较为宽松的原告资格标准，为公益诉讼案件的受理提供了前提。

第二，诉的利益由"原告的私人权益"向"公共利益私人利益平衡"过渡。在传统的诉讼模式中，诉的利益通常被理解为涉及到原告的私人利益。原告需要证明自己的私人权益而非公共利益受到了侵害或者不利影响。近年来，这一标准已经逐步放宽，诉的利益由保障私人利益向私人利益公共利益兼顾转化。法院在受理和审理案件时，既注重了原告的私人利益，同时也关注了原告提起的诉讼中可能受到影响的国家或者社会公共利益。

第三,诉讼类型由“主观诉讼”向“主观诉讼客观诉讼兼顾”发展。在传统的诉讼模式下,诉讼是以保障个人主观权益为目的的主观诉讼。而公益诉讼是一种把主观诉讼和客观诉讼结合在一起的诉讼。现代社会,包括许多民事案件的处理,影响到的不仅仅是原告个人利益,而且包括原告利益在内的公共利益。法院已经充分注意到在诉讼中保障公共利益的重要性,并且强化了法院的职权主义意识。目前,这一趋势已经非常明显,并且仍然处于进一步深化的过程之中。

案例二:甲诉某实业股份有限公司大气污染责任纠纷案

【案情简介】1995 年,甲承包一处集体土地种植樱桃。2001 年,某实业股份有限公司(以下简称某公司)迁至甲樱桃园毗邻处从事铝产品生产加工。2009 年 4 月,甲提起诉讼,请求某公司停止排放废气,赔偿其损失 501 万余元。为证明其主张,甲提交了 F 市 M 区公证处勘验笔录、F 市农产品质量检测中心出具的樱桃叶片氟含量检测报告等证据。后经双方共同选定和取样,一审法院委托 O 省农业科学院中心实验室对樱桃叶片的氟化物含量予以检测,检测报告表明:距离某公司厂区越近,樱桃叶片氟化物含量越高。某公司提供樱桃树叶氟含量检测报告、厂区大气氟化物含量检测报告、F 市 M 区气象局出具的 2008 年 2 月至 2009 年 5 月的气候情况等证据,拟证明其不存在排污行为,甲樱桃园受到损害系气候原因所致。

【处理结果】

K 省 F 市中级人民法院一审判令某公司停止排放氟化物,赔偿甲损失 204 万余元。甲、某公司均不服提起上诉。K 省高级人民法院二审判令某公司赔偿甲 224 万余元。某公司不服,向最高人民法院申请再审。

最高人民法院审查认为,甲提交的公证勘验笔录和检测报告,与相关科普资料、国家标准以及一审法院委托专业机构出具的检测报告等证据相互印证,足以证明甲的樱桃园受到损害,某公司排污,排污和损害之间具有关联性,已完成举证证明责任。某公司作为侵权人,其提交的樱桃树叶氟化物含量检测报告中距离厂区越近浓度越低的结论有悖常识;厂区大气氟化物含量检测报告系 2010 年 5 月 7 日作出,与本案待证事实不具有关联性;天气原因亦不能否定排污行为和损害之间的因果关系。考虑到确实存在天气恶劣等影响樱桃生产的原因,二审法院酌情判令某公司对甲的损失承担 70%的赔偿责任,认定事实和适用法律均无不当。

《最高人民法院关于审理环境侵权责任纠纷案件适用法律若干问题的解释》第六条规定,被侵权人根据《侵权责任法》第六十五条规定请求赔偿的,应当提供污染者排放了污染物;被侵权人的损害;污染者排放的污染物或者其次生污染物与损害之间具有关联性的证明材料。本案判决作出在司法解释之前,在适用《侵权责任法》第六十六条因果关系举证责任倒置原则的同时，要求被侵权人就污染行为与损害结果之间具有关联性负举证证明责任，对于细化被侵权人和污染者之间的举证责任分配，衡平双方利益具有典型意义，体现了审判实践在推进法律规则形成、探寻符合法律价值解决途径中的努力和贡献。同时，本案判决运用科普资料、国家标准以及专业机构的鉴定报告等做出事实认定，综合过错程度和原因力的大小合理划分责任范围，在事实查明方法和法律适用的逻辑、论证等方面提供了示范。

【法条链接及法理分析】

环境侵权是指行为人损害当事人的环境权益而应承担的一种法律责任。由于现代大工业的发展以及与之相应的人群居住越来越集中趋势，环境因素日显重要，环境侵权案件也越来越集中和频繁地发生，这直接影响到了经济、社会的可持续发展。本案中，某公司废气的排放对甲的樱桃造成损害，构成环境侵权。

废气排放污染是大气污染中的一种。所谓"大气污染"，是指由于人为活动，使某些物质进入大气，达到一定浓度，从而导致其化学、物理、生物或者放射性等方面的特性改变，产生危害人体健康，破坏生态环境、损害物质财富后果的大气质量恶化现象。大气污染的危害是多方面的，一是危害人体健康；二是会造成财产损失、危害工农业生产。大气污染对机器设备、金属制品、油漆涂料、皮革制品、橡胶制品、纸制品、纺织品和建筑物等都会造成危害，还会使植物生长减慢，发育受阻、叶片退绿枯萎脱落、品质变劣、产量下降、作物和森林死亡等；四是危害动物；五是影响天气和气候。根据《中华人民共和国大气污染防治法》（以下简称《大气污染防治法》）的规定，大气污染防治工作由国家实施垂直统一监督管理。县级以上人民政府生态环境主管部门对大气污染防治实施统一监督管理。国务院生态环境主管部门会同国务院有关部门，按照国务院的规定，对省、自治区、直辖市大气环境质量改善目标、大气污染防治重点任务完成情况进行考核。省、自治区、直辖市人民政府制定考核办法，对本行政区域内地方大气环境质量改善目标、大气污染防治重点任务完成情况实施考核。考核结果应当向社会公开。县级以上人民政府应当将大气污染防治工作纳入国民经济和社会发展规划，加大对大气污染防治的财政投入。地方各级人民政府应当对本行政区域的大气环境质量负责，制定规划，采取措施，控制或者逐步削减大气污染物的排放量，使大气环境质量达到规定标准并逐步改善。

根据《大气污染防治法》的规定，我国制定了相关的大气污染防治制度。

第一，大气污染防治监督管理制度。县级以上人民政府环境保护行政主管部门对大气污染防治实施统一监督管理。由于我国大气环境污染防治任务监督，大气污染源多，牵涉面广，大气污染危害范围大，情况复杂，仅由环境保护部门一家承担监督管理职责时难以胜任的。因此，各级公安、交通、铁道、渔业管理部门根据各自的职责，分管机动车、船运船舶污染等监督管理工作。这样的规定，比较符合实际，可以充分发挥各有关部门的职责作用，更全面和有效地对大气污染防治实施监督管理。除了以上所列各部门，涉及对大气污染防治负有监督管理职责的还有其他部门，譬如县级以上地方人民政府建设行政主管部门等。这些部门都应按照各自的职责做好与大气污染防治有关的监督管理工作。

第二，环境影响评价制度。环境评价即环境影响评价，是指对规划和建设项目实施后可能造成的环境影响进行分析、预测和评估，提出预防或者减轻不良环境影响的对策和措施，进行跟踪监测的方法与制度。环境影响评价必须客观、公平、公正，综合考虑规划或者建设项目实施后对各种环境因素及其所构成的生态系统可能造成的影响，为决策提供科学的依据。针对环境评价和排污许可，《大气污染防治法》规定，企业事业单位和其他生产经营者建设对大气环境有影响的项目，应当依法进行环境影响评价、公开环境影响评价文件；向大气排放污染物的，应当符合大气污染物排放标准，遵守重点大气污染物排放总量控制要求。排放工业废气或者相关法律规定名录中所列有毒有害大气污染物的企业事业单位、集中供热设施的燃煤热源生产运营单位以及其他依法实行排污许可管理的单位，应当取得排污许可证。

第三，排污许可证制度。我国实行排污许可证制度，排污许可证，是指排污单位向环境保护行政主管部门提出申请后，环境保护行政主管部门经审查发放的允许排污单位排放一定数量污染物的凭证。排污许可证属于环境保护许可证中的重要组成部分，而且被广泛使用。排污许可证制度，是指有关排污许可证的申请、审核、颁发、中止、吊销、监督管理和罚则等方面规定的总称。大气污染物排放总量控制是一项宏大的系统工程，必须有相应的与之配套的行政管理制度。排污许可制度正是与之配套的行政管理制度，通过排污许可证，对排污者排放污染物的种类、数量、浓度、时限、排放方式等做出规定，对排污者的排污行为加以控制；通过对排污许可证的监督，及时掌握污染变化的动态状况，制定切实可行的污染控制对策，以改善超标区域的环境治理，防止未超标区域的环境质量下降。对持证者来说，必须按许可证要求依法排污，自行报告排污状况，接受管理部门的监督管理。谎报排污状况、超证排污、无证排污的行为都应受到法律的制裁。

第四，环境监测制度。在环境监测方面，国务院生态环境主管部门负责制定大气环境质量和大气污染源的监测和评价规范，组织建设与管理全国大气环境质量和大气污染源监测网，组织开展大气环境质量和大气污染源监测，统一发布全国大气环境质量状况信息。县级以上地方人民政府生态环境主管部门负责组织建设与管理本行政区域大气环境质量和大气污染源监测网，开展大气环境质量和大气污染源监测，统一发布本行政区域大气环境质量状况信息。企业事业单位和其他生产经营者应当按照国家有关规定和监测规范，对其排放的工业废气和相关法律规定名录中所列有毒有害大气污染物进行监测，并保存原始监测记录。其中，重点排污单位应当安装、使用大气污染物排放自动监测设备，与生态环境主管部门的监控设备联网，保证监测设备正常运行并依法公开排放信息。监测的具体办法和重点排污单位的条件由国务院生态环境主管部门规定。重点排污单位名录由设区的市级以上地方人民政府生态环境主管部门按照国务院生态环境主管部门的规定，根据本行政区域的大气环境承载力、重点大气污染物排放总量控制指标的要求以及排污单位排放大气污染物的种类、数量和浓度等因素，由有关部门确定，并向社会公布。

同时，《大气污染防治法》对违法处罚作出了相应的规定。

第一，以拒绝进入现场等方式拒不接受生态环境主管部门及其环境执法机构或者其他负有大气环境保护监督管理职责的部门的监督检查，或者在接受监督检查时弄虚作假的，由县级以上人民政府生态环境主管部门或者其他负有大气环境保护监督管理职责的部门责令改正，处二万元以上二十万元以下的罚款；构成违反治安管理行为的，由公安机关依法予以处罚。

第二，未依法取得排污许可证排放大气污染物的；超过大气污染物排放标准或者超过重点大气污染物排放总量控制指标排放大气污染物的；通过逃避监管的方式排放大气污染物的，由县级以上人民政府生态环境主管部门责令改正或者限制生产、停产整治，并处十万元以上一百万元以下的罚款；情节严重的，报经有批准权的人民政府批准，责令停业、关闭。

第三，侵占、损毁或者擅自移动、改变大气环境质量监测设施或者大气污染物排放自动监测设备的；未按照规定对所排放的工业废气和有毒有害大气污染物进行监测并保存原始监测记录的；未按照规定安装、使用大气污染物排放自动监测设备或者未按照规定与生态环境主管部门的监控设备联网，并保证监测设备正常运行的；重点排污单位不公开或者不如实公开自动监测数据的；未按照规定设置大气污染物排放口的，由县级以上人民政府生态环境主管部门责令改正，处二万元以上二十万元以下的罚款；拒不改正的，责令停产整治。

第四，产生含挥发性有机物废气的生产和服务活动，未在密闭空间或者设备中进行，未按照规定安装、使用污染防治设施，或者未采取减少废气排放措施的；工业涂装企业未使用低挥发性有机物含量涂料或者未建立、保存台账的；石油、化工以及其他生产和使用有机溶剂的企业，未采取措施对管道、设备进行日常维护、维修，减少物料泄漏或者对泄漏的物料未及时收集处理的；储油储气库、加油加气站和油罐车、气罐车等，未按照国家有关规定安装并正常使用油气回收装置的；钢铁、建材、有色金属、石油、化工、制药、矿产开采等企业，未采取集中收集处理、密闭、围挡、遮盖、清扫、洒水等措施，控制、减少粉尘和气态污染物排放的；工业生产、垃圾填埋或者其他活动中产生的可燃性气体未回收利用，不具备回收利用条件未进行防治污染处理，或者可燃性气体回收利用装置不能正常作业，未及时修复或者更新的，由县级以上人民政府生态环境主管部门责令改正，处二万元以上二十万元以下的罚款；拒不改正的，责令停产整治。

根据《环保法》的规定，排放污染物的企业事业单位和其他生产经营者，应当采取措施，防治在生产建设或者其他活动中产生的废气、废水、废渣、医疗废物、粉尘、恶臭气体、放射性物质以及噪声、振动、光辐射、电磁辐射等对环境的污染和危害。排放污染物的企业事业单位，应当建立环境保护责任制度，明确单位负责人和相关人员的责任。重点排污单位应当按照国家有关规定和监测规范安装使用监测设备，保证监测设备正常运行，保存原始监测记录。严禁通过暗管、渗井、渗坑、灌注或者篡改、伪造监测数据，或者不正常运行防治污染设施等逃避监管的方式违法排放污染物。本案中，某公司位于甲樱桃园毗邻处，从事铝产品生产加工，根据甲提交的F市M区公证处勘验笔录、F市农产品质量检测中心出具的樱桃叶片氟含量检测报告等证据，以及对樱桃叶片的氟化物含量的检测，表明距离某公司厂区越近，樱桃叶片氟化物含量越高，得出某公司氟化物的排放确实在一定程度上，证据相互印证，足以证明甲的樱桃园受到损害，排污和损害之间具有关联性。

侵害民事权益，应当承担侵权责任。民事权益，包括生命权、健康权、姓名权、名誉权、荣誉权、肖像权、隐私权、婚姻自主权、监护权、所有权、用益物权、担保物权、著作权、专利权、商标专用权、发现权、股权、继承权等人身、财产权益。甲的樱桃园的樱桃因某公司废气的排放，造成损害，即某当事人的财产权益受到某公司的侵害，某公司应承担侵权责任。依据《侵权责任法》规定，行为人因过错侵害他人民事权益，应当承担侵权责任。根据法律规定推定行为人有过错，行为人不能证明自己没有过错的，应当承担侵权责任。过错责任是指造成损害并不必然承担赔偿，须要看行为人是否有过错，有过错有责任，无过错无责任。以过错作为主要的归责基础可以较好协调“个人自由”与“社会安全”的关系。行为人若尽到合理注意义务，就没有过错，即免除侵权责任。若人人都尽到合理注意义务，社会安全也会得到维护。在过错责任原则制度下，只要同时满足以下条件，行为人就应承担侵权责任：一是行为人实施了该行为。若无行为人的行为，就不会产生侵权责任。二是行为人行为时有过错。在过错责任原则中，过错是确定行为人是否承担侵权责任的核心要件，也是人民法院审理侵权案件的主要考虑因素。三是受害人的民事权益受到损害。损害是指行为人的行为对受害人的民事权益造成的不利后果。四是行为人的行为与受害人的损害之间有因果关系。因果关系是指行为人的行为作为原因，损害事实作为结果，在两者之间存在的前者导致后者发生的客观联系。因果关系是侵权责任的重要构成要件，在行为与损害事实之间确定存在因果关系的，就有可能构成侵权责任，没有因果关系就必然地不构成侵权责任。

《侵权责任法》还规定了无过错责任原则，行为人损害他人民事权益，不论行为人有无过错，法律规定应当承担侵权责任的，依照其规定。无过错责任原则是指不以行为人的过错为要件，只要其活动或者所管理的人或者物损害了他人的民事权益，除非有法定的免责事由，行为人就要承担侵权责任。在法律规定适用无过错原则的案件中，法官在判断被告应否承担侵权责任时，不考虑被告有无过错，不要求原告证明被告有过错，也不允许被告主张自己无过错而请求免责。

在民事领域，承担侵权责任的方式主要有以下几种。

停止侵害。加害人正在实施侵害他人财产或人身的行为的，受害人可以依法请求其停止侵害行为，这实际上是要求侵害人停止实施某种侵害行为。

排除妨碍。权利人行使其权利受到不法阻碍或妨害时，有权请求加害人排除或请求人民法院强制排除，以保障权利正常行使的措施。

消除危险。消除对国家、集体财产或者他人人身、财产造成损害的危险来源的民事责任措施。危险指造成人身或财产损害的可能性，只要行为人的行为有造成损害的可能时，权利人即有权请求行为人消除或请求人民法院强制其消除，以防止损害后果的发生。

返还财产。侵占他人财产的，被侵权人有权请求侵权人返还财产。

恢复原状。要求实施不法行为的责任人采取措施使受到其不法行为损害的有关事物或状态恢复到该不法行为实施以前的状态的责任形式。

赔偿损失。违约方以支付金钱的方式弥补受害方因违约行为所造成的财产或者利益减少的一种责任形式。

赔礼道歉。赔礼道歉责任主要适用于人身权或财产权受侵害的情形。当事人双方可私下请求赔礼道歉，也可向法院提出诉讼请求，但只有自然人才可以请求赔礼道歉。

消除影响、恢复名誉。责令侵害他人姓名权、肖像权、名誉权、荣誉权等人身权和著作权、专利权、商标专用权等知识产权的行为人，为受害人恢复被损害的名誉。指违法行为人侵害公民、法人的人身权利，损害其名誉、荣誉时，受害人有权要求侵害人在影响所及范围内，以公开形式承认侵害过错、澄清事实、消除所造成的不良影响，以恢复未受损害时社会对其品行、才能或信用的良好评价的责任措施。

以上承担侵权责任的方式，可以单独适用，也可以合并适用。

针对本案的情形，根据《侵权责任法》的规定，因污染环境造成损害的，污染者应当承担侵权责任。因污染环境发生纠纷，污染者应当就法律规定的不承担责任或者减轻责任的情形及其行为与损害之间不存在因果关系承担举证责任。环境污染责任作为一种特殊的侵权责任，其特殊性首先表现在其采用了无过错责任的归责原则。以无过错责任原则，在受害人有损害、污染者的行为与损害有因果关系的情况下，不论污染者有无过错，都应对其污染造成的损害承担侵权责任。举证责任是法律要求纠纷当事人对自己所主张的事实，提出证据加以证明的责任。举证责任的分配是这种证明责任在当事人之间如何配置的问题。举证责任的分配是否公平直接关系到当事人的利益。《侵权责任法》规定，环境污染侵权实行因果关系举证责任倒置。所谓举证责任倒置，是指在法律规定的一些特殊情形下，将通常应由提出事实主张的当事人所负担的举证责任分配给对方，由对方对否定该事实承担举证责任，如果该方当事人举证不能，则推定事实主张成立的一种举证责任分配制度。其实质是免除本应由原告承担的举证责任，而就待证事实的反面事实，由被告承担举证责任，将污染行为与损害之间的因果关系的举证义务加于污染者，有利于保护受害人的合法权益。《最高人民法院关于审理环境侵权责任纠纷案件适用法律若干问题的解释》中也对举证责任进行规定，被侵权人根据侵权责任法第六十五条规定请求赔偿的，应当提供污染者排放了污染物；被侵权人的损害；污染者排放的污染物或者其次生污染物与损害之间具有关联性的证明材料。

本案中，关于污染者排放的污染物或者其次生污染物与损害之间具有关联性的举证责任问题，根据《侵权责任法》的规定，即应当由某公司作为侵权方，提供樱桃树叶氟含量检测报告、厂区大气氟化物含量检测报告、F市M区气象局出具的2008年2月至2009年5月的气候情况等证据，证明其不存在排污行为，甲樱桃园受到损害系气候原因所致。环境侵权案件与一般民事侵权案件不同之处在于，根据《民事诉讼法》第六十四条规定："当事人对自己提出的主张，有责任提供证据。"而在本案中由侵权方承担举证责任，体现了环境侵权案件中的因果关系举证责任倒置原则。但与此同时，甲作为被侵权方，也提交了F市M区公证处勘验笔录、F市农产品质量检测中心出具的樱桃叶片氟含量检测报告等证据。后经双方共同选定和取样，一审法院委托K省农业科学院中心实验室对樱桃叶片的氟化物含量予以检测，得出了"距离某公司厂区越近，樱桃叶片氟化物含量越高"的检验结果。可以看出被侵权人就污染行为与损害结果之间具有关联性负举证证明责任，对于细化被侵权人和污染者之间的举证责任分配，衡平双方利益具有典型意义。这一趋势的呈现为之后类似的环境侵权案件的审理也有着重要的示范作用。

【问题】

1.本案属于什么性质的侵权案件？当事人依照法律程序应当如何维护自己的合法权益？

本案中，被告某公司因氟化物废气排放，对原告甲的樱桃造成损害，废气排放作为大气污染物，有其特殊性，属于环境污染的侵权案件。当事人依照《环保法》《大气污染防治法》《侵权责任法》《民事诉讼法》等相关法律规定提起民事侵权诉讼，应当依照以下程序进行。

第一，确定管辖法院和起诉条件。根据《民事诉讼法》规定，因侵权行为提起的诉讼，由侵权行为地或者被告住所地人民法院管辖。起诉必须符合下列条件：原告是与本案有直接利害关系的公民、法人和其他组织；有明确的被告；有具体的诉讼请求和事实、理由；属于人民法院受理民事诉讼的范围和受诉人民法院管辖。

第二，提交起诉状和证据。当事人对自己提出的主张，有责任提供证据。当事人对自己提出的主张应当及时提供证据。起诉状应当记明下列事项：原告的姓名、性别、年龄、民族、职业、工作单位、住所、联系方式，法人或者其他组织的名称、住所和法定代表人或者主要负责人的姓名、职务、联系方式；被告的姓名、性别、工作单位、住所等信息，法人或者其他组织的名称、住所等信息；诉讼请求和所根据的事实与理由；证据和证据来源，证人姓名和住所。

第三，参加庭审。庭审是当事人双方以及与主审法官最直接接触的环境，当事人有利的举证质证和辩论，将很大程度上影响判决的结果。

第四，上诉。当事人不服地方人民法院第一审判决的，有权在判决书送达之日起十五日内向上一级人民法院提起上诉。当事人不服地方人民法院第一审裁定的，有权在裁定书送达之日起十日内向上一级人民法院提起上诉。

2.依照大气污染防治法的相关规定，大气污染防治有哪些制度？

大气污染防治法的主要制度内容有以下七方面：

第一，大气污染防治的监督管理制度。国务院生态环境主管部门会同国务院有关部门，按照国务院的规定，对省、自治区、直辖市大气环境质量改善目标、大气污染防治重点任务完成情况进行考核。省、自治区、直辖市人民政府制定考核办法，对本行政区域内地方大气环境质量改善目标、大气污染防治重点任务完成情况实施考核。考核结果应当向社会公开。县级以上人民政府生态环境主管部门对大气污染防治实施统一监督管理。县级以上人民政府其他有关部门在各自职责范围内对大气污染防治实施监督管理。

第二，燃煤和其他能源污染防治制度。国务院有关部门和地方各级人民政府应当采取措施，调整能源结构，推广清洁能源的生产和使用；优化煤炭使用方式，推广煤炭清洁高效利用，逐步降低煤炭在一次能源消费中的比重，减少煤炭生产、使用、转化过程中的大气污染物排放。

第三，工业污染防治制度。钢铁、建材、有色金属、石油、化工等企业生产过程中排放粉尘、硫化物和氮氧化物的，应当采用清洁生产工艺，配套建设除尘、脱硫、脱硝等装置，或者采取技术改造等其他控制大气污染物排放的措施。

第四，机动车船等污染防治制度。国家倡导低碳、环保出行，根据城市规划合理控制燃油机动车保有量，大力发展城市公共交通，提高公共交通出行比例。国家采取财政、税收、政府采购等措施推广应用节能环保型和新能源机动车船、非道路移动机械，限制高油耗、高排放机动车船、非道路移动机械的发展，减少化石能源的消耗。省、自治区、直辖市人民政府可以在条件具备的地区，提前执行国家机动车大气污染物排放标准中相应阶段排放限值，并报国务院生态环境主管部门备案。城市人民政府应当加强并改善城市交通管理，优化道路设置，保障人行道和非机动车道的连续、畅通。

第五，扬尘污染防治制度。地方各级人民政府应当加强对建设施工和运输的管理，保持道路清洁，控制料堆和渣土堆放，扩大绿地、水面、湿地和地面铺装面积，防治扬尘污染。住房城乡建设、市容环境卫生、交通运输、国土资源等有关部门，应当根据本级人民政府确定的职责，做好扬尘污染防治工作。

第六，农业和其他污染防治制度。地方各级人民政府应当推动转变农业生产方式，发展农业循环经济，加大对废弃物综合处理的支持力度，加强对农业生产经营活动排放大气污染物的控制。

第七，重点区域大气污染联合防治。国家建立重点区域大气污染联防联控机制，统筹协调重点区域内大气污染防治工作。国务院生态环境主管部门根据主体功能区划、区域大气环境质量状况和大气污染传输扩散规律，划定国家大气污染防治重点区域，报国务院批准。重点区域内有关省、自治区、直辖市人民政府应当确定牵头的地方人民政府，定期召开联席会议，按照统一规划、统一标准、统一监测、统一的防治措施的要求，开展大气污染联合防治，落实大气污染防治目标责任。国务院生态环境主管部门应当加强指导、督促。省、自治区、直辖市可以参照第一款规定划定本行政区域的大气污染防治重点区域。

案例三：乙诉某机械设计院噪声污染责任纠纷案

【案情简介】乙系某机械设计院退休工程师，住该院宿舍。为增加院内暖气管道输送压力，机械设计院在乙的住宅东墙外侧安装了增压泵。2014 年，乙认为增压泵影响其休息向法院提起诉讼。后双方达成和解，乙撤回起诉，机械设计院将增压泵移至乙住宅东墙外热交换站的东侧。2015 年，乙又以增压泵影响其睡眠、住宅需要零噪声为由，再次诉至法院，要求判令机械设计院停止侵害，拆除产生噪声的增压泵，赔偿其精神损害费 1 万元。根据乙的申请，法院委托 K 市环境监测站对增压泵进行监测，结果显示乙居住卧室室内噪声所有指标均未超过规定的限值。

【处理结果】

L 省 K 市 S 区人民法院一审认为，经监测，增压泵作为被测主要声源，在正常连续工作时，乙居住卧室室内噪声所有指标均未超过规定的限值。乙关于增压泵在夜间必须是零噪声的诉讼主张没有法律依据。一审法院判决驳回某当事人的诉讼请求。L 省 K 市中级人民法院二审维持了一审判决。

根据《环境噪声污染防治法》的规定，环境噪声污染是指所产生的环境噪声超过国家规定的环境噪声排放标准，并干扰他人正常生活、工作和学习的现象。与一般环境侵权适用无过错责任原则不同，环境噪声侵权行为人的主观上要有过错，其客观须具有超过国家规定的噪声排放标准的违法性，才承担噪声污染侵权责任。因此，是否超过国家规定的环境噪声排放标准，是判断排放行为是否构成噪声污染侵权的依据。经委托鉴定，在增压泵正常工作过程中，乙居住卧室室内噪声并未超过国家规定标准，不构成噪声污染，机械设计院不承担噪声污染侵权责任。本案判决有利于指引公众在依法保障其合法权益的同时，承担一定范围和限度内的容忍义务，衡平各方利益，促进邻里和睦，共同提升生活质量。

【法条链接及法理分析】

噪声是指发声体做无规则振动时发出的声音。声音由物体的振动产生，以波的形式在一定的介质（如固体、液体、气体）中进行传播。通常所说的噪声污染是指人为造成的。从生理学观点来看，凡是干扰人们休息、学习和工作以及对所要听的声音产生干扰的声音，即不需要的声音，统称为噪声。当噪声对人及周围环境造成不良影响时，就形成噪声污染。

环境噪声污染，是指在工业生产、建筑施工、交通运输和社会生活中所产生的干扰周围生活环境的声音，指所产生的环境噪声超过国家规定的环境噪声排放标准，并干扰他人正常生活、工作和学习的现象。环境噪声污染是一种能量污染，与其他工业污染一样，是危害人类环境的公害。由于噪声属于感觉公害，所以它与其它有害有毒物质引起的公害不同。首先，它没有污染物，即噪声在空中传播时并未给周围环境留下什么毒害性的物质；其次，噪声对环境的影响不积累、不持久，传播的距离也有限；噪声声源分散，而且一旦声源停止发声，噪声也就消失。因此，噪声不能集中处理，需用特殊的方法进行控制。环境噪声污染具有以下特点:第一,噪声污染属于感觉性公害,与人们的生活状态、主观意愿有关。第二,噪声污染是能量流污染,其影响范围有限。声波的传播过程是声能量传播的过程,声能量随距离逐步衰减,所以其影响范围有限。第三,噪声源广泛而分散,噪声污染不能像污水、固体废物那样集中处理。第四,噪声源一旦停止发声,噪声即会消失,噪声污染不再持续,但噪声已产生的伤害不一定消除,如突发性噪声造成的突发性耳聋。

为了治理环境噪声污染,根据《噪声污染防治法》的规定,国务院和地方各级人民政府应当将环境噪声污染防治工作纳入环境保护规划,并采取有利于声环境保护的经济、技术政策和措施。地方各级人民政府在制定城乡建设规划时,应当充分考虑建设项目和区域开发、改造所产生的噪声对周围生活环境的影响,统筹规划,合理安排功能区和建设布局,防止或者减轻环境噪声污染。我国对环境噪声污染与大气污染、水污染等一起列入环境污染范畴,将环境噪声污染防治工作纳入环境保护规划,国务院环境保护行政主管部门对全国环境噪声污染防治实施统一监督管理,防治环境噪声污染,保护和改善生活环境,保障人体健康,促进经济和社会发展。

作为环境保护范畴概念,噪声污染是侵犯公共利益,任何单位和个人都有保护声环境的义务,并有权对造成环境噪声污染的单位和个人进行检举和控告。每个自然人、法人和非法人组织应自发树立保护声环境意识,在日常生产生活中保障自己和他人的声环境,不得进行高分贝、持续性噪声污染。如何辨别日常生产生活声音是否为噪声污染,依据《环境噪声污染防治法》的规定,国务院生态环境主管部门分别制定不同的功能区制定国家声环境质量标准。国务院生态环境主管部门根据国家声环境质量标准和国家经济、技术条件,制定国家环境噪声排放标准。县级以上地方人民政府根据国家声环境质量标准,划定本行政区域内各类声环境质量标准的适用区域,并进行管理。城市规划部门在确定建设布局时,应当依据国家声环境质量标准和民用建筑隔声设计规范,合理划定建筑物与交通干线的防噪声距离,并提出相应的规划设计要求。由此,新建、改建、扩建的建设项目,必须遵守国家有关建设项目环境保护管理的规定。建设项目可能产生环境噪声污染的,建设单位必须提出环境影响报告书,规定环境噪声污染的防治措施,并按照国家规定的程序报生态环境主管部门批准。环境影响报告书中,应当有该建设项目所在地单位和居民的意见。新建、改建、扩建的建设项目产生环境噪声污染且不进行有效防治措施,或未经生态环境主管部门批准的,或未征得所在地单位和居民意见的,建设项目应不给予开工。建设项目的环境噪声污染防治设施必须与主体工程同时设计、同时施工、同时投产使用。建设项目在投入生产或者使用之前,其环境噪声污染防治设施必须按照国家规定的标准和程序进行验收;达不到国家规定要求的,该建设项目不得投入生产或者使用。说明我国对建设项目实行噪声污染防治设施认证许可制度，环境噪声污染防治设施未按照国家规定的标准和程序进行验收；达不到国家规定要求的，建设项目不得投入生产或者使用，否则将构成违法行为。

在日常生活中，噪声污染除了建设项目的新建、改建和扩建，还有工业噪声。工业噪声，是指在工业生产活动中使用固定的设备时产生的干扰周围生活环境的声音。因此，产生环境噪声污染的企业事业单位，必须保持防治环境噪声污染的设施的正常使用；拆除或者闲置环境噪声污染防治设施的，必须事先报经所在地的县级以上地方人民政府生态环境主管部门批准。在城市范围内向周围生活环境排放工业噪声的，应当符合国家规定的工业企业厂界环境噪声排放标准。对于无法达到噪声排放标准的设备设施，国家对环境噪声污染严重的落后设备实行淘汰制度。国务院经济综合主管部门应当会同国务院有关部门公布限期禁止生产、禁止销售、禁止进口的环境噪声污染严重的设备名录。生产者、销售者或者进口者必须在国务院经济综合主管部门会同国务院有关部门规定的期限内分别停止生产、销售或者进口法律规定的名录中的设备。在工业生产中因使用固定的设备造成环境噪声污染的工业企业，必须按照国务院生态环境主管部门的规定，向所在地的县级以上地方人民政府生态环境主管部门申报拥有的造成环境噪声污染的设备的种类、数量以及在正常作业条件下所发出的噪声值和防治环境噪声污染的设施情况，并提供防治噪声污染的技术资料。造成环境噪声污染的设备的种类、数量、噪声值和防治设施有重大改变的，必须及时申报，并采取应有的防治措施。产生环境噪声污染的工业企业，应当采取有效措施，减轻噪声对周围生活环境的影响。国务院有关主管部门对可能产生环境噪声污染的工业设备，应当根据声环境保护的要求和国家的经济、技术条件，逐步在依法制定的产品的国家标准、行业标准中规定噪声限值。法律规定的工业设备运行时发出的噪声值，应当在有关技术文件中予以注明。

环境噪声污染属于环境污染范畴，排放环境噪声污染，损害单位和个人利益的将构成侵权行为。受到环境噪声污染危害的单位和个人，有权要求加害人排除危害；造成损失的，依法赔偿损失。赔偿责任和赔偿金额的纠纷，可以根据当事人的请求，由生态环境主管部门或者其他环境噪声污染防治工作的监督管理部门、机构调解处理；调解不成的，当事人可以向人民法院起诉。当事人也可以直接向人民法院起诉。

针对违法行为的处罚，《环境噪声污染防治法》规定以下几类行为的处罚细则。

第一，企事业单位的噪声污染排放。建设项目中需要配套建设的环境噪声污染防治设施没有建成或者没有达到国家规定的要求，擅自投入生产或者使用的，由县级以上生态环境主管部门责令限期改正，并对单位和个人处以罚款；造成重大环境污染或者生态破坏的，责令停止生产或者使用，或者报经有批准权的人民政府批准，责令关闭。拒报或者谎报规定的环境噪声排放申报事项的，县级以上地方人民政府生态环境主管部门可以根据不同情节，给予警告或者处以罚款。未经生态环境主管部门批准，擅自拆除或者闲置环境噪声污染防治设施，致使环境噪声排放超过规定标准的，由县级以上地方人民政府生态环境主管部门责令改正，并处罚款。不按照国家规定缴纳超标准排污费的，县级以上地方人民政府生态环境主管部门可以根据不同情节，给予警告或者处以罚款。对经限期治理逾期未完成治理任务的企业事业单位，除依照国家规定加收超标准排污费外，可以根据所造成的危害后果处以罚款，或者责令停业、搬迁、关闭。生产、销售、进口禁止生产、销售、进口的设备的，由县级以上人民政府经济综合主管部门责令改正；情节严重的，由县级以上人民政府经济综合主管部门提出意见，报请同级人民政府按照国务院规定的权限责令停业、关闭。未经当地公安机关批准，进行产生偶发性强烈噪声活动的，由公安机关根据不同情节给予警告或者处以罚款。拒绝生态环境主管部门或者其他依照本法规定行使环境噪声监督管理权的部门、机构现场检查或者在被检查时弄虚作假的，生态环境主管部门或者其他依照本法规定行使环境噪声监督管理权的监督管理部门、机构可以根据不同情节，给予警告或者处以罚款。建筑施工单位在城市市区噪声敏感建筑的集中区域内，夜间禁止进行的产生环境噪声污染的建筑施工作业的，由工程所在地县级以上地方人民政府生态环境主管部门责令改正，可以并处罚款。

第二，交通工具的噪声污染排放。机动车辆不按照规定使用声响装置的，由当地公安机关根据不同情节给予警告或者处以罚款。机动船舶有违法噪声污染排放行为的，由港务监督机构根据不同情节给予警告或者处以罚款。铁路机车有违法噪声污染排放行为的，由铁路主管部门对有关责任人员给予行政处分。

第三，扩音设备的噪声污染排放。在城市市区噪声敏感建筑物集中区域内使用高音广播喇叭；违反当地公安机关的规定，在城市市区街道、广场、公园等公共场所组织娱乐、集会等活动，使用音响器材，产生干扰周围生活环境的过大音量的；未按《环境噪音污染防治法》的规定，在已竣工交付使用的住宅楼进行室内装修活动，应当限制作业时间，并采取其他有效措施，以减轻、避免对周围居民造成环境噪声污染；使用家用电器、乐器或者进行其他家庭室内娱乐活动时，应当控制音量或者采取其他有效措施，避免对周围居民造成环境噪声污染的，从家庭室内发出严重干扰周围居民生活的环境噪声的，由公安机关给予警告，可以并处罚款。

第四，针对环境噪声污染防治监督管理人员。环境噪声污染防治监督管理人员滥用职权、玩忽职守、徇私舞弊的，由其所在单位或者上级主管机关给予行政处分；构成犯罪的，依法追究刑事责任。

本案中，乙认为增压泵影响其休息，需证明该增压泵所发出的声音超过国家规定的环境噪音排放标准，并影响其正常生活，才能说明增压泵发出的声音确为一种环境噪声污染。根据乙的申请，法院委托 K 市环境监测站对增压泵进行监测，结果显示乙居住卧室室内噪声所有指标均未超过规定的限值。其所根据的标准主要是《社会生活环境噪声排放标准》(GB 22337—2008)。测量过程中，测量应在无雨雪、无雷电天气，风速为 5 m/s 以下时进行。如果在特殊气象条件下测量时，应采取必要措施保证测量准确性，同时注明当时所采取的措施及气象情况。测量时段分别在昼间、夜间两个时段测量。夜间有频发、偶发噪声影响时同时测量最大声级。与一般环境侵权适用无过错责任原则不同，环境噪声侵权行为人主观上要有过错，其客观须具有超过国家规定的噪声排放标准的违法性，才承担噪声污染侵权责任。因此，是否超过国家规定的环境噪声排放标准，是判断排放行为是否构成噪声污染侵权的依据。任何单位和个人都有保护声环境的义务，并有权对造成环境噪声污染的单位和个人进行检举和控告。环境噪声污染的行政处罚权尚未划转城管执法部门，但在法律上并不影响城管执法部门行使执法权，但是为了避免执法部门出现争议，影响执法效果甚至造成执法空白，应当针对环境噪声执法的执法权做出相关的规定，从而使得执法过程法治化和标准化。

在环境噪声防治方面，国务院和地方各级人民政府应当将环境噪声污染防治工作纳入环境保护规划，并采取有利于声环境保护的经济、技术政策和措施。国务院环境保护行政主管部门对全国环境噪声污染防治实施统一监督管理。地方各级人民政府在制定城乡建设规划时，应当充分考虑建设项目和区域开发、改造所产生的噪声对周围生活环境的影响，统筹规划，合理安排功能区和建设布局，防止或者减轻环境噪声污染。县级以上地方人民政府环境保护行政主管部门对本行政区域内的环境噪声污染防治实施统一监督管理。国务院环境保护行政主管部门分别以不同的功能区制定国家声环境质量标准。县级以上地方人民政府根据国家声环境质量标准，划定本行政区域内各类声环境质量标准的适用区域，并进行管理。《环境噪声污染防治法》将环境噪声大致分为工业噪声、建筑施工噪声、交通运输噪声以及社会生活噪声，并分章节对之进行规范以及标准化要求。违反法律的相关规定所承担的责任形式主要包括给予警告、处以罚款、责令改正、责令停止生产、责令停业、搬迁、关闭，罚款由环境保护行政主管部门决定。责令停业、搬迁、关闭由县级以上人民政府按照国务院规定的权限决定。构成犯罪的，依法追究刑事责任。

【问题】

1. 什么是噪声环境污染？噪声属于污染范畴吗？

根据《环境噪声污染防治法》的规定，环境噪声污染是指所产生的环境噪声超过国家规定的环境噪声排放标准，并干扰他人正常生活、工作和学习的现象。

噪声是指在工业生产、建筑施工、交通运输和社会生活中所产生的干扰周围生活环境的声音，由于其对人们的正常生活产生了消极影响，按环境要素分环境污染可分为大气污染、水体污染、土壤污染、噪（音）声污染、农药污染、辐射污染、热污染。所以，噪声应当属于污染的范畴。

2. 我国相关法律对噪声污染都有哪些规定？并有哪些相关规制措施？

为防治环境噪声污染，保护和改善生活环境，保障人体健康，促进经济和社会发展，我国制定了《环境噪声污染防治法》。《环境噪声污染防治法》中将噪声分为：工业噪声污染、建筑施工噪声污染、交通运输噪声污染、社会生活噪声污染等。并规定了相应的法律责任和惩处措施。

另外《环保法》第四十二条第一款规定："排放污染物的企业事业单位和其他生产经营者，应当采取措施，防治在生产建设或者其他活动中产生的废气、废水、废渣、医疗废物、粉尘、恶臭气体、放射性物质以及噪声、振动、光辐射、电磁辐射等对环境的污染和危害。"也规定了对于噪声污染的处理同样也能够适用《环保法》中的规定。

案例四：丙诉某实业有限公司粉尘污染责任纠纷案

【案情简介】某实业有限公司（以下简称某公司）未经依法批准，自 2010 年起租赁集体土地建设灰沙环保砖厂，所建厂房位于丙羊圈及屋舍西面隔壁。丙认为某公司生产经营排放的石灰粉尘、烧锅炉产生的蒸汽、废烟及设备噪声等造成了山羊和种植的菠萝蜜树叶损害，遂向法院提起诉讼，请求判令某公司停止侵害，停止石灰粉碎和烧锅炉生产作业，赔偿其菠萝蜜树叶及林下草地失去草料价值所致损失以及其身体健康损害、水井污染和孕羊流产等损失共计 53000 元。

【裁判结果】H 省 N 市 Q 区人民法院受理案件后，指导丙委托法律援助律师，并免去其需预交的案件受理费用。承办法官及时赴现场查勘、拍摄固定某公司污染行为的有关证据，向环境保护、国土主管部门调取某公司未办理环境影响评价、违法占地及排污等证据。考虑到损害鉴定费用高、周期长，而本案基本事实清楚，法律关系明晰，为依法妥善解决纠纷，一审法院在明确案件基本事实的基础上，促成丙、某公司自愿达成调解协议，由某公司一次性赔偿丙损失 53000 元，并于签收调解书时当场支付赔偿款。调解书生效后，一审法院向环境保护主管部门发出司法建议，以监督某公司限期整改，消除污染，防止后续环境损害行为的发生。

调解是贯穿民事诉讼的基本原则。在环境侵权案件审理过程中，人民法院应当统筹社会力量，健全完善调解机制，推动形成防范化解社会矛盾的整体合力，充分发挥司法在环境资源纠纷多元化解决机制中的引领、推动和保障作用。本案受案法院在查明事实、分清是非的基础上，积极探寻当事人个人利益与生态环境保护的根本利益的交汇点，在依法保障个人合法权益，促成丙与某公司达成和解的同时，注重环境治理、修复，向环境保护主管部门发出司法建议，促进了司法与行政执法的有机衔接，共同强化对生态环境的保护力度。此外，受案法院依法免除原告应预交的诉讼费用，指导原告委托法律援助律师，将法律援助与司法救助对接，引导当事人依法理性表达诉求、维护环境权益的做法，亦值得肯定。

【法条链接及法理分析】

保护环境是国家的基本国策。依据《环保法》的规定，一切单位和个人都有保护环境的义务。其中，企业事业单位和其他生产经营者应当防止、减少环境污染和生态破坏，对所造成的损害依法承担责任。公民个人应当增强环境保护意识，采取低碳、节俭的生活方式，自觉履行环境保护义务。排放污染物的企业事业单位和其他生产经营者，应当采取措施，防治在生产建设或者其他活动中产生的对环境的污染和危害。

本案中，原告丙因被告某公司生产经营排放的石灰粉尘、烧锅炉产生的蒸汽、废烟及设备噪声等造成山羊和种植的菠萝蜜树叶损害，属于环境侵权，违反《环保法》规定的保护环境的义务，未尽防治生产活动中对环境的污染和危害的企事业单位义务。其中，某公司生产经营排放的主要污染物为石灰粉尘、烧锅炉产生的蒸汽、废烟为大气污染物，根据《大气污染防治法》的规定，企业事业单位和其他生产经营者应当采取有效措施，防止、减少大气污染，对所造成的损害依法承担责任。案例中，某公司应承担的违法责任，除了对原告丙因环境侵权的损害赔偿责任，其未经依法批准，租赁集体土地建设灰沙环保砖厂，未办理环境影响评价、违法占地等。我国实行环境影响评价制度，是对规划和建设项目实施后可能造成的环境影响进行分析、预测和评估，提出预防或者减轻不良环境影响的对策和措施，进行跟踪监测的方法与制度。根据《环保法》规定，未依法进行环境影响评价的开发利用规划，不得组织实施；未依法进行环境影响评价的建设项目，不得开工建设。建设单位未依法提交建设项目环境影响评价文件或者环境影响评价文件未经批准，擅自开工建设的，由负有环境保护监督管理职责的部门责令停止建设，处以罚款，并可以责令恢复原状。环境影响评价是建立在环境监测技术、污染物扩散规律、环境质量对人体健康影响、自然界自净能力等基础上进行评价。我国将环境影响评价达标文件纳入建设项目开工批准要求指标文件，说明我国对建设项目将建成的运营单位所进行的污染物排放的把控，要求有关建设单位考虑到建设项目的位置安置是否有利于污染物的扩散，其应处于居民区下风向，考虑污染物排放对人体造成的健康影响，考虑自然界的自净能力。但是有关单位未经依法批准，环境影响评价未办理未达标擅自开工建设，造成环境污染的，将承担严重的违法责任。根据《大气污染防治法》规定，钢铁、建材、有色金属、石油、化工等企业生产过程中排放粉尘、硫化物和氮氧化物的，应当采用清洁生产工艺，配套建设除尘、脱硫、脱硝等装置，或者采取技术改造等其他控制大气污染物排放的措施。钢铁、建材、有色金属、石油、化工、制药、矿产开采等企业，应当加强精细化管理，采取集中收集处理等措施，严格控制粉尘和气态污染物的排放钢铁、建材、有色金属、石油、化工、制药、矿产开采等企业，未采取集中收集处理、密闭、围挡、遮盖、清扫、洒水等措施，控制、减少粉尘和气态污染物排放的；或者工业生产、垃圾填埋或者其他活动中产生的可燃性气体未回收利用，不具备回收利用条件未进行防治污染处理，或者可燃性气体回收利用装置不能正常作业，未及时修复或者更新的，由县级以上人民政府生态环境主管部门责令改正，处二万元以上二十万元以下的罚款；拒不改正的，责令停产整治。故本案中，法院认定原告丙的请求，促成原告丙和被告某公司达成调解协议，被告对原告的损失进行了赔偿。调解书生效后，一审法院向环境保护主管部门发出司法建议，考虑到某公司的灰沙环保砖厂已经建设完成，如果拆除费用高，故对其责令限期整改，消除污染，防止后续环境损害行为的发生。

在本案中，还值得注意的有两个点，一是当事人之间的调解，二是法院向环境保护主管部门发出的司法建议。

因考虑到损害鉴定费用高、周期长，而案例的基本事实清楚，法律关系明晰，为依法妥善解决纠纷，人民法院通过调节机制达成双方的共识。根据《中华人民共和国调解法》的规定，人民调解，是指人民调解委员会通过说服、疏导等方法，促使当事人在平等协商基础上自愿达成调解协议，解决民间纠纷的活动。调解制度的实施完善了人民调解制度，规范人民调解活动，及时解决民间纠纷，维护社会和谐稳定，人民调解工作由于其基础性和广泛性的特点，要求采取灵活多样的调解方式，也需要各种社会主体的参与，从而最大限度实现“休争止讼”的目的。当事人既可以向人民调解委员会申请调解；人民调解委员会也可以主动调解。当事人一方明确拒绝调解的，不得调解。人民调解员调解民间纠纷，应当坚持原则，明法析理，主持公道。调解民间纠纷，应当及时、就地进行，防止矛盾激化。人民调解是一种人民群众进行自我管理、自我服务、自我约束、自我教育的群众性自治活动，是在人民调解委员会的主持下，通过人民调解员积极地在矛盾双方当事人之间说服、疏导等方法促使当事人双方平等协商，自愿达成协议。其中“民间纠纷”是一个特定的概念，《人民调解工作若干规定》对此做了具体规定。人民调解委员会调解的民间纠纷包括：发生在公民与公民之间，公民与法人和其他社会组织之间涉及民事权利义务争议的各种纠纷。在当事人自愿、平等的基础上进行调解，体现的是自愿平等原则。这是人民调解的基础，贯穿整个人民调解活动的始终。人民调解员根据纠纷的不同情况,可以采取多种方式调解民间纠纷,充分听取当事人的陈述,讲解有关法律、法规和国家政策,耐心疏导,在当事人平等协商、互谅互让的基础上提出纠纷解决方案,帮助当事人自愿达成调解协议,当事人认为无需制作调解协议书的,人民调解员没有必要再制作,但应当记录协议内容。人民调解员在调解民间纠纷时应充分体现方便、灵活、不拘形式的特点,尽量避免形式化、程序化。其中,调解协议书需载明下列事项:当事人的基本情况;纠纷的主要事实、争议事项以及各方当事人的责任;当事人达成调解协议的内容,履行的方式、期限。调解协议书自各方当事人签名、盖章或者按指印,人民调解员签名并加盖人民调解委员会印章之日起生效。调解协议书由当事人各执一份,人民调解委员会留存一份。在我国,除了人民调解外,还存在行政和司法调解等手段;在调解外,还存在通过仲裁、审判解决纠纷的方式,这些手段和方法共同构成我国民事纠纷解决的方法体系,为我国的纠纷解决机制提供了多样的方式与途径。

司法建议是人民法院司法的一项重要制度。人民法院审理解决民事、经济、行政纠纷案件,对有关问题,向有关单位或个人提出的建设性意见。它具有几个特点:第一,它是人民法院实现审判职能的一项措施或方式,也是参与社会治安综合治理系统工程的一个重要手段,而不是人民法院的法定职权。第二,司法建议属于建议性质,它不具有法律效力,也不存在执行问题。第三,司法建议并非案件审理的必经程序。司法建议因其主体的特殊性有以下七个特征:一是人民法院在案件审理中,因发现问题而提出的意见;二是建议内容与案件有联系,但不是人民法院审判职能处理的范围;三是需要请求有关单位协助解决;四是不具有裁判强制力,属于建议性文书。五是它的对象可以是案件当事人,也可以是案外人;可以是单位,也可以是个人。六是它可以在案件审理过程中提出,也可以在裁判后提出。七是它的形式有书面和口头两种。根据最高人民法院印发的《关于加强司法建议工作的意见》的通知中可以了解到,司法建议为充分发挥人民法院审判职能作用,坚持能动司法,为经济社会全面协调可持续发展与社会和谐稳定提供更加有力的司法保障,具有深远意义。(邹瑜,1991)

根据《最高人民法院关于加强司法建议工作的意见》的规定,法院在进行司法建议的时候,应注意以下几个方面:

第一,认清形势,提高认识,进一步增强司法建议工作的自觉性。

司法建议是法律赋予人民法院的重要职责,是人民法院工作的重要组成部分,是充分发挥审判职能作用的重要方式。

司法建议是人民法院坚持能动司法,依法延伸审判职能的重要途径。我国正处于经济社会发展的重要战略机遇期和社会矛盾凸显期,站在新起点,面对新形势,人民法院在充分发挥审判职能作用的同时，应当更加重视运用司法建议，通过延伸审判职能，积极践行“为大局服务，为人民司法”工作主题，促进经济社会发展，切实维护社会和谐稳定。

司法建议是提升司法能力和司法公信力的重要手段。要高度重视和充分运用司法建议来扩展审判效果，以司法建议作为化解社会矛盾、创新社会管理的重要切入点和有效方法，充分发挥司法建议在维护社会和谐稳定、推动社会建设中的重要作用，不断提升人民法院化解社会矛盾和参与社会管理创新的能力和水平，努力维护司法权威，提高司法公信力。

第二，创新机制，加强规范，切实提升司法建议工作水平。

司法建议工作应当纳入人民法院的整体工作部署，要创新建议形式，规范建议程序，确保建议质量，增强建议效果，推动司法建议工作依法有序开展，努力实现司法建议工作的法律效果和社会效果的有机统一。

正确处理司法建议工作与审判执行工作的关系，坚持以做好审判执行工作为出发点，同时充分发挥司法建议延伸审判职能的作用。审判执行工作中发现有关单位普遍存在的工作疏漏、制度缺失和隐患风险等问题，人民法院应当及时提出司法建议。

提出司法建议要坚持必要性、针对性、规范性和实效性原则，做到把握问题准确，分析问题透彻，依据充足，说理充分，建议客观合理，方案切实可行，行文严谨规范，确保建议质量，符合保密规定。

对审判执行工作中发现的下列问题，人民法院可以向相关党政机关、企事业单位、社会团体及其他社会组织提出司法建议，必要时可以抄送该单位的上级机关或者主管部门：涉及经济社会发展重大问题需要相关方面积极加以应对的；相关行业或者部门工作中存在的普遍性问题，需要有关单位采取措施的；相关单位的规章制度、工作管理中存在严重漏洞或者重大风险的；国家利益、社会公共利益受到损害或者威胁，需要有关单位采取措施的；涉及劳动者权益、消费者权益保护等民生问题，需要有关单位采取措施的；法律规定的有义务协助调查、执行的单位拒绝或者妨碍人民法院调查、执行，需要有关单位对其依法进行处理的；拒不履行人民法院生效的判决、裁定，需要有关单位对其依法进行处理的；发现违法犯罪行为，需要有关单位对其依法进行处理的；诉讼程序结束后，当事人之间的纠纷尚未彻底解决，或者有其他问题需要有关部门继续关注的；其他确有必要提出司法建议的情形。

人民法院提出司法建议，应当制作司法建议书。

司法建议书包括以下类型：针对个案中反映的具体问题制作的个案司法建议书；针对某一类案件中反映的普遍性问题制作的类案司法建议书；针对一定时期经济社

会发展中存在的普遍性、系统性问题制作的综合司法建议书。根据实际需要，综合司法建议书可以附相关调研报告、审判工作报告（白皮书）等材料。

司法建议书应当按照统一的格式制作，一般包括首部、主文和尾部三部分。首部包括：法院名称、司法建议书、司法建议书编号、主送单位（被建议单位）名称。主文包括：在审理和执行案件中或者相关调研中发现的需要重视和解决的问题，对问题产生原因的分析，依据法律法规及政策提出的具体建议，以及其他需要说明的事项。尾部包括：院印和日期。如需抄送被建议单位的上级机关、主管部门或其他有关部门的，应当列明抄送单位全称。

个案、类案司法建议书由所涉案件审判业务部门负责起草，综合司法建议书可以由有关综合性部门或者审判业务部门负责起草。司法建议书起草完成后，交司法建议工作日常管理机构审核，报分管院领导签发。向党政机关发送的重要司法建议书或者审判委员会决定发送的司法建议书，由院长签发。

院长、庭长在履行审判监督指导职责、审判监督部门和审判管理部门在开展案件质量评查等活动、上级人民法院对下级人民法院的案件进行监督评查时，发现需要向有关部门提出司法建议的，应当建议提出司法建议。

个案司法建议书一般应当在所涉案件裁判文书生效后或者执行、涉诉信访案件办结后，及时发送。

司法建议书应当以人民法院的名义发送，不得以法院内设机构或者个人名义发送。拟向上级党委、人大、政府及其部门提出的司法建议书，必要时可以提请上级人民法院发送。

司法建议书应当及时送达被建议单位。必要时，人民法院可以将相关材料一并送达被建议单位。

司法建议起草部门应当及时将司法建议书、被建议单位反馈意见及相关材料整理立卷，移送档案管理部门集中归档。

司法建议应当纳入司法统计范围，为分析和指导司法建议工作提供数据支持。利用信息技术，建立司法建议信息库，充分整合、利用司法建议信息资源，打造司法建议信息平台。

第三，加强领导，科学管理，为司法建议工作提供切实保障。

各级人民法院应当高度重视司法建议工作，切实加强对司法建议工作的组织领导和统筹协调。上级人民法院应当加强对本辖区内人民法院司法建议工作的指导，使司法建议工作更加规范，注重实效。（人民法院报，2012年3月29日）

本案中，某公司排放污染物造成环境污染，环境属于社会公共利益，环境污染遭到破坏，即是社会公共利益受到损害和威胁，需要环境保护主管部门采取相应措施，因此一审法院有权对审判执行工作中发现的下列问题，可以向相关党政机关、企事业单位、社会团体及其他社会组织提出司法建议，即向环境保护主管部门提出司法建议。

【问题】

1.什么是粉尘污染？我国相关法律对此做出了哪些规定？

粉尘，是指悬浮在空气中的固体微粒，国际标准化组织规定，粒径小于 75 μm 的固体悬浮物定义为粉尘。大气中过多的粉尘将对环境造成的污染就是粉尘污染。

我国《环保法》中对于粉尘污染作出了相应规定，排放污染物的企业事业单位和其他生产经营者，应当采取措施，防治在生产建设或者其他活动中产生的废气、废水、废渣、医疗废物、粉尘、恶臭气体、放射性物质以及噪声、振动、光辐射、电磁辐射等对环境的污染和危害。

《大气污染防治法》中对于粉尘污染也作出了相应的规定，钢铁、建材、有色金属、石油、化工、制药、矿产开采等企业，应当加强精细化管理，采取集中收集处理等措施，严格控制粉尘和气态污染物的排放。工业生产企业应当采取密闭、围挡、遮盖、清扫、洒水等措施，减少内部物料的堆存、传输、装卸等环节产生的粉尘和气态污染物的排放。

2.本案当事人丙应当通过何种途径维护自己的合法权益？

丙有以下几种途径维护自己的合法权益：

第一，因某公司的污染物排放造成的环境污染，使得其自身利益遭受损害，可向当地的环境保护主管机构进行举报投诉。

第二，某公司的行为属于环境侵权，丙可以通过向法院提起环境侵权赔偿损害之诉，请求某公司对其进行侵权损害赔偿。

第三，某公司污染环境的行为属于社会公共利益遭受损害，因此，丙可以向有关环境保护组织进行举报投诉，环境保护组织通过向法院提起环境公益诉讼，要求某公司进行环境损害赔偿。

第四，丙可以通过调解的方式，与某公司进行交涉，或请求调解组织，进行调解，双方就赔偿达成调解协议。

3.什么是调解？调解应遵循哪些原则？

调解是指双方或多方当事人就争议的实体权利、义务，在人民法院、人民调解委员会及有关组织主持下，自愿进行协商，通过教育疏导，促成各方达成协议、解决纠纷的办法。

根据《调解法》的规定，人民调解委员会调解民间纠纷，应当遵循下列原则：第一，自愿平等原则。在当事人自愿、平等的基础上进行调解；第二，不违背法律、法规和国家政策的原则；第三，尊重当事人权利的原则。调解时应尊重当事人的权利，不得因调解而阻止当事人依法通过仲裁、行政、司法等途径维护自己的权利。

第十章　大气污染防治法

大气污染是大气中污染物质的浓度达到有害程度，以至破坏生态系统和人类正常生存和发展的条件，对人和物造成一定危害的状态。其成因有自然因素（如火山爆发、森林灾害、岩石风化等）和人为因素（如工业废气、燃料、汽车尾气和核爆炸等），目前在我国主要是尤以后者为甚。大气污染主要是对人体健康、工业农业生产、生态环境等造成严重影响和侵害。2018 年对《大气污染防治法》进行了再次修订，本章选取相关案例进行分析，在环境执法及环境司法中具有一定的实践指导意义。

案例一：E 县某新型建材有限公司、R 市环境保护局环境保护行政管理案

【案情简介】2017 年 3 月 3 日，R 市环保局执法人员对某新型建材有限公司现场检查时，发现该公司年产 1.2 亿标块煤矸石烧结砖项目配套建设的废气脱硫除尘设施脱硫循环水池水泵未使用，废气污染防治设施不正常运行。

当日 R 市环保局执法人员对该公司下达了环监责改〔2017〕第 2001 号《R 市环境保护局责令改正决定书》（以下简称《责令改正决定书》），责令某新型建材有限公司立即停止违法行为。2017 年 4 月 1 日，该局又向某新型建材有限公司邮寄送达了环罚告〔2017〕第 7010 号《R 市环境保护局行政处罚事先（听证）告知书》（以下简称《处罚告知书》），告知该公司对 R 市环保局拟做出的行政处罚有权进行陈述申辩和申请听证。该公司在法定期限内未进行陈述申辩和申请听证。2017 年 5 月 5 日，R 市环保局向该公司邮寄送达了环罚〔2017〕第 7010 号《R 市环境保护局行政处罚决定书》（以下简称《处罚决定书》）。

某新型建材有限公司不服，提起行政复议申请。

【处理结果】7 月 4 日，R 市政府作出了政复决字〔2017〕第 281 号《行政复议决定书》（以下简称《复议决定书》），维持了《处罚决定书》的复议决定。

【法条链接及法理分析】

废气污染防治，是指对于人类在生产和生活过程中排出的有毒有害的气体，特别是化工厂、钢铁厂、制药厂，以及炼焦厂和炼油厂等，排放的严重污染环境和影响人体健康的废气进行处理的防治措施。所谓废气，主要是指工业“三废”中所排放的气体

部分。由于工业生产门类多样，工艺过程各不相同，排放的废气种类及其物质组成亦不相同。主要的废气有二氧化硫、氮氧化物、一氧化碳、二氧化碳、硫化氢、氟化氢、重金属微粒等。企业在其生产经营过程中，向大气排放大量的废气和粉尘，其中许多含有毒物质。这些有毒成份扩散到大气中来，然后进入人体，构成了对人体的威胁。

针对本案某新型建材有限公司的行为，涉及相关法律法规主要有以下几个：《中华人民共和国环境保护法》(以下简称《环保法》)《中华人民共和国大气污染防治法》(以下简称《大气污染防治法》)《中华人民共和国行政复议法》(以下简称《行政复议法》)《中华人民共和国行政处罚法》(以下简称《行政处罚法》)《环境行政复议办法》(以下简称《复议办法》)《环境行政处罚办法》(以下简称《处罚办法》)。

为保护和改善环境，防治污染和其他公害，保障公众健康，推进生态文明建设，促进经济社会可持续发展，《环保法》的出台在大气污染防治方面，有明确规定。根据《环保法》的规定，环境保护坚持保护优先、预防为主、综合治理、公众参与、损害担责的原则。一切单位和个人都有保护环境的义务。其中，地方各级人民政府应当对本行政区域的环境质量负责。县级以上人民政府环境保护主管部门及其委托的环境监察机构和其他负有环境保护监督管理职责的部门，有权对排放污染物的企业事业单位和其他生产经营者进行现场检查。对于生产易造成环境污染的企业事业单位和其他生产经营者而言应当防止、减少环境污染和生态破坏，对所造成的损害依法承担责任。企业事业单位和其他生产经营者违反法律法规规定排放污染物，造成或者可能造成严重污染的，县级以上人民政府环境保护主管部门和其他负有环境保护监督管理职责的部门，可以查封、扣押造成污染物排放的设施、设备。作为对生态环境污染的主要主体，企业发展经济，应当优先使用清洁能源，采用资源利用率高、污染物排放量少的工艺、设备以及废弃物综合利用技术和污染物无害化处理技术，减少污染物的产生。建设项目中防治污染的设施，应当与主体工程同时设计、同时施工、同时投产使用。防治污染的设施应当符合经批准的环境影响评价文件的要求，不得擅自拆除或者闲置。排放污染物的企业事业单位和其他生产经营者，应当采取措施，防止在生产建设或者其他活动中产生的废气、废水、废渣、医疗废物、粉尘、恶臭气体、放射性物质以及噪声、振动、光辐射、电磁辐射等对环境的污染和危害。严禁通过暗管、渗井、渗坑、灌注或者篡改、伪造监测数据，或者不正常运行防治污染设施等逃避监管的方式违法排放污染物。本案中，某新型建材有限公司的煤矸石烧结砖项目配套建设的废气脱硫除尘设施脱硫循环水池水泵未使用，废气污染防治设施不正常运行。含硫废气对大气环境有极大污染，构成违法行为。

大气污染的防治，有利于保护和改善环境，保障公众健康，推进生态文明建设，促进经济社会可持续发展。依据《大气污染防治法》的规定，企业事业单位和其他生产经营者应当采取有效措施,防止、减少大气污染,对所造成的损害依法承担责任。钢铁、建材、有色金属、石油、化工等企业生产过程中排放粉尘、硫化物和氮氧化物的,应当采用清洁生产工艺,配套建设除尘、脱硫、脱硝等装置,或者采取技术改造等其他控制大气污染物排放的措施。钢铁、建材、有色金属、石油、化工、制药、矿产开采等企业,应当加强精细化管理,采取集中收集处理等措施,严格控制粉尘和气态污染物的排放。可燃性气体回收利用装置不能正常作业的,应当及时修复或者更新。在回收利用装置不能正常作业期间确需排放可燃性气体的,应当将排放的可燃性气体充分燃烧或者采取其他控制大气污染物排放的措施,并向当地生态环境主管部门报告,按照要求限期修复或者更新。钢铁、建材、有色金属、石油、化工、制药、矿产开采等企业,未采取集中收集处理、密闭、围挡、遮盖、清扫、洒水等措施,控制、减少粉尘和气态污染物排放的;工业生产、垃圾填埋或者其他活动中产生的可燃性气体未回收利用,不具备回收利用条件未进行防治污染处理,或者可燃性气体回收利用装置不能正常作业,未及时修复或者更新的,依照《大气污染防治法》的规定,由县级以上人民政府生态环境主管部门责令改正,处二万元以上二十万元以下的罚款;拒不改正的,责令停产整治。

针对R市环保局所做的行政执法,公民、法人或者其他组织违反行政管理秩序的行为,依法应当给予行政处罚的,行政机关必须查明事实;违法事实不清的,不得给予行政处罚。但是行政机关在作出行政处罚决定之前,应当告知当事人作出行政处罚决定的事实、理由及依据,并告知当事人依法享有的权利。当事人有权进行陈述和申辩。行政机关必须充分听取当事人的意见,对当事人提出的事实、理由和证据,应当进行复核;当事人提出的事实、理由或者证据成立的,行政机关应当采纳。根据《处罚办法》的规定,环境行政处罚的相关规定有以下几个方面。

第一,责令改正。

环境保护主管部门实施行政处罚时,应当及时作出责令当事人改正或者限期改正违法行为的行政命令。责令改正期限届满,当事人未按要求改正,违法行为仍处于继续或者连续状态的,可以认定为新的环境违法行为。

根据环境保护法律的相关规定,责令改正或者限期改正违法行为的行政命令的具体形式有:责令停止建设;责令停止试生产;责令停止生产或者使用;责令限期建设配套设施;责令重新安装使用;责令限期拆除;责令停止违法行为;责令限期治理;法律、法规或者规章设定的责令改正或者限期改正违法行为的行政命令的其他具体形式。根据最高人民法院关于行政行为种类和规范行政案件案由的规定,行政命令不属行政处罚。行政命令不适用行政处罚程序的规定。

第二,处罚前告知。

在作出行政处罚决定前,应当告知当事人有关事实、理由、依据和当事人依法享有的陈述、申辩权利。在作出暂扣或吊销许可证、较大数额的罚款和没收等重大行政处罚决定之前,应当告知当事人有要求举行听证的权利。

第三,当事人申辩的处理。

环境保护主管部门应当对当事人提出的事实、理由和证据进行复核。当事人提出的事实、理由或者证据成立的,应当予以采纳。不得因当事人的申辩而加重处罚。

第四,处罚决定的送达

行政处罚决定书应当送达当事人,并根据需要抄送与案件有关的单位和个人。送达行政处罚文书可以采取直接送达、留置送达、委托送达、邮寄送达、转交送达、公告送达、公证送达或者其他方式。送达行政处罚文书应当使用送达回证并存档。

本案某新型建材有限公司不服,提起行政复议申请的行为,根据《行政复议法》的规定,公民、法人或者其他组织对行政复议决定不服的,可以依照行政诉讼法的规定向人民法院提起行政诉讼,但是法律规定行政复议决定为最终裁决的除外。

对行政机关作出的警告、罚款、没收违法所得、没收非法财物、责令停产停业、暂扣或者吊销许可证、暂扣或者吊销执照、行政拘留等行政处罚决定不服的;对行政机关作出的限制人身自由或者查封、扣押、冻结财产等行政强制措施决定不服的;对行政机关作出的有关许可证、执照、资质证、资格证等证书变更、中止、撤销的决定不服的;对行政机关作出的关于确认土地、矿藏、水流、森林、山岭、草原、荒地、滩涂、海域等自然资源的所有权或者使用权的决定不服的;认为行政机关侵犯合法的经营自主权的;认为行政机关变更或者废止农业承包合同,侵犯其合法权益的;认为行政机关违法集资、征收财物、摊派费用或者违法要求履行其他义务的;认为符合法定条件,申请行政机关颁发许可证、执照、资质证、资格证等证书,或者申请行政机关审批、登记有关事项,行政机关没有依法办理的;申请行政机关履行保护人身权利、财产权利、受教育权利的法定职责,行政机关没有依法履行的;申请行政机关依法发放抚恤金、社会保险金或者最低生活保障费,行政机关没有依法发放的;认为行政机关的其他具体行政行为侵犯其合法权益的,可以依《行政复议法》的规定,申请复议。

公民、法人或者其他组织认为具体行政行为侵犯其合法权益的,可以自知道该具体行政行为之日起六十日内提出行政复议申请;但是法律规定的申请期限超过六十日的除外。因不可抗力或者其他正当理由耽误法定申请期限的,申请期限自障碍消除之日起继续计算。依照本法申请行政复议的公民、法人或者其他组织是申请人。有权申请行政复议的公民死亡的,其近亲属可以申请行政复议。有权申请行政复议的公民为无民事行为能力人或者限制民事行为能力人的,其法定代理人可以代为申请行政复议。有权申请行政复议的法人或者其他组织终止的,承受其权利的法人或者其他组织可以申请行政复议。同申请行政复议的具体行政行为有利害关系的其他公民、法人或者其他组织，可以作为第三人参加行政复议。公民、法人或者其他组织对行政机关的具体行政行为不服申请行政复议的，作出具体行政行为的行政机关是被申请人。申请人、第三人可以委托代理人代为参加行政复议。申请人申请行政复议，可以书面申请，也可以口头申请；口头申请的，行政复议机关应当当场记录申请人的基本情况、行政复议请求、申请行政复议的主要事实、理由和时间。对县级以上地方各级人民政府工作部门的具体行政行为不服的，由申请人选择，可以向该部门的本级人民政府申请行政复议，也可以向上一级主管部门申请行政复议。对海关、金融、国税、外汇管理等实行垂直领导的行政机关和国家安全机关的具体行政行为不服的，向上一级主管部门申请行政复议。对地方各级人民政府的具体行政行为不服的，向上一级地方人民政府申请行政复议。对省、自治区人民政府依法设立的派出机关所属的县级地方人民政府的具体行政行为不服的，向该派出机关申请行政复议。对国务院部门或者省、自治区、直辖市人民政府的具体行政行为不服的，向作出该具体行政行为的国务院部门或者省、自治区、直辖市人民政府申请行政复议。对行政复议决定不服的，可以向人民法院提起行政诉讼；也可以向国务院申请裁决，国务院依照本法的规定作出最终裁决。

行政复议机关收到行政复议申请后，应当在五日内进行审查，对不符合法律规定的行政复议申请，决定不予受理，并书面告知申请人；对符合法律规定，但是不属于本机关受理的行政复议申请，应当告知申请人向有关行政复议机关提出。

为规范环境保护行政主管部门的行政复议工作，进一步发挥行政复议制度在解决行政争议、构建社会主义和谐社会中的作用，保护公民、法人和其他组织的合法权益，制定了《复议办法》。根据《复议办法》的规定，公民、法人或者其他组织认为地方环境保护行政主管部门的具体行政行为侵犯其合法权益的，可以向该部门的本级人民政府申请行政复议，也可以向上一级环境保护行政主管部门申请行政复议。认为国务院环境保护行政主管部门的具体行政行为侵犯其合法权益的，向国务院环境保护行政主管部门提起行政复议。对环境保护行政主管部门作出的查封、扣押财产等行政强制措施不服的；对环境保护行政主管部门作出的警告、罚款、责令停止生产或者使用、暂扣、吊销许可证、没收违法所得等行政处罚决定不服的；认为符合法定条件，申请环境保护行政主管部门颁发许可证、资质证、资格证等证书，或者申请审批、登记等有关事项，环境保护行政主管部门没有依法办理的；对环境保护行政主管部门有关许可证、资质证、资格证等证书的变更、中止、撤销、注销决定不服的；认为环境保护行政主管部门违法征收排污费或者违法要求履行其他义务的；认为环境保护行政主管部门的其他具体行政行为侵犯其合法权益的公民、法人或其他组织可以依法申请复议。环境行政复议机关应当自受理行政复议申请之日起六十日内作出行政复议决定。情况复杂,不能在规定期限内作出行政复议决定的,经环境行政复议机关负责人批准,可以适当延长,但是延长期限最多不超过三十日。环境行政复议机关应当制作延期审理通知书,载明延期的主要理由及期限,送达当事人。被申请人应当履行行政复议决定,被申请人不履行或者无正当理由拖延履行的,环境行政复议机关应当责令其限期履行,制作责令履行行政复议决定通知书送达被申请人,并抄送申请人和第三人。被申请人对行政复议决定有异议的,可以向环境行政复议机关提出意见,但是不停止行政复议决定的履行。环境行政复议机构应当自受理行政复议申请之日起七个工作日内,制作行政复议答复通知书。行政复议答复通知书、行政复议申请书副本或者口头申请行政复议笔录复印件以及申请人提交的证据、有关材料的副本应一并送达被申请人。被申请人应当自收到行政复议答复通知书之日起十日内提出行政复议答复书,对申请人的复议请求、事实及理由进行答辩,并提交当初作出被申请复议的具体行政行为的证据、依据和其他有关材料。被申请人无正当理由逾期未提交上述材料的,视为该具体行政行为没有证据、依据,环境行政复议机关应当制作行政复议决定书,依法撤销该具体行政行为。

某新型建材有限公司在法定期限内未进行陈述申辩和申请听证,这里涉及到陈诉申辩和申请听证的期限问题。行政机关及其执法人员在作出行政处罚决定之前,不依照《复议办法》第三十一条、第三十二条的规定向当事人告知给予行政处罚的事实、理由和依据,或者拒绝听取当事人的陈述、申辩,行政处罚决定不能成立;但是当事人放弃陈述或者申辩权利的除外。行政机关作出责令停产停业、吊销许可证或者执照、较大数额罚款等行政处罚决定之前,应当告知当事人有要求举行听证的权利;当事人要求听证的,行政机关应当组织听证。当事人不承担行政机关组织听证的费用。听证必须依照下列程序进行:第一,当事人要求听证的,应当在行政机关告知后三日内提出;第二,行政机关应当在听证的七日前,通知当事人举行听证的时间、地点;第三,除涉及国家秘密、商业秘密或者个人隐私外,听证公开举行;第四,听证由行政机关指定的非本案调查人员主持;当事人认为主持人与本案有直接利害关系的,有权申请回避;第五,当事人可以亲自参加听证,也可以委托一至二人代理;第六,举行听证时,调查人员提出当事人违法的事实、证据和行政处罚建议;当事人进行申辩和质证;第七,听证应当制作笔录;笔录应当交当事人审核无误后签字或者盖章。当事人对限制人身自由的行政处罚有异议的,依照治安管理处罚法有关规定执行。

关于其他污染物排放管理的规定,我国相继出台了《重有色金属工业污染物排放标准》《轻金属工业污染物排放标准》《船舶工业污染物排放标准》等。这些标准中规定的汞蒸气、氟化物、氯气、氧化锌等都是毒性很大且对人体危害十分严重的物质,如含汞废气主要来源于冶炼、使用汞和汞盐的过程中排放的，其可致人慢性中毒和神经系统症状。又如氟化物，多产于炼铝、磷矿石加工等工厂。氟化氢对人体的危害比二氧化硫大二十倍，能使人和牲畜慢性氟中毒，导致牙齿、骨骼发生病变。必须对这类物质的排放严格管理，严格限制向大气排放，有些生产企业确需排放的，必须要经过严格的净化处理，不超过规定的排放标准。

企业事业单位和其他生产经营者向大气排放污染物的，应当依照法律法规和国务院环境保护主管部门的规定设置大气污染物排放口。禁止通过偷排、篡改或者伪造监测数据、以逃避现场检查为目的的临时停产、非紧急情况下开启应急排放通道、不正常运行大气污染防治设施等逃避监管的方式排放大气污染物。在本案中，市环保局执法人员对某新型建材有限公司现场检查时，发现该公司废气污染防治设施不正常运行，企业事业单位和其他生产经营者建设对大气环境有影响的项目，应当依法进行环境影响评价、公开环境影响评价文件；向大气排放污染物的，应当符合大气污染物排放标准，遵守重点大气污染物排放总量控制要求。由于各类生产企业排放的工业废气是大气污染物的重要来源，该公司应当进行接受环保局的监督并积极配合相应的处理。

【问题】

1. 某新型建材有限公司的行为是否违法？为什么？

某新型建材有限公司的行为已经违反了相关法律。根据《大气污染防治法》第十八条规定："企业事业单位和其他生产经营者建设对大气环境有影响的项目，应当依法进行环境影响评价、公开环境影响评价文件；向大气排放污染物的，应当符合大气污染物排放标准，遵守重点大气污染物排放总量控制要求。"该公司年产 1.2 亿标块煤矸石烧结砖项目配套建设的废气脱硫除尘设施脱硫循环水池水泵未使用并不符合相关大气污染物排放的标准，违反了《环保法》中的相关规定，确为违法行为，环保局可以对其采取措施。

2. R 市环保局是否可以对某新型建材有限公司做出处罚？其处罚的程序是否有不当之处？

某新型建材有限公司的煤矸石烧结砖项目配套建设的废气脱硫除尘设施脱硫循环水池水泵未使用，废气污染防治设施不正常运行，也不进行报告，不按照要求限期修复或更新。某新型建材有限公司，作为建材企业，应当严格控制废气污染物排放。含硫废气对大气环境有极大污染，应当采取措施，防止在生产建设时产生的对环境污染。排放污染物的某新型建材有限公司，不正常运行废气污染防治设施，构成违法行为。依照《大气污染防治法》的规定，由县级以上人民政府生态环境主管部门责令改正，处二万元以上二十万元以下的罚款；拒不改正的，责令停产整治。R 市作为县级以上人民政府生态环境主管部门，有权对该公司作出处罚。

R 市环境保护局先是下达了《责令改正决定书》，再邮寄了《处罚告知书》，在作出处罚决定前，并告知该公司拟作出的行政处罚决定和该公司有权进行陈述申辩和申请听证的权利。R 市环境保护局的环境执法程序符合《环境行政处罚办法》的规定，环境行政处罚程序规定，程序合法正当。

案例二：某石油产品服务有限公司某加油站不服 D 市 F 区环境保护局行政处罚案

【案情简介】被告 F 区环保局于 2013 年 4 月 9 日对原告某石油产品服务有限公司某加油站油气回收系统进行日常检查并制作《现场检查笔录》，发现该加油站 2 号汽油加油机上的 6 号、8 号汽油加油枪对应的油气回收真空泵与油气回收管连接处断裂，3 号汽油加油机内的油气回收真空泵总管连接口处断开，4 号汽油加油机上的 13 号、15 号汽油加油枪对应的油气回收真空泵与油气回收管连接处断裂，执法人员拍照取证。

2013 年 4 月 12 日，F 区环保局对该加油站未正常使用大气污染物处理设施进行立案，同日 F 区环保局对加油站工作人员丁进行调查并制作《调查笔录》，丁对 F 区环保局上述检查情况均予以认可。

2013 年 4 月 12 日，F 区环保局作出环保机限字(2013)036 号《限期改正通知书》《行政处罚告知书》(编号：(2013)016 号)并送达该加油站。

2013 年 4 月 28 日，该加油站向 F 区环保局提交《行政处罚申辩书》，F 区环保局于 2013 年 5 月 3 日对申辩事项进行答复并制作《工作记录》。

同日，F 区环保局作出朝环保罚字(2013)137 号《行政处罚决定书》《行政处罚缴款书》(回执)并于 2013 年 5 月 6 日送达原告该加油站。

【处理结果】原告不服行政处罚决定，向 D 市环境保护局申请行政复议，D 市环境保护局于 2013 年 6 月 17 日作出环法复字(2013)3 号《行政复议决定书》，维持了被诉具体行政行为。《行政处罚决定书》所处 3 万元罚款原告已在规定期限内交纳。另查，F 区环保局曾于 2011 年 3 月 16 日以该加油站不正常使用大气污染物处理设施对其作出环保机限字(2011)第 008 号《限期改正通知书》，2012 年 6 月 13 日对该加油站检查并制作《加油站油气回收系统日常监督检查表》(其中"是否每天至少检查油气回收系统 1 次，并填写日常检查记录"栏中标注为"无")。

2012 年 8 月 6 日，F 区环保局委托某测试科技股份有限公司对该加油站进行密闭性、液阻、气液比项目检测，结论为该站 10、13 号汽油枪的气液比不合格。

【法条链接及法理分析】

大气污染物是指由于人类活动或自然过程排入大气的并对环境或人产生有害影响的物质。大气污染物按其存在状态可分为两大类：一种是气溶胶状态污染物，另一种是气体状态污染物。若按形成过程分类则可分为一次污染物和二次污染物。一次污染物是指直接从污染源排放的污染物质，二次污染物则是由一次污染物经过化学反应或光化学反应形成的与一次污染物的物理化学性质完全不同的新的污染物，其毒性比一次污染物强。

大气污染有着多方面的危害，首先体现在对人体的危害上。人类体验到的大气污染的危害，最初主要是对人体健康的危害，随后逐步发现了对工农业生产的各种危害以及对天气和气候产生的不良影响。人们对大气污染物造成危害的机理、分布和规模等问题的深入研究，为控制和防治大气污染提供了必要的依据。大气污染后，由于污染物质的来源、性质、浓度和持续时间的不同，污染地区的气象条件、地理环境等因素的差别，甚至人的年龄、健康状况的不同，对人均会产生不同的危害。大气污染对人体的影响，首先是感觉上不舒服，随后生理上出现可逆性反应，再进一步就出现急性危害症状。大气污染对人的危害大致可分为急性中毒、慢性中毒、致癌三种。第一，急性中毒。空气中大气中的污染物浓度较低时，通常不会造成人体急性中毒，但在某些特殊条件下，如工厂在生产过程中出现特殊事故，大量有害气体泄露外排，外界气象条件突变等，便会引起人群的急性中毒。如印度帕博尔农药厂甲基异氰酸酯泄露，直接危害人体，发生了2500人丧生，十多万人受害。第二，慢性中毒。大气污染对人体健康慢性毒害作用，主要表现为污染物质在低浓度、长时间连续作用于人体后，出现的患病率升高等现象。中国城市居民肺癌发病率很高，其中最高的是上海市，城市居民呼吸系统疾病明显高于郊区。第三，致癌作用。这是由于污染物长时间作用于肌体，损害体内遗传物质，引起突变，如果生殖细胞发生突变，使后代机体出现各种异常，称致畸作用；如果引起生物体细胞遗传物质和遗传信息发生突然改变作用，又称致突变作用；如果诱发成肿瘤的作用称致癌作用。环境中致癌物可分为化学性致癌物，物理性致癌物，生物性致癌物等。致癌作用过程相当复杂，一般有引发阶段，促长阶段。能诱发肿瘤的因素，统称致癌因素。由于长期接触环境中致癌因素而引起的肿瘤，称环境瘤。大气污染会导致人的寿命下降。其次，在对工农业的危害上，大气污染对工农业生产的危害十分严重，这些危害可影响经济发展，造成大量人力、物力和财力的损失。大气污染物对工业的危害主要有两种：一是大气中的酸性污染物和二氧化硫、二氧化氮等，对工业材料、设备和建筑设施的腐蚀；二是飘尘增多给精密仪器、设备的生产、安装调试和使用带来的不利影响。大气污染对工业生产的危害，从经济角度来看就是增加了生产的费用，提高了成本，缩短了产品的使用寿命。大气污染对农业生产也造成很大危害。酸雨可以直接影响植物的正常生长，又可以通过渗入土壤及进入水体，引起土壤和水体酸化、有毒成分溶出，从而对动植物和水生生物产生毒害。再次，在对气候的危害上，大气污染物质还会影响天气和气候。颗粒物使大气能见度降低，减少到达地面的太阳光辐射量。尤其是在大工业城市中，在烟雾不散的情况下，日光比正常情况减少40%。高层大气中的氮氧化物、碳氢化合物和氟氯烃类等污染物使臭氧大量分解，引发的"臭氧洞"问题，成为全球关注的焦点。从工厂、发电站、汽车、家庭小煤炉中排放到大气中的颗粒物，大多具有水汽凝结核或冻结核的作用。这些微粒能吸附大气中的水汽使之凝成水滴或冰晶，从而改变了该地区原有降水（雨、雪）的情况。人们发现在离大工业城市不远的下风向地区，降水量比四周其它地区要多，这就是所谓"拉波特效应"。如果，微粒中央夹带着酸性污染物，那么，在下风地区就可能受到酸雨的侵袭。大气污染除对天气产生不良影响外，对全球气候的影响也逐渐引起人们关注。由大气中二氧化碳浓度升高引发的温室效应的加强，是对全球气候的最主要影响。地球气候变暖会给人类的生态环境带来许多不利影响，人类必须充分认识到这一点。河流干涸，森林减少，动物灭绝，臭氧层破坏，温室效应等等。温室效应、酸雨、和臭氧层破坏就是由大气污染衍生出的环境效应。这种由环境污染衍生的环境效应具有滞后性，往往在污染发生的当时不易被察觉或预料到，然而一旦发生就表示环境污染已经发展到相当严重的地步。最后，在对植物的危害上，大气中的污染物主要通过气孔进入叶片并溶解在叶肉组织中，通过一系列的生物化学反应对植物生理代谢活动产生影响，所以植物受害症状一般都是出现在叶片。污染物不同，植物受害的症状也是有差异的。

大气污染有着极其严重的危害，因此，国家采取多方面措施管控生产生活的大气污染物排放。本案中，环保局在执法检查中发现汽油加油枪对应的油气回收真空泵与油气回收管连接处断裂的问题，根据《大气污染防治法》的规定，企业事业单位和其他生产经营者应当采取有效措施，防止、减少大气污染，对所造成的损害依法承担责任。石油、化工以及其他生产和使用有机溶剂的企业，应当采取措施对管道、设备进行日常维护、维修，减少物料泄漏，对泄漏的物料应当及时收集处理。储油储气库、加油加气站、原油成品油码头、原油成品油运输船舶和油罐车、气罐车等，应当按照国家有关规定安装油气回收装置并保持正常使用。可燃性气体回收利用装置不能正常作业的，应当及时修复或者更新。在回收利用装置不能正常作业期间确需排放可燃性气体的，应当将排放的可燃性气体充分燃烧或者采取其他控制大气污染物排放的措施，并向当地生态环境主管部门报告，按照要求限期修复或者更新。加油站的油气回收设施的正常运行，不仅是为了有效防治大气污染，更是由于加油站油气作为可燃性气体，其泄露若引起爆炸将会导致较为严重的人身和财产损失。本案中，加油站油气回收系统在环保局日常检查中被发现多处油气回收真空泵与油气回收管连接处断裂，或油气回收真空泵总管连接口处断开。作为使用有机溶剂的加油站，应当采取措施对管道、设备进行日常维护、维修，减少物料泄露，对不能正常作业的装置，应当及时修复或者更新，或向当地生态环保主管部门报告，按照要求限期修复或者更新。但是本案中的加油站不仅不及时修复或更新油气回收利用装置，也不及时向环保部门报备，造成危险影响。故F区环保局对该加油站作出罚款的行政处罚决定。根据《大气污染防治法》的规定，石油、化工以及其他生产和使用有机溶剂的企业，未采取措施对管道、设备进行日常维护、维修，减少物料泄漏或者对泄漏的物料未及时收集处理的；储油储气库、加油加气站和油罐车、气罐车等，未按照国家有关规定安装并正常使用油气回收装置的；或者可燃性气体回收利用装置不能正常作业，未及时修复或者更新的，由县级以上人民政府生态环境主管部门责令改正，处二万元以上二十万元以下的罚款；拒不改正的，责令停产整治。

本案中，某加油站正是因为未正常使用大气污染物处理设施而违反《大气污染防治法》的规定。

D市《实施中华人民共和国大气污染防治法办法》规定，本市对主要大气污染物排放实行总量控制，具体办法由市人民政府根据国务院的规定制定。向大气排放污染物的，其污染物排放浓度不得超过国家和本市规定的排放标准。向大气排放污染物的单位和个人，其大气污染物处理设施必须保持正常使用，拆除或者闲置大气污染物处理设施的，必须经市或者所在地的区、县环境保护行政主管部门批准。市环境保护行政主管部门负责对大气环境质量和污染物排放进行统一监测，发布大气环境质量日报库报，并逐步实施大气环境质量预报制度。环保局的执法人员在检查出加油站所存在的问题之后，拍照取证，及时对相关问题进行检测，防止大气污染物的过度排放。

F区环保局对该加油站未正常使用大气污染物处理设施进行立案，同日F区环保局对该加油站工作人员丁进行调查并制作《调查笔录》，根据《环境行政处罚办法》规定，环境保护主管部门实施行政处罚时，应当及时作出责令当事人改正或者限期改正违法行为的行政命令。责令改正期限届满，当事人未按要求改正，违法行为仍处于继续或者连续状态的，可以认定为新的环境违法行为。环境保护主管部门对涉嫌违反环境保护法律、法规和规章的违法行为，应当进行初步审查，并在七个工作日内决定是否立案。

【问题】

1. 被告F区环保局的执法程序是否有不当之处？其行为是否在法定职权范

围内？

实施环境行政处罚，坚持教育与处罚相结合，服务与管理相结合，引导和教育公民、法人或者其他组织自觉守法。

根据《大气污染防治法》《环境行政处罚办法》的规定，县级以上环境保护主管部门在法定职权范围内实施环境行政处罚。环境保护主管部门实施行政处罚时，应当及时作出责令当事人改正或者限期改正违法行为的行政命令。责令改正期限届满，当事人未按要求改正，违法行为仍处于继续或者连续状态的，可以认定为新的环境违法行为。

本案中F区环保局根据本案情况，进行了审查立案、调查取证、现场检查、查封暂扣、调查取证、处罚程序和处罚决定等程序。最后，F区环保局依法对某加油站进行处罚执法程序合法，并无违法不当之处。

F区环保局是在日常检查中发现加油站存在违法行为，首先进行现场检查，制作《现场检查笔录》，拍照取证。随后对其未正常使用大气污染物处理设施进行立案，安排工作人员调查并制作《调查笔录》。同日，环保局制作了《限期改正通知书》《行政处罚告知书》。十六日后，加油站提交了《行政处罚申辩书》。2013年5月6日环保局在对加油站的申辩进行认定后，制作了《行政处罚决定书》。并且在2011年3月6日环保局已就加油站不正常使用大气污染处理设施制作《限期改正通知书》。环保局的执法程序正当，其行为符合法定职权范围。

2.被告F区环保局的行政行为是否具有法律依据？

根据《大气污染防治法》的规定，储油储气库、加油加气站、原油成品油码头、原油成品油运输船舶和油罐车、气罐车等，应当按照国家有关规定安装油气回收装置并保持正常使用。违反《大气污染防治法》的规定，储油储气库、加油加气站和油罐车、气罐车等，未按照国家有关规定安装并正常使用油气回收装置的，由县级以上人民政府生态环境主管部门责令改正，处二万元以上二十万元以下的罚款；拒不改正的，责令停产整治。

根据《环境行政处罚办法》的规定，环境保护主管部门对涉嫌违反环境保护法律、法规和规章的违法行为，应当进行初步审查，并在7个工作日内决定是否立案。经审查，符合下列四项条件的，予以立案：(1)有涉嫌违反环境保护法律、法规和规章的行为；(2)依法应当或者可以给予行政处罚；(3)属于本机关管辖；(4)违法行为发生之日起到被发现之日止未超过2年。违法行为处于连续或继续状态的，从行为终了之日起计算。被告F区环保局于2013年4月9日对原告某加油站油气回收系统进行日常检查并制作《现场检查笔录》，并于4月12日，F区环保局对该加油站未正常使用大气污染物处理设施进行立案。根据《环境行政处罚办法》的规定，对有关物品或者场所进行检查时,应当制作现场检查(勘察)笔录,可以采取拍照、录像或者其他方式记录现场情况。需要取样的,应当制作取样记录或者将取样过程记入现场检查(勘察)笔录,可以采取拍照、录像或者其他方式记录取样情况。经过审查,可以分别作出如下处理:第一,违法事实成立,依法应当给予行政处罚的,根据其情节轻重及具体情况,作出行政处罚决定;第二,违法行为轻微,依法可以不予行政处罚的,不予行政处罚;第三,符合本办法第十六条情形之一的,移送有权机关处理。

案例三:G市环境保护局环境保护行政执法案

【案情简介】被告G市环境保护局于2016年9月22日作出环罚字〔2016〕27号行政处罚决定书,认为:经检查原告经营的G市T区×大酒楼,发现酒楼正在作业的厨房通往小区的窗户处于敞开状态,并安装有一个排风扇将厨房油烟通过窗户向小区花园排放,其行为已违反《大气污染防治法》《饮食业油烟排放标准》《关于"不正常使用"污染物处理设施违法认定和处罚的意见》(环发〔2003〕177号)之规定,原告的行为即为"通过逃避监管的方式排放大气污染物"。根据《大气污染防治法》第九十九条第三款之规定,特作如下行政处罚:决定对当事人处以10万元罚款。

原告某当事人诉称,2014年3月,原告经营的×大酒楼租赁位于G市××堤××部××场地及××商铺、××楼18号商铺夹层场地、负二层车库部分场地用于经营酒楼业务,并经G市有关部门的审批依法进行项目建设。

根据G市环境保护局和G市有关部门公告的材料证实:×大酒楼于2014年8月获得G市环保局《关于G市T区×大酒楼项目环境影响报告表的批复》并进行建设,×大酒楼使用的烟道为×裙楼设计的专用商业烟道,符合审批要求。

×大酒楼产生的油烟废气通过内置的专用商业烟道至28楼楼顶经有国家认证的油烟净化设备经净化处理后高空排放,经G市环保局的检测,油烟排放符合国家有关环保标准的要求。

×大酒楼于2016年1月6日获得该局关于×大酒楼建设项目竣工环境保护验收申请的批复,通过环境保护验收之后才开始营业,一直按照环评审批的要求进行经营。

×大酒楼根据T区政府和G市有关部门于2016年8月4日作出的责令停业通知书要求,从2016年8月11日起,停业进行环保设施的整顿和提升。

【处理结果】2016年8月12日,被告向原告经营的×大酒楼作出G市环境保护局行政处罚听证告知书(环罚告字〔2016〕27号),以2016年7月29日晚"发现你酒楼在厨房安装有一个排风扇将油烟通过敞开的窗户向小区花园排放,以上行为违反了《大气污染防治法》第二十条第二款规定","根据《大气防治污染法》第九十九条第三款规定，G市环境保护局拟对你酒楼作出以下行政处罚决定：罚款10万元。”其后，×大酒楼不服并提出听证要求，认为环罚告字〔2016〕27号行政处罚听证告知书缺乏确凿充分有效的证据，存在不能确定的众多疑点，实属证据不足、事实不清，适用法律错误，且在本酒楼被责令停业处罚情况下，再次进行处罚实属不当，要求不予罚款处罚。

被告于2016年8月23日举行听证后，于同年9月22日向原告作出G市环境保护局行政处罚决定书（环罚告字〔2016〕27号），决定对原告罚款10万元。

为维护原告的合法权益，故向法院起诉，请求法院撤销被告作出的G市环境保护局行政处罚决定书（环罚告字〔2016〕27号）。

法院认为，被告作为G市环境保护行政部门，享有对其辖区内有排污单位进行现场检查、对涉嫌违反大气污染防治管理规定的行为进行查处并作出处罚决定的职权，符合《大气污染防治法》的有关规定。原告的行为符合《饮食业油烟排放标准》（GB18483—2001）中的“未经任何油烟净化设施净化的油烟排放为无组织排放”“油烟无组织排放视同超标”，原告的行为违反《大气污染防治法》第二十条规定。G市环境保护局在作出处罚前，进行了调查取证，履行了陈述、申辩及听证权利的告知义务，并组织了听证会，其程序并无不当。G市环境保护局所作行政处罚，认定事实清楚、证据充分，适用法律正确，程序合法。原告请求撤销被告于2016年9月22日作出的《行政处罚决定书》（G环罚字〔2016〕27号）没有事实和法律依据，理由不成立，本院不予支持。依照《行政诉讼法》第六十九条、《最高人民法院关于执行〈中华人民共和国行政诉讼法〉若干问题的解释》第五十六条第一款第（四）项的规定，判决如下：驳回原告某当事人请求撤销被告G市环境保护局G环罚字〔2016〕27号《行政处罚决定书》的诉讼请求。案件受理费50元，由原告某当事人负担。

【法条链接及法理分析】

餐饮油烟是$PM_{2.5}$的直接排放源之一，油烟中含有多种挥发性有机物，可以与环境中的氮氧化物发生反应，增强大气的氧化性，加速二次颗粒物的形成。油烟污染物组分复杂，主要包括颗粒物和气态有机物两种。油烟的成分极为复杂，不同种类的食用油在高温下的热解产物多达20多种，主要有醛类、酮类、烃、脂肪酸、芳香族化合物及杂环化合物等，不同食品在高温下会产生不同类别的挥发性物质，多达数百种。油烟污染物间接可产生臭氧。大量未处理的油烟污染物排放到大气中，会间接导致产生大量臭氧。一般森林地区臭氧浓度即可达到0.1ppm，但超标的臭氧则是个无形杀手。油烟污染物影响灰霾形成。餐饮业排放的颗粒物（TSP）以$PM_{2.5}$为主，约占颗粒物的76.91%，$PM_{2.5}$是形成灰霾的主要因素。灰霾对人们的身体健康、心理健康、出行安全、区域气候等都产生较大影响。影响区域气候，使区域极端气候事件频繁，气象灾害连连。灰霾还加快了城市遭受光化学烟雾污染的提前到来。光化学烟雾是一种淡蓝色的烟雾,它的主要成分是一系列氧化剂,如臭氧、醛类、酮等,毒性很大,对人体有强烈的刺激作用,严重时会使人出现呼吸困难、视力衰退、手足抽搐等现象。影响交通安全。出现灰霾天气时,室外能见度低,污染持续,交通阻塞,事故频发。因此,人们日常排放的油烟虽然少量,但是不加以管制将产生严重后果,仍作为大气污染排放物,受到《环保法》《大气污染防治法》《饮食业油烟排放标准》的规制。

根据《大气污染防治法》的规定,排放油烟的餐饮服务业经营者应当安装油烟净化设施并保持正常使用,或者采取其他油烟净化措施,使油烟达标排放,并防止对附近居民的正常生活环境造成污染。禁止在居民住宅楼、未配套设立专用烟道的商住综合楼以及商住综合楼内与居住层相邻的商业楼层内新建、改建、扩建产生油烟、异味、废气的餐饮服务项目。企业事业单位和其他生产经营者向大气排放污染物的,应当依照法律法规和国务院环境保护主管部门的规定设置大气污染物排放口。禁止通过偷排、篡改或者伪造监测数据、以逃避现场检查为目的的临时停产、非紧急情况下开启应急排放通道、不正常运行大气污染防治设施等逃避监管的方式排放大气污染物。在本案中,原告的行为即为"通过逃避监管的方式排放大气污染物"。排放油烟的餐饮服务业经营者未安装油烟净化设施、不正常使用油烟净化设施或者未采取其他油烟净化措施,超过排放标准排放油烟的,由县级以上地方人民政府确定的监督管理部门责令改正,处五千元以上五万元以下的罚款;拒不改正的,责令停业整治。在居民住宅楼、未配套设立专用烟道的商住综合楼、商住综合楼内与居住层相邻的商业楼层内新建、改建、扩建产生油烟、异味、废气的餐饮服务项目的,由县级以上地方人民政府确定的监督管理部门责令改正;拒不改正的,予以关闭,并处一万元以上十万元以下的罚款。

为严格执行《大气污染防治法》,防治饮食业油烟对大气环境和居住环境的污染,国家环境保护总局制定了《饮食业油烟排放标准》,规定了饮食业单位油烟的最高允许排放浓度和油烟净化设备的最低去除效率。标准要求饮食业安装并正常运行符合要求的油烟净化设施。油烟净化设施须经国家认可的单位检测合格才能安装使用。县级以上环保部门可视情况需要,对饮食单位油烟排放状况进行监督监测。

在本案中,原告×大酒楼对于行政处罚不服,提出听证申请。根据《行政处罚法》的规定,行政机关作出责令停产停业、吊销许可证或者执照、较大数额罚款等行政处罚决定之前,应当告知当事人有要求举行听证的权利;当事人要求听证的,行政机关应当组织听证。当事人不承担行政机关组织听证的费用。听证依照以下程序组织:第一,当事人要求听证的,应当在行政机关告知后三日内提出;第二,行政机关应当在听证的七日前,通知当事人举行听证的时间、地点;第三,除涉及国家秘密、商业秘密或者个人隐私外，听证公开举行；第四，听证由行政机关指定的非本案调查人员主持；当事人认为主持人与本案有直接利害关系的，有权申请回避；第五，当事人可以亲自参加听证，也可以委托一至二人代理；第六，举行听证时，调查人员提出当事人违法的事实、证据和行政处罚建议；当事人进行申辩和质证；第七，听证应当制作笔录，笔录应当交当事人审核无误后签字或者盖章。当事人对限制人身自由的行政处罚有异议的，依照治安管理处罚法有关规定执行。

本案在听证后，原告被处予罚款10万元的行政处罚。原告为了维护自己的合法权益，故向法院起诉，根据《行政诉讼法》规定，人民法院受理公民、法人或者其他组织提起的诉讼主要包括以下情形：对行政拘留、暂扣或者吊销许可证和执照、责令停产停业、没收违法所得、没收非法财物、罚款、警告等行政处罚不服的；对限制人身自由或者对财产的查封、扣押、冻结等行政强制措施和行政强制执行不服的；申请行政许可，行政机关拒绝或者在法定期限内不予答复，或者对行政机关作出的有关行政许可的其他决定不服的；对行政机关作出的关于确认土地、矿藏、水流、森林、山岭、草原、荒地、滩涂、海域等自然资源的所有权或者使用权的决定不服的；对征收、征用决定及其补偿决定不服的；申请行政机关履行保护人身权、财产权等合法权益的法定职责，行政机关拒绝履行或者不予答复的；认为行政机关侵犯其经营自主权或者农村土地承包经营权、农村土地经营权的；认为行政机关滥用行政权力排除或者限制竞争的；认为行政机关违法集资、摊派费用或者违法要求履行其他义务的；认为行政机关没有依法支付抚恤金、最低生活保障待遇或者社会保险待遇的；认为行政机关不依法履行、未按照约定履行或者违法变更、解除政府特许经营协议、土地房屋征收补偿协议等协议的；认为行政机关侵犯其他人身权、财产权等合法权益的。除前款规定外，人民法院受理法律、法规规定可以提起诉讼的其他行政案件。本案属于对于行政处罚不服的情形。

本案中，被告作为G市环境保护行政部门，享有对其辖区内有排污单位进行现场检查、对涉嫌违反大气污染防治管理规定的行为进行查处并作出处罚决定的职权，符合《大气污染防治法》的有关规定。对原告在本案中认为酒楼中餐厨房产生的油烟废气经收集后通过内置的专用烟道至28楼楼顶经过国家认证的油烟净化设备经净化处理后高空排放，不会通过点心厨房的窗口排放，同时环保部门没有对排放的气体进行监测，无法确定排放的气体是否属于大气污染物及是否超标排放的辩解意见。原告的行为符合《饮食业油烟排放标准》(GB18483—2001)中的“未经任何油烟净化设施净化的油烟排放为无组织排放”“油烟无组织排放视同超标”，被告认为对该违法行为的认定无须进行监测并依照《大气污染防治法》第九十九条规定对原告处以10万元罚款，适用法律正确，处罚适当。G市环境保护局在作出处罚前，进行了调查取证，履行了陈述、申辩及听证权利的告知义务，并组织了听证会，其程序并无不当。G

市环境保护局所作行政处罚,认定事实清楚、证据充分,适用法律正确,程序合法。

【问题】

1.被告做出的行政处罚是否具有法律依据?是否在其职权范围内?

本案中的行政处罚是依据《大气污染防治法》的规定,违反本法规定,有下列行为之一的,由县级以上人民政府环境保护主管部门责令改正或者限制生产、停产整治,并处十万元以上一百万元以下的罚款;情节严重的,报经有批准权的人民政府批准,责令停业、关闭。第一,未依法取得排污许可证排放大气污染物的;第二,超过大气污染物排放标准或者超过重点大气污染物排放总量控制指标排放大气污染物的;第三,通过逃避监管的方式排放大气污染物的。同时,根据《大气污染防治法》的规定,排放油烟的餐饮服务业经营者未安装油烟净化设施、不正常使用油烟净化设施或者未采取其他油烟净化措施,超过排放标准排放油烟的,由县级以上地方人民政府确定的监督管理部门责令改正,处五千元以上五万元以下的罚款;拒不改正的,责令停业整治。

同时根据《行政处罚法》第十五条规定:"行政处罚由具有行政处罚权的行政机关在法定职权范围内实施。"本案中被告市环境保护局具有相应的行政处罚权,行政处罚的作出在其职权范围内。

2.本案行政处罚是否违反一事不二罚原则?

根据我国《行政处罚法》的规定,对当事人的同一违法行为,不得给予两次以上罚款的行政处罚。一事不再罚的原则是指行政主体对当事人的同一个违法行为,不得给予两次以上同类的行政处罚。在本案中,原告认为在酒楼被责令停业处罚情况下,再次进行处罚实属不当,认为罚款处罚的实施违背了一事不二罚的行政处罚原则,故要求不予罚款处罚。但是T区政府和G市有关部门在之前责令酒楼停业进行环保设施的整顿和提升是作出责令停业通知书,并不是处罚决定书。根据《环境行政处罚办法》的规定,环境保护主管部门实施行政处罚时,应当及时作出责令当事人改正或者限期改正违法行为的行政命令。责令改正期限届满,当事人未按要求改正,违法行为仍处于继续或者连续状态的,可以认定为新的环境违法行为。根据环境保护法律、行政法规和部门规章,责令改正或者限期改正违法行为的行政命令的具体形式有:(1)责令停止建设;(2)责令停止试生产;(3)责令停止生产或者使用;(4)责令限期建设配套设施;(5)责令重新安装使用;(6)责令限期拆除;(7)责令停止违法行为;(8)责令限期治理;(9)法律、法规或者规章设定的责令改正或者限期改正违法行为的行政命令的其他具体形式。根据最高人民法院关于行政行为种类和规范行政案件案由的规定,行政命令不属行政处罚。行政命令不适用行政处罚程序的规定。因此本案的行政处罚并不违反一事不二罚原则。

参考文献

阿奎那·阿奎那,2006.政治著作选[M].马清槐,译.北京:商务印书馆.

爱德华·S·考文,2005.美国宪法的"高级法"背景[M].强世功,译.北京:生活·读书·新知三联书店.

彼得·德鲁克,1987.国外经济管理名著丛书管理——任务、责任、实践(上)[M].北京:中国社会科学出版社.

伯恩·魏德士,2003.法理学[M].丁小春,吴越,译.北京:法律出版社.

博登海默,1987.法理学——法哲学及其方法[M].邓正来,译.北京:华夏出版社.

戴维·M·沃克,1988.牛津法律大辞典[M].北京社会与科技发展研究所,译.北京:光明日报出版社.

符威平,2018.气象信息传播管理工作浅析[J].传播力研究(22):201-204.

高金阁,贾芳,2017.气象行政执法文书的规范使用和制作探究[J].管理观察(1):175-177.

桂翰林,庞松江,张秀红,等,2018.新建扩建改建建设工程避免危害气象探测环境行政许可现场踏勘技术浅析[J].黑龙江气象(2):33-34.

郭道晖,2005.法理学精义[M].长沙:湖南人民出版社.

汉斯·凯尔森,1996.法与国家的一般理论[M].沈宗灵,译.北京:中国大百科全书出版社.

胡德胜,2015.危害气象探测环境行为或其结果被合法化问题的治理路径[J].社会科学家(12):34-39.

江苏省气象局,1995.国民政府时期的中央气象局——中国近代气象史资料[M].北京:气象出版社,

姜海如,2004.气象法应用理论解析[M].北京:气象出版社.

姜明安,2012.法治思维与新行政法[M].北京:北京大学出版社.

焦冶,2016.气候变化视域下中国气象法的多维研究[M].北京:科学出版社.

焦冶,2017.气象法概论[M].北京:气象出版社.

李浩培,2003.条约法概论[M].北京:法律出版社.

李奇志,胡英超,秦芬,2018.浅谈气象探测环境保护工作[J].农业与技术(13):154-155.

李锐,2018.浅谈以人为本的人性化气象行政执法理念[J].科技风(34):235.

李望,韩超,颜祺,2017.城市发展对气象探测环境的影响分析[J].建材与装饰(26):248-249.

凌萍萍,2016.法学实践综合教程[M].北京:气象出版社.

凌萍萍,焦孟頔,2018.我国气象犯罪立法的应然性研究[J].阅江学刊(5):51-61.

凌萍萍,焦冶,2016.气候变化背景下气象公法研究[M].北京:气象出版社.

刘宪华,2008.气象行政执法典型案例解析[M].北京:气象出版社.
马骧聪,1994.国际环境法导论[M].北京:社会科学文献出版社.
彭莹辉,刘立成,叶梦姝,等,2016.新媒体时代的气象信息传播公共政策[J].阅江学刊(1):21-25.
彭莹辉,陆铭,辛源,2017.气象信息传播管理现状分析与思考[J].气象科技进展(5):48-51.
宋国涛,2002.中国国际环境问题报告[M].北京:中国社会科学出版社.
王月宾,廖良清,王仕星,等,2018.气象部门防雷安全监管职能分析与探讨[J].浙江气象(2):1-3.
王志强,2013.气象行政执法文书制作与范例[M].北京:气象出版社.
王志强,2014.气象行政执法典型案例评析[M].北京:气象出版社.
夏勇,2010.法理讲义-关于法律的道理与学问[M].北京:北京大学出版社.
张颖,2018.气象探测与城市发展的博弈——以《北京市气象设施和气象探测环境保护专项规划》为例[J].城市建筑(3):58-61.
邹瑜,1991.法学大辞典[M].北京:中国政法大学出版社.